O inconsciente a céu aberto da psicose

Transmissão da Psicanálise
diretor: Marco Antonio Coutinho Jorge

Colette Soler

O inconsciente a céu aberto da psicose

Tradução:
Vera Ribeiro

Consultoria:
Marco Antonio Coutinho Jorge
Programa de Pós-graduação em Psicanálise,
Instituto de Psicologia/Uerj

ZAHAR

Título original:
L'Inconscient a ciel ouvert de la psychose

Tradução autorizada da primeira edição francesa,
publicada em 2002 por Presses Universitaires du Mirail,
de Toulouse, França

Jorge Zahar Editor Ltda.
rua Marquês de S. Vicente 99 – 1º andar
22451-041 Rio de Janeiro, RJ
tel. (21) 2529-4750 / fax (21) 2529-4787
editora@zahar.com.br
www.zahar.com.br

Capa: Mariana Newlands
Ilustração da capa: Michelangelo Buonarroti, ca. 1545-1560
© Arte & Immagin srl/Corbis/Latinstock

CIP-Brasil. Catalogação-na-fonte
Sindicato Nacional dos Editores de Livros, RJ

Soler, Colette, 1937-
S672i O inconsciente a céu aberto da psicose / Colette Soler; tradução, Vera Ribeiro; consultoria, Marco Antônio Coutinho Jorge. — Rio de Janeiro: Zahar, 2007.
(Transmissão da psicanálise)

Tradução de: L'insconscient a ciel ouvert de la psychose
ISBN 978-85-378-0020-1

1. Esquizofrenia. 2. Paranóia. 3. Melancolia. 4. Psicoses. I. Título. II. Série.

CDD: 616.89
07-2452 CDU: 616.895

Sumário

Nota

Um mesmo objetivo perpassa os textos reunidos neste volume, produzidos pela autora quando era membro do Campo Freudiano: estudar a tese principal de Lacan sobre a psicose, aprender com ela, verificar sua consistência, submetê-la ao teste da clínica e avaliar seu alcance e seus limites.

Introdução

A psicose: uma problemática[1]

Ao encontrar em Schreber o complexo paterno, Freud desculpou-se pela monotonia das soluções trazidas pela psicanálise. No entanto, a literatura dedicada a essa questão mostra, antes, uma proliferação de teses sem referência ao Édipo. Com relação a essa diversidade, o ensino de Lacan serve-nos como guia. Ele parte de um texto-pivô, "De uma questão preliminar a todo tratamento possível da psicose",[2] ao qual convém acrescentar, é claro, os seminários que o cercam — o próprio Lacan classificou, no que chamou de seus antecedentes, os textos que o precedem. Em seguida, dez anos transcorridos, em sua apresentação da tradução das *Memórias* de Schreber, publicada no número 5 dos *Cahiers pour l'Analyse*, Lacan evocou "a seqüência plena" que cumpriria dar à questão preliminar. Essa seqüência, pode-se dizer que ele não a forneceu de maneira explícita, mas, ainda assim, podemos esperar deduzi-la a partir da orientação conjunta de suas elaborações nos dez últimos anos.

Partimos da doutrina da *foraclusão*: ela é a pedra angular do edifício. Com "De uma questão preliminar...", Lacan incluiu a psicose no que chamou de função e campo da fala e da linguagem. Afirmou que a relação com o significante, obra da linguagem, é o que constitui a unidade da neurose e da psicose. O que constitui sua unidade e também sua diferença. Observo, de passagem, que essa inclusão da psicose no campo dos fatos da linguagem é situada por ele como parte do "aspecto do fenômeno", daquilo que aparece, portanto, ao passo que na neurose, ao contrário, a estrutura linguageira do sintoma só aparece por meio da decifração.

No que concerne à tese da foraclusão, temos duas perguntas: qual é o seu alcance operacional, e que acontece com ela quando Lacan, a partir de um certo momento em seu ensino, procura delimitar o que não decorre do significante na experiência? Quando o que Lacan designa como estrutura já não é unicamente a estrutura da linguagem, mas a estrutura do discurso, que inclui um elemento heterogêneo ao significante, será que a foraclusão continua a ser a chave universal de abordagem da psicose? Essa é a questão da retroação da definição da psicose como "fora-do-discurso" à tese da foraclusão.

Lacan definiu a foraclusão como uma falha, uma ausência no nível do Outro: a ausência de um significante, o "Nome-do-Pai", e de seu efeito metafórico. Esse acidente, diz ele, confere à psicose "sua condição essencial, com a estrutura que a separa da neurose". O termo "condição" implica que a foraclusão não é um fenômeno. Não faz parte do observado: é uma hipótese causal. É a hipótese pela qual Lacan designa a causalidade significante da psicose. Esse ponto tem importância no que tange à questão do diagnóstico. Se a foraclusão não faz parte do fenômeno, não é *pela* foraclusão que se diagnostica a psicose. Não identificamos a foraclusão, mas seus efeitos. Essa foraclusão é uma espécie de axioma que explica os fenômenos. Lacan o elaborou a partir de uma tese que já expusera antes, a tese da incidência do significante quanto ao sujeito. A pergunta, portanto, é esta: que acontece no nível do sujeito quando, no Outro, lugar da linguagem, no Outro de quem depende o que acontece no nível do sujeito, existe essa falha da metáfora? Situar a psicose dessa maneira tem conseqüências.

Significa, em primeiro lugar, que a psicose — e Lacan o assinala em "De uma questão preliminar..." — não é um caos, não é uma desordem, mas sim o que ele chama de "uma ordem do sujeito". Uma ordem decerto subvertida em relação ao que é a ordem do sujeito neurótico, mas, ainda assim, uma ordem. Isso implica desde logo que os bons sentimentos não têm nada de particular a fazer na relação com o psicótico, denunciando a espécie de condescendência que sempre existe naquele que diz "agüentar o fardo" da psicose. Essa tese lacaniana implica a igualdade de planos do psicótico e daquele que o estuda, sem que o analista seja (cf. o fim do texto intitulado "Do 'Trieb' de Freud..."[3]) padre nem médico. Essa igualdade de planos é, precisamente, a única maneira de fazer oposição à "segregação política da anomalia". E significa também, independentemente dessa postura ética perante o psicótico, que a psicose pode nos ensinar algo quanto ao que Lacan chama de ordem do sujeito, e é por isso que temos motivos para nos interessar por ela.

Tomar a psicose como uma ordem do sujeito impede, ademais, que a consideremos como um fenômeno orgânico. Na página 579 de "De uma questão preliminar...", em 1956, Lacan deixou claro: "A única organicidade que está essencialmente implicada nesse processo [é] a que motiva a estrutura da significação." Essa organicidade, ele a propôs contra o organodinamismo, mas convém assinalar que se trata de uma questão que continua atual, sobretudo em razão dos sucessos da farmacologia. Os autores anglo-saxões estão longe de excluir uma causalidade orgânica da psicose. Meltzer, por exemplo, propõe a idéia de um distúrbio sensorial na origem do autismo, enquanto Margaret Mahler, por sua vez, evoca uma deficiência dos aparelhos perceptivos.

Como ordem do sujeito, a psicose também não é um fenômeno que decorra apenas do imaginário. Lacan enunciou essa tese contra aqueles que mencionou na seção intitulada "Depois de Freud", isto é, contra os que tentaram apagar ou até anular a insistência tenaz com que Freud procurava restabelecer a referência ao pai. Com a metáfora paterna, Lacan situa-se absolutamente na seqüência dessa obstinação de Freud, e essa é uma questão que se mantém atual, pois muitos autores continuam a reter apenas os aspectos imaginários da psicose. Evidentemente, Lacan não nega os fenômenos imaginários da psicose: designa-os, no desencadeamento, como dissolução imaginária, e, no momento da estabilização, como "restauração imaginária".

Também eles fazem parte do "aspecto" do fenômeno, só que Lacan os situa como efeitos, como resultados, insistindo na "concepção subordinada que devemos ter da função da realidade". Em outras palavras, a estabilidade e a boa ordem da relação perceptiva com a realidade não são tão naturais quanto se poderia imaginar, e sim uma função dos fenômenos significantes.

São esses mesmos efeitos de "indução do significante" no imaginário que determinam a reviravolta do sujeito que a clínica designa pelo termo "crepúsculo do mundo", o qual exige, para que se responda a ele, novos efeitos de significante. Temos aí uma seqüência: perturbações significantes, efeitos imaginários, compensações significantes. A incidência causal do significante aplica-se ao conjunto do processo: desencadeamento, desenrolar, estabilização. Se o imaginário é doente no psicótico, ele o é de certa maneira, no entanto ele não é tratado pelo imaginário. Assim, ao simplesmente levarmos a sério o que a tese da foraclusão implica, somos conduzidos a definir algumas regras, que diríamos quase apriorísticas, de boa conduta do clínico.

Passo agora à questão de saber o que a foraclusão, essa falha no Outro, produz no nível do sujeito. Para responder a isso, é preciso passar pelos efeitos da não-foraclusão, pelos efeitos da suposta presença de um significante, inicialmente situado, na escrita da metáfora paterna, como aquele que "duplica no lugar do Outro o significante do próprio Outro", depois logicizado nas fórmulas da sexuação que, graças a duas articulações lógicas, situam a inscrição do sujeito na função fálica. De uma à outra, há, evidentemente, uma passagem efetiva, graças ao apoio da lógica, pelo novo uso da "função proposicional" de Frege. Entretanto, há também uma continuidade. As fórmulas da sexuação reescrevem o mito edipiano como modalidade da inscrição do sujeito na função fálica.

Ora, a metáfora paterna, ao indicar que o efeito metafórico do significante Nome-do-Pai era a produção da significação fálica, já implicava a captura do sujeito nessa significação. Podemos ler isso na página 582 dos *Escritos*, no início do pós-escrito a "De uma questão preliminar...". Depois de lembrar que reconheceu no que Freud chamava de inconsciente o lugar do Outro, ou seja, a instância da cadeia significante, Lacan esclarece: "Essa cadeia se desenvolve segundo ligações lógicas cuja influência sobre o que há por significar, ou seja, o ser do ente, se exerce pelos efeitos de significante descritos por nós como metáfora e metonímia." Três temas aí se distinguem: o significante e o significado, esse par conhecidíssimo, e, por outro lado, o referente a ser significado, aqui designado como o ser do ente. Com efeito, temos aí a distinção entre Simbólico, Imaginário e Real, com o significante decorrendo do Simbólico, o significado, do Imaginário, e o ser do ente, do Real. A metáfora paterna é formulada como aquilo que permite ao ser do ente, que precisa ser significado, inscrever-se no significado fálico. Pelo efeito metafórico, o "x" escrito na parte esquerda da metáfora paterna, como significado do desejo da mãe (DM), esse "x" que marca também o lugar primordial a que o sujeito é convocado, na medida em que é inicialmente produzido como objeto, como filho desejado, esse "x", dizíamos, passa a se especificar como significação fálica. É isso que a foraclusão impossibilita. Assim, podemos dizer que a psicose nos apresenta um sujeito não inscrito na função fálica. Por isso, ela nos dá acesso — um acesso quase experimental, eu diria, um acesso pela falta — aos efeitos dessa função fálica.

Tomemos o grande exemplo: Schreber, o caso de Freud. Schreber nos mostra o que acontece com o significante, com o Outro e com o objeto quando eles não são coordenados com essa função fálica. Ali podemos ler que isso não exclui a fantasia, essa não inscrição do sujeito na função fálica. Mais valeria dizer que ela é posta em evidência, ainda que modificada. Por outro lado, pela negativa, afirma-se a função de "ponto de basta" presente na metáfora paterna. Em dois momentos, especialmente, os do desencadeamento e da estabilização, vemos isolarem-se as três dimensões, a simbólica, a imaginária e a real. O próprio Schreber distingue, no início de sua doença, por um lado, sua nomeação como presidente do Tribunal de Apelação, e aí temos o simbólico; por outro lado, há o devaneio de que "seria belo ser uma mulher submetendo-se ao coito", e aí temos o imaginário; por fim, de importância capital no desencadeamento, segundo Schreber, existe a famosa noite em que ele tem sabe-se lá quantas poluções noturnas, que indicam, para nós, a emancipação do órgão. No fim, Schreber se restabelece. Não deixa de ser delirante, mas se recupera a ponto de poder restabelecer sua relação com a realidade e os semelhantes, o bastante para instaurar e ganhar seu processo. No momento dessa estabilização, vemos que as três ordens separadas no começo tornam a se coordenar por meio do delírio. O delírio consegue prender o gozo nas redes do roteiro fantasístico pelo qual ele se coordena com a imagem e com o simbólico, sob a forma de um gozo transexualista. Um gozo coordenado, por um lado, com a imagem do corpo próprio, e por outro, com o simbólico, através da convicção de ele ser a mulher de Deus, e graças à qual, de certa maneira, Schreber se renomeia.

A partir desse punhado de traços, podemos tirar conclusões quanto ao diagnóstico. Tanto a respeito da psicose quanto da neurose, Lacan sempre insistiu na necessidade de se ater ao que chamava de "envelope formal do sintoma". Na psicose, ele sublinhou especialmente a necessidade de isolar, de identificar o fato de linguagem. Mas convém notar que ele situou essa vertente significante do diagnóstico como uma abordagem pré-freudiana: seu texto de 1956 a evoca no capítulo intitulado "Rumo a Freud", no qual ele homenageia Clérambault. Se agora tentarmos, com Freud relido por Lacan, abordar a questão do diagnóstico pela definição da metáfora paterna como "ponto de basta", poderemos dar-nos como objetivo, no exame do paciente psicótico, identificar em cada caso, a partir do aspecto do fenômeno, o isolamento dessas três dimensões.

Quanto ao imaginário, isso é o mais visível; quanto ao fato de linguagem, nem sempre é fácil. No tocante à terceira dimensão, a dimensão real, aqui sob a forma do gozo, o que acontece com ela? Se relermos Schreber com as elaborações posteriores de Lacan sobre o objeto *a* e o gozo, não teremos nenhuma necessidade de forçar o texto para encontrar nele uma acentuação desse registro, embora "De uma questão preliminar..." não tenha enfatizado esse aspecto. O texto não o enfatizou, mas há um certo número de anotações a isolar. Em todo caso, é certo que Schreber, por sua vez, acentuou essa presença do gozo. Ela é muito claramente declarada, e desde o começo, ao contrário do que acontece na neurose, na qual não podemos afirmar que o gozo se enuncie com muita facilidade. Em Schreber, ele é declarado no nível do desencadeamento; é exibido ao longo de todos os temas da fantasia delirante, cujas formulações sucessivas podem ser todas resumidas numa só: "querem gozar de mim". Esse "querem" refere-se a qualquer outro, de Flechsig a Deus. Por fim, o gozo é insistente no restabelecimento final da estrutura imaginária, sob a forma do gozo transexualista. O fenômeno é inverso ao da neurose, na qual o problema é, antes, fazer aflorar o ser de gozo. Aqui, ele se mostra. Poderíamos até falar numa exibição do gozo, que estabelece um ponto de afinidade com os místicos. Um dos objetivos do tratamento, sem dúvida, é nodulá-lo, diminuí-lo, portanto, mas, no que concerne ao diagnóstico, convém que este o situe primeiro. Por outro lado, às vezes o gozo é muito manifesto, como no caso do sujeito que, no momento do desencadeamento, ao entrar numa igreja para rezar, ouve exatamente uma voz que diz: "Você goza." Não se trata do imperativo nem da pergunta, mas do que Lacan chama, a propósito de Schreber, de uma via analista [*annaliste*],[4] com dois enes e nenhum ípsilon: uma voz que faz a crônica do fenômeno.

No outro extremo de seu ensino, Lacan propõe, nesse texto dos *Cahiers pour l'Analyse*, uma nova definição da paranóia como o que "identifica o gozo no lugar do Outro" como tal. Trata-se da idéia de abordar a psicose por uma outra localização do gozo. Será que com isso se invalida a tese da foraclusão? Será que essa abordagem por meio do real implica uma superação da abordagem pelo significante? É bastante evidente que não.

Embora, nesse texto, Lacan dê indicações inteiramente novas, que rompem com o que viera antes, podemos acentuar um elemento de continuidade, porque, desde o começo, ou seja, desde "De uma questão preliminar...", estava assinalada ou pelo menos implicada a incidência do Nome-do-Pai no gozo, incidência esta exercida no sentido de uma limitação do gozo. Aliás, é justamente isso que significa a proibição do incesto. No artigo "Do 'Trieb' de Freud...", podemos ler que "é graças ao Nome-do-Pai que o homem não permanece preso ao serviço sexual da mãe" (p.866). Desde o início, temos uma série: Nome-do-Pai, castração — a ser entendida como castração do gozo —, desejo, este claramente definido como barreira contra o gozo. Podemos dizer que o Nome-do-Pai efetua uma espécie de separação a priori entre o desejo e o gozo: "O desejo é do Outro, o gozo está do lado da coisa."

Ao introduzir sua nova definição da paranóia, Lacan apóia-se no texto de Schreber, no qual este assinala que tem de pensar ininterruptamente para que Deus goze sempre. Cito:

> Quando lermos, mais adiante, na pena de Schreber, que é o gozo de Deus ou do Outro com seu ser apassivado que ele mesmo respalda, enquanto se empenha em nunca deixar que cesse nele uma cogitação articulada, e que lhe basta entregar-se ao não-pensar-em-nada para que Deus, esse Outro feito de um discurso infinito, se esquive, e para que, do texto dilacerado em que Deus se transforma, eleve-se o urro que Schreber qualifica de miraculado, como que para atestar que a aflição que o urro trairia já não tem nada a ver com nenhum sujeito, porventura não encontraremos nisso a sugestão de nos orientarmos unicamente pelos termos precisos que fornece o discurso de Lacan sobre Freud?[5]

Aqui, podemos ver que o Outro em que o gozo é incluído tanto é Schreber quanto Deus. Tanto é o discurso infinito de Deus quanto é Schreber como texto dilacerado, no momento em que Deus se retira. Em outras palavras, o próprio Schreber é incluído nesse discurso. Podemos dizer que o sujeito Schreber faz um uso do significante que não o separa do Outro, de quem continua a serviço em termos sexuais. É exatamente isso que tem como efeito o aumento do gozo no nível do aspecto do fenômeno.

Essa nova abordagem, proposta por Lacan, também permite fazer uma nova abordagem das suplências dos Nomes-do-Pai. Em "De uma questão preliminar..." já existe a idéia de que a falta da metáfora paterna, a foraclusão, pode ser compensada. Isso, aliás, deduz-se do próprio fato de que a psicose se desencadeia num determinado momento. Daí indagar o que permitiria ao sujeito manter seu equilíbrio antes do desencadeamento. Em 1956, Lacan respondeu: uma identificação pela qual o sujeito assume o desejo da mãe.[6] Primeira tese, portanto: o inútil apelo feito ao Nome-do-Pai tem o efeito de abalar a identificação que sustentava o sujeito até esse momento. Existe a idéia de uma compensação pelo imaginário, pelo "como se", já evocado no *Seminário 3*. Poderíamos falar numa espécie de identificação postiça. Enquanto, na neurose, uma identificação abalada dá lugar a outra, fundamental, na psicose a identificação abalada se abre para a dissolução do imaginário.

Correlativamente, o restabelecimento, a exemplo do restabelecimento final de Schreber, apresenta-se como uma estabilização do mundo imaginário. Mas esta se acha ligada, por um lado, ao gozo transexualista, e, por outro, à fantasia da cópula divina. Logo, é induzida pelo que ele chama de "metáfora delirante", nisso retomando a tese freudiana do delírio como cura. O trabalho do delírio constrói uma metáfora de substituição. O "serás a mulher", que Schreber realiza, entra no lugar da significação fálica faltante. Essa idéia de suplência significante é algo que Lacan nunca deixou de acentuar, passando do Nome-do-Pai, no singular, para os Nomes-do-Pai, no plural — Nomes-do-Pai que designam ocorrências diferentes de uma única função —, e, por fim, considerando o próprio Nome-do-Pai como um elemento suplementar do caráter nodal dos elementos imaginários, reais e simbólicos. Aliás, essa idéia estava presente antes de "De uma questão preliminar...", no estudo do caso do Pequeno Hans, através da idéia de que o sintoma fóbico é uma construção que leva um complemento à metáfora paterna. Não uma substituição completa, porque Hans não é psicótico, mas um complemento. É o que vamos encontrar, muito depois, com Joyce: a idéia de que, por meio de sua arte, Joyce conseguiu tapar o buraco da foraclusão paterna, o que situa sua arte como operando antes do desencadeamento — pois, se Joyce é psicótico, trata-se de um psicótico não desencadeado —, ao passo que o delírio de Schreber opera depois. Também nesse caso, impõem-se conclusões quanto aos eventuais objetivos do tratamento do psicótico. Elas têm o sentido de lhe prescrever como finalidade, precisamente, a construção de um sintoma de suplência. Uma tarefa preliminar poderia ser, no caso de estabilização efetiva, situar esse esforço sintomático curativo.

A abordagem da psicose que Lacan nos indica, por intermédio do gozo, permite-nos ver um outro aspecto dessas suplências que não seu aspecto significante: aquele que consiste em efetuar uma restrição ao gozo, ou uma localização. Isso é perfeitamente visível em Schreber. No começo do delírio, temos um sujeito realmente imerso no gozo, assaltado por ele por todos os lados. Trata-se, além disso, de um gozo pouco atraente. No final, ele consegue localizá-lo. Isso corresponde, por fim, ao que é abordado, na clínica psiquiátrica, como delírio parcial. O gozo se localiza no âmbito da fantasia schreberiana de copular com Deus e, concretamente, fica reservado, como esclarece Schreber, aos momentos de sua solidão, aos momentos em que ele não tem mais nada para fazer. Então, sozinho diante do espelho, ele contempla sua imagem feminina. Eu diria que, de certa maneira, Schreber a contempla com o olho de Deus. Para Joyce, do mesmo modo, sua arte é o lugar em que ele localiza seu gozo, o lugar no qual ele de algum modo o segura. Foi por isso que eu disse que, no tocante ao gozo, o tratamento visaria sobretudo a fazê-lo inserir-se dentro de limites, não podendo esses limites provir de outra coisa senão de sua coordenação a um significante.

Todavia, esses novos esclarecimentos, tanto sobre a questão do diagnóstico quanto sobre a dos objetivos do tratamento, deixam em suspenso uma indagação capital: será que o que se efetua em estado livre no delírio de Schreber e na arte de Joyce pode ser efetuado na transferência? Essa é a questão do tratamento.

Há uma dificuldade muito particular, aliás sublinhada por Lacan em seu texto: é que a transferência, na psicose, é um elemento desencadeador. O próprio Freud reconheceu, na transferência que o sujeito efetuou para a pessoa de Flechsig, o fator que precipitou Schreber na psicose. Isso significa que a perseguição, o surgimento de figuras persecutórias, já era, para Schreber, um efeito transferencial. Daí decorre também que a homossexualidade delirante não é uma causa da doença, porém uma de suas manifestações. Portanto, como agir por meio da transferência, se a própria transferência é patogênica para o psicótico? No *Seminário 3*, Lacan indicou que, de fato, tomar em análise um sujeito pré-psicótico tem como efeito, em geral, desencadear a psicose. É que a mobilização do sujeito suposto saber na associação livre é equivalente ao que ele designa como um apelo ao Nome-do-Pai. Se a análise pode ser pensada como uma paranóia dirigida, o problema com o psicótico é que sua transferência é a paranóia desencadeada. Sem dúvida, seria preciso estabelecer distinções entre o que acontece com um sujeito dito pré-psicótico e um sujeito cuja psicose já se desencadeou. Nesse caso, o analista pode considerar incluir-se no trabalho de restauração, mas persiste a questão de saber como é possível colocá-lo nessa ligação com o sujeito.

Destaco, a título de abertura da questão, uma pequena indicação constante em "De uma questão preliminar...". Lacan se interroga sobre o que somos para Schreber, na condição de leitores a quem ele se dirige. Há dois lugares possíveis: ou o do perseguidor, ou o do leitor. Evidentemente, caberia precisar qual é esse lugar de leitor. Ele parece apresentar-se como um lugar de testemunha, de recurso quase assimilado à "ordem do universo" que Schreber opõe à desordem de Deus. Esse aspecto se reencontra, o que é notável, em outro paranóico célebre: Rousseau. É nesse mesmo lugar que ele invoca a posteridade justa e, em seguida, o próprio Deus, para além de seus perseguidores contemporâneos. Surge a questão, é claro, de saber se é possível agir a partir desse lugar, sem virar perseguidor.

Vemos que a paranóia, para o analista, tem um interesse capital, sobretudo em razão das questões em que se deteve o ensino de Lacan, quais sejam, as da incidência do significante no Real. Com o significante, será que é possível tocar no Real — no caso, o real do gozo? Isso é algo que concerne igualmente ao término da análise e ao destino da fantasia nesse término. Tocar no real pode querer dizer algo mais, ou seja, modificá-lo, modificar alguma coisa na relação com a fantasia. O delírio como tentativa de cura é um exemplo, e a arte de Joyce talvez seja outro, no qual vemos operar efetivamente um tratamento do gozo.

Os fenômenos perceptivos do sujeito[1]

Inconsciente e percepção

Os fenômenos perceptivos e sua estrutura merecem um trabalho extremamente preciso, minucioso, pois são uma das peças principais de qualquer concepção do que é chamado de objetividade. A questão da percepção e de seus distúrbios atravessou séculos de filosofia, evidentemente com transformações, sobretudo com a grande guinada que foi o surgimento da ciência — a verdadeira, a física —, a qual, no dizer de Lacan, cortou todas as amarras com o problema da percepção. A partir do aparecimento da ciência, a questão da percepção refugiou-se nas chamadas ciências humanas, especialmente a psicologia e a psiquiatria — sem esquecer, é claro, as ciências do organismo e, em particular, as neurociências.

Nossa questão é saber em que medida os problemas da percepção dizem respeito ao psicanalista. Seria mais compreensível serem da alçada do psiquiatra, porque, no fundo, este lida com o que a consciência comum continua a chamar de "o louco", e o próprio Lacan não hesitava em chamá-lo dessa maneira. O louco é justamente alguém que vê, escuta e acredita em coisas que todos os outros, os supostos não-loucos, estão prontos a dizer que não existem, porque eles não as vêem, não as escutam e não acreditam nelas. Nesse sentido, evidentemente, a existência do louco não deixa de ser o que quase poderíamos chamar de um insulto, ou, pelo menos, um questionamento do que Merleau-Ponty chamou, em *O visível e o invisível*,[2] de "a confiança perceptiva". Uma confiança perceptiva que faz com que, espontaneamente, cada um tenha a certeza de estar ligado ao mundo pelo olhar, numa "abertura" que se apresenta como quase natural e que caminha de mãos dadas com uma crença assim formulada por Merleau-Ponty: "Vemos as próprias coisas, o mundo é aquilo que vemos." Trata-se de uma citação extraída das primeiras linhas do livro mencionado. No entanto, não foi por meio do louco que a questão da percepção se introduziu na psicanálise, ao menos em seus primórdios, e isso embora Lacan, como psiquiatra, tenha se interessado pela psicose antes de chegar à psicanálise. Foi a partir de sua experiência da neurose que Freud começou a meditar sobre a relação com a realidade e a refletir sobre o sistema percepção-consciência, em sua diferenciação da memória. Mais exatamente, foi a partir da neurose sob transferência que a questão da percepção foi introduzida na psicanálise, a ponto, como é sabido, de se haver imputado à transferência estar na origem das percepções supostamente falsas do paciente. É claro que a coisa foi mal pensada, mas não sem fundamento.

Não posso esquecer um colega de tempos atrás que, depois de uma primeira entrevista com uma psicanalista, veio confidenciar-me seu encanto com a beleza dessa moça, bem como sua emoção ao constatar que ela estava grávida. Ora, essa suposta jovem já passara muito dos 60, todos os seus filhos eram adultos já criados e, de quebra, ou seja, segundo a opinião comum, ela era tudo, menos bonita. Esse sujeito não era louco, mas o *agalma* da transferência o havia deslumbrado a ponto... de lhe turvar a visão e tornar irreais suas percepções. Portanto, não é somente o louco que se contrapõe às teorias tradicionais sobre a percepção.

As primeiras descrições freudianas da transferência como "reedição" implicam, com efeito, a idéia de que, no lugar do *perceptum* do analista, vemos surgir a incidência de uma antiga imagem que serve de anteparo à percepção correta. Foi nesses termos, aliás, que, num de seus primeiros textos de 1936, "Para além do 'princípio de realidade'", Lacan nos descreveu a experiência freudiana: uma imagem, uma antiga imagem interpõe-se na percepção que o paciente tem de seu analista. Na história da psicanálise, essa concepção da transferência como distúrbio da percepção está tão presente que uma certa corrente do movimento analítico chegou a ponto de querer neutralizar o que o analista dá a perceber. Isso era ir muito além da neutralidade benevolente, às vezes a ponto de sonhar com uma uniformidade de tal ordem que não se deveria nem mesmo trocar de gravata, a fim de não introduzir uma variação perceptiva que corresse o risco de perturbar a emergência da imagem inconsciente.

Esses fatos indicam que é o próprio sujeito do inconsciente, na medida em que ele entra em jogo na transferência, que introduz o problema da percepção na psicanálise. Quanto a esse ponto, Lacan propôs uma tese única na história do pensamento, não hesito em dizer, tese esta que ele referiu a Freud, ou, pelo menos, aos dados do inconsciente descobertos por Freud. Sendo única, essa tese é necessariamente polêmica, pois implica uma refutação de todas as teses, repito, todas as outras teses até ele. Ademais, houve as tentativas de demonstração da tese. Lacan propôs dois belos exemplos de demonstração, e talvez convenha acrescentar outros.

O número de referências a essa questão no percurso de Lacan indica a importância dela. A coisa começa em 1936, com "Mais além do 'princípio de realidade'". Após um salto no tempo, devido a uma história completamente diversa, vieram as "Formulações sobre a causalidade psíquica" e a crítica à teoria de Henry Ey, em 1945, e, em seguida, "De uma questão preliminar a todo tratamento possível da psicose", em 1958, cuja primeira parte, intitulada "Rumo a Freud", é dedicada aos problemas da percepção em geral. Jacques-Alain Miller a havia comentado em seu DEA,[3] anos atrás, acrescentando-lhe um artigo de 1961, pouco conhecido mas capital, publicado no número especial da revista *Temps Modernes* sobre Merleau-Ponty, que saiu por ocasião do lançamento de *O olho e o espíri-*

to.[4] Em 1964, evidentemente, houve o *Seminário 11*, *Os quatro conceitos fundamentais da psicanálise*. Em 1966 veio a passagem dos *Escritos* intitulada "De nossos antecedentes", na qual Lacan situou de outra maneira seu "estádio do espelho", e, por fim, entre muitas outras referências dispersas, a de "O aturdito", que comporta várias anotações sobre a relação com a realidade.

Os três primeiros desses textos têm em comum o fato de afirmarem e marcarem um corte epistemológico entre tudo o que antecedeu Freud e as implicações do freudismo para essa questão. No primeiro texto,[5] Lacan evoca "as conjunturas" do aparecimento do pensamento freudiano, ou seja, a psicologia reinante, que ele situa como uma herança da tradição escolástica e filosófica. "De uma questão preliminar..."[6] evoca o "fundo teórico" anterior a Freud. Uma construção análoga encontra-se também nos três textos. Neles, Lacan trava uma polêmica argumentada, embora meio extensa, com as teses anteriores sobre o problema da percepção e da realidade, mas essa polêmica é travada, a princípio, não em nome da experiência analítica, mas no campo da experiência comum. Só depois é que Lacan reforça essa primeira objeção com a objeção que o inconsciente constitui para todas essas teorias anteriores a Freud.

A polêmica

Detenho-me primeiro na polêmica travada por Lacan com as formulações do início do século, ele sozinho — com Freud, é claro, mas, ainda assim, sozinho.

Convém dizer que essa questão da percepção é um mundo de referências. Mesmo tomando apenas os nomes que emergem no "mar de nomes próprios", consideremos, para começar, Platão e Aristóteles; depois, a "longa cocção metafísica" da Escola, como diz Lacan, ou seja, toda a escolástica; a corrente empirista, em especial com Locke e Hume; a filosofia transcendental de Kant; mais perto de nós, se quisermos, a corrente francesa:

Condillac e Diderot, além de Stuart-Mill e muitos outros que derivam dessa corrente; Taine, que Lacan tomou como referência, em 1936, em seu "Para além do 'princípio de realidade'"; e também Alain, perdido no século XX em meio ao que Lacan chamou, maldosamente, de sua "nuvem de giz", para estigmatizar o professor retardatário a quem a virada do século escapou. Em seguida vem a virada, ao menos aparente, da *Gestalttheorie*, mas sobretudo a da fenomenologia, e, entre nós... Merleau-Ponty. Deixo de lado o cognitivismo, primeiro porque Lacan não fala dele diretamente, segundo porque o cognitivismo não tem, a rigor, nenhuma unidade teórica, e, longe de ser novíssimo, só faz resgatar o que conviria chamar de velharias epistemológicas. Se o pusermos no singular, diremos que ele aborda o problema da percepção e do conhecimento, em termos mais gerais, saltando a presença do sujeito e postulando uma espécie de neutralidade dos supostos aparelhos do conhecimento, seja qual for a maneira pela qual os concebamos. Epistemologicamente, o cognitivismo é anterior a Freud.

Portanto, todo um mundo de referências. É evidente que o erudito jamais conseguiria concluir coisa alguma de tamanha abundância. E o extraordinário é que Lacan, que, a despeito de sua erudição, é o oposto de um erudito (não tem nada de rato de biblioteca), pois bem, Lacan ousa — é ele mesmo que o diz: "eu ouso" — colocá-los "todos no mesmo saco", tanto empiristas quanto idealistas. É uma vassourada extraordinária, talvez mais audaciosa que a dúvida cartesiana. Isso porque a dúvida cartesiana certamente punha em suspenso todos os saberes, mas era apenas metódica, só isso, e não tinha, por conseguinte, o alcance de uma refutação. Lacan, ao contrário, põe todas essas teorias no mesmo saco, em função da mesma ineficiência — razão por que ele precisa escorar poderosamente sua própria tese —, em função de todas elas partilharem de um mesmo fracasso, cuja prova se encontra, precisamente, em sua incapacidade de explicar... a alucinação. Alucinação, no entanto, sobre cuja definição todos concordam — o senso comum, os filósofos e também Lacan —, pois todos estão prontos a dizer, como ele assinala, que a alucinação "é um *perceptum* sem objeto".

A tese de Lacan mereceria uma longa argumentação, porque, afinal, dizer que Locke e Hume, empiristas declarados, juntam-se inadvertidamente aos idealistas mais empedernidos, de mãos dadas com Berkeley, por assim dizer, é sustentável, e o é da maneira mais convincente, porém exige uma demonstração extremamente precisa. O que constitui a união do saco em que Lacan põe todas as teorias da percepção? Ele o diz com muita clareza na página 538 de "De uma questão preliminar...": "Todas elas, sejam quais forem suas diferenças, pedem justificativas ao *percipiens* sobre o *perceptum* sem objeto que é a alucinação."

Podemos indagar por que Lacan prefere os dois termos latinos, *perceptum* e *percipiens*, que são os da escolástica, a termos mais modernos. Sem dúvida, esses vocábulos, que se tornaram estranhos, introduzem uma distância que rechaça essas teorias para uma espécie de "outridade". Mas indicam sobretudo, ao que me parece, que todas essas teorias, inclusive as do fim do século XIX que alimentaram a época de Freud, e dentre as quais estas últimas se pretendiam científicas, ou pelo menos apoiadas na experiência, não passam de restos de velha metafísica. É isso que Lacan explicita na primeira página de seu texto, ao esclarecer que a *antiphysis*, isto é, todo o campo do humano, longe de ter constituído o salto da ciência moderna como *physis*, não passa de uma versão laicizada da cocção metafísica da escolástica.

Então, qual é esse núcleo comum? Todas essas correntes partilham uma única convicção, que tem formas diferentes, mas é sempre a mesma: a de que o *percipiens*, ou, dito de outra maneira, aquele que percebe — eu quase poderia dizer o perceptor —, é responsável pelo *perceptum*, ou é, digamos, seu agente. Em termos mais exatos, considera-se, certamente, que o *perceptum* é uma função do real, que existe um objeto real a ser percebido, mas supõe-se que o *perceptum*, ou o percepto, recebe do real apenas uma diversidade de sensações, as quais só se elevam à unidade de *perceptum* sob a condição de o *percipiens* introduzir ordem na dispersão e na multiplicidade das impressões recebidas. É por isso que Lacan fala do *percipiens* "unificador".

Objeto → *Perceptum* ← *Percipiens*
(unificador)

Portanto, é muito simples: quando surge uma alucinação, ou seja, um *perceptum* sem objeto, resta pedir ao *percipiens* que a explique e interrogá-lo sobre o que ele fabricou.

Perceptum sem objeto ← *Percipiens*

Haveria um exerciciozinho divertido a fazer, no tocante à percepção comum, retomando um exemplo de Heidegger a propósito da concepção do número. Em *Caminhos que não levam a lugar nenhum*, ele pergunta como posso vir a dizer que "vejo três maçãs". Poderíamos perguntar a resposta a todos os autores citados, e elas seriam muito diversas. Mas existe a questão da alucinação, daquele que vê maçãs, sejam elas três ou não, quando não há maçãs. Nesse ponto, todos respondem: anomalia na atividade do *percipiens*. Veremos que Lacan inverte essa tese: não é no *percipiens* que se deve buscar a explicação do *perceptum* sem objeto. Voltarei a isto.

Antes, porém, gostaria de dar dois exemplos, para entrar um pouco nos detalhes e mostrar que Lacan, ao dar sua vassourada, sabia o que estava fazendo e não cedia ao delírio da presunção.

O primeiro é o que Lacan escolhe no texto de 1936, ou seja, Hippolyte Taine e seu livro intitulado *Da inteligência*, que equivale a uma espécie de condensação de toda a psicologia do fim do século XIX. Lacan assim o rotula: "um divulgador, porém conseqüente", e conclui, portanto, que podemos referirnos a ele com proveito. O outro exemplo é o de Merleau-Ponty e sua *Fenomenologia da percepção*.[7]

Esses dois autores oferecem formulações extremamente notáveis da alucinação. Taine nos propõe, no Capítulo 1 do segundo tomo de seu livro, a seguinte formulação: "A percepção é uma alucinação verdadeira." Quanto a Merleau-Ponty, ele enuncia uma expressão não menos notável: "impostura alucinatória". Ela aparece na *Fenomenologia da percepção*, página 394[8] do Capítulo 3, intitulado "A coisa e o mundo natural".

Detenhamo-nos por alguns instantes em Taine — que ninguém mais lê, é claro —, para verificar nesse autor a tese de Lacan. Taine levou às últimas conseqüências a tentativa de apresentar uma gênese de todas as funções superiores da inteligência, do conhecimento e da razão, até o limite extremo da lógica, a partir de um único dado inicial: a sensação. Temos aí, portanto, um empirismo realmente maximalista; e por último, sua construção, bastante simples quando a resumimos, permite-nos confirmar com muita facilidade em que Lacan se baseou ao dizer que o maior empirista é o maior idealista.

Acompanhemos sua elaboração. A "impressão" produzida pelo objeto externo traduz-se, para o indivíduo, em sensações. Essas sensações convertem-se em conteúdos mentais: as imagens. Estas são descritas como substitutos de sensações, mas com a particularidade de persistirem, de serem memorizadas e de terem uma espécie de dinamismo próprio, que faz com que voltem a se evocar por si sós na memória, como "simulacros, fantasmas e aparências da sensação". Isso está na página 14 de seu livro. Então, o que é perceber, para Taine? A atividade de percepção corresponde à mobilização de uma imagem mental ou de uma combinação de imagens. Dito de outra maneira, é uma alucinação normal. Toda atividade perceptiva repousa na presença de uma imagem mental de tipo alucinatório. Mas, sendo assim, como distinguir a alucinação doentia da alucinação normal? Eis a resposta, muito significativa: "Em vez de dizer que a alucinação é uma percepção falsa, convém dizer que a percepção externa é uma alucinação verdadeira."

Vocês estão vendo o problema: não há como dizer do *perceptum* — que Taine situa no nível das imagens — que ele é verdadeiro ou falso sem fazer intervir um juízo, um juízo que produz "a prova de realidade" e diz se a alucinação perceptiva corresponde ou não a um objeto externo. Lacan tem toda razão ao assinalar que essa teoria, que pretendia ancorar-se na experiência pura, tem como critério supremo da realidade o juízo proferido pelo *percipiens*: para passar da sensação pura a uma afirmação perceptiva, é o espírito que decide. O esquema seria o seguinte:

Objeto → Sensações → Imagens ← Juízo do *Percipiens*
↓
Perceptum

O mais empirista, portanto, era de fato, ao mesmo tempo, o mais espiritualista. A mesma tese se aplicaria a todos os empiristas, inclusive a Locke, que Lacan evoca na página 80 dos *Escritos*, e à sua famosa formulação (traduzo-a do latim): "Não há nada no entendimento que não tenha passado antes pelos sentidos... " e, nesse ponto, ele é obrigado a acrescentar, "a não ser o próprio entendimento."

Quanto a Merleau-Ponty — não quero desenvolver muito, porque seria preciso citá-lo mais longamente para nos situarmos —, sua tese da impostura alucinatória afirma, simplesmente, que "A alucinação não é uma percepção", e sim uma usurpação. Diz a página 395: "A alucinação usurpa o lugar da percepção, mas não é uma percepção." Por quê? É que, para ele, a percepção é uma "abertura para o mundo" e caminha *pari passu* com a "fé perceptiva" que evoquei no começo, e que faz com que, quando percebo, eu seja ligado ao exterior. Na alucinação, ao contrário, essa falsa percepção, essa "ficção" — Merleau-Ponty emprega o termo na página 394 — supõe que alguma coisa, do lado da abertura do sujeito da percepção para o mundo, esteja afetada. Mas o quê? Justamente o algo que o autor supõe ser subjacente a todos os atos pelos quais coloco um objeto diante de mim, ou seja, uma função mais profunda, uma espécie de confiança, de "opinião primordial" que cria a abertura para o mundo. O esquizofrênico alucinado, aquele em quem falta a capacidade de se relacionar com o mundo, tê-la-ia perdido.

Não insistamos mais. Trata-se, apesar de tudo, da idéia de que existe uma espécie de disposição primária, normal, naquele que não é psicótico, que assegura a presença no mundo. Essa presença, Merleau-Ponty a concebe como mediada pelo corpo — "no, por e através do corpo", diz Lacan, ao comentar o texto de Merleau-Ponty — e anterior a qualquer reflexão. Entretanto, por mais anterior que seja à reflexão, nem por isso ela deixa de equivaler a um sujeito ativo — nos termos de Lacan, diríamos um sujeito constitutivo —, que constitui a presença perceptiva no mundo. E eis que Merleau-Ponty é enfiado no saco: depois de imergir o sujeito no mundo, também ele pede a esse sujeito ante-reflexivo que explique a alucinação pela falta da presença perceptiva no mundo.

A tese

Passo agora à tese do próprio Lacan. Primeiro, resumo suas objeções. Já evoquei a primeira, feita por ele a Taine em 1936: essa pretensa teoria sensualista é, na verdade, um vestígio da velha metafísica espiritualista. Mas, acima de tudo, Lacan contesta a concepção que Taine faz da imagem como realidade degradada, sensação enfraquecida. Ele a contesta e o faz, nesse ponto, em nome do inconsciente. Com Freud, Lacan objeta a Taine que a imagem, longe de ser uma realidade degradada, é uma outra realidade, uma realidade psíquica, que se imiscui, justamente, entre o *percipiens* — vamos chamá-lo assim — e o que chamamos de realidade. Trata-se de um texto, é claro, em que Lacan ainda formula o inconsciente em termos de imagens e não de significantes, porém de imagens fixas e constantes, que entram em ação, por exemplo, na transferência.

É notável que o artigo lacaniano de 1936 tenha ficado inacabado. Ele termina com o anúncio de uma continuação, que Lacan nunca produziu, na qual ele se proporia, segundo disse, a criticar a metapsicologia freudiana, passando pela *Gestalt* e pela fenomenologia. Nunca o fez, é claro, e a verdadeira continuação, portanto, foi "De uma questão preliminar...", cuja tese efetivamente contraria a fenomenologia.

A tese principal, não crítica, mas positiva, é que a relação com a realidade em geral, e particularmente a percepção, não deixa de estar sob a incidência do inconsciente. Em outras palavras, com a psicanálise, o que modifica tudo nas velhas teorias da percepção é a descoberta de uma outra realidade, a "realidade psíquica", segundo a expressão freudiana, que não é, para Lacan, antepredicativa, não está aquém da linguagem. Tampouco é um aparelho do real, uma instância mental a ser percebida, pois manifesta-se mais em fenômenos anômalos. Eis uma formulação concisa: incidência do sujeito — que não é um *percipiens* unificador — no campo da percepção, sem esquecer que o sujeito é determinado por sua dependência da ordem simbólica. A tese de Lacan sobre a causalidade da psicose — que consiste em fazer da foraclusão, da falha no simbólico, sua "condição" principal — é perfeitamente coerente com o fato de que, no louco, a relação com a realidade é modificada.

O que permite a Lacan referir-se a Freud nesse ponto? Não podemos dizer que essa tese esteja presente em Freud: ela é apenas dedutível da descoberta freudiana. Com efeito, a concepção explícita da realidade em Freud fica, às vezes, muito aquém do alcance de sua invenção do inconsciente. É por isso que não basta citar tal ou qual frase de Freud para ser freudiano.

As imagens teóricas em Freud — a evocação, por exemplo, de um eu-superfície, ou sua construção do sistema percepção-consciência, que deve permanecer sempre virgem para receber as impressões, e as superfícies receptivas que ele nos desenha no final de *A interpretação dos sonhos* —, todas essas imagens teóricas não deixam de evocar outras: o pedaço de cera de Descartes, a "tábula rasa" de Locke e até "a estátua" de Condillac, que ligam Freud a toda uma tradição com a qual Lacan rompeu.

Por outro lado, Freud viu-se obrigado a postular, além de um sistema percepção-consciência, a existência de uma instância encarregada do que ele chamou de "prova de realidade". Em alguns momentos, ele hesitou quanto a saber a que instância atribuí-la, mas a própria idéia não está longe da que evoquei há pouco em Taine. Essas formulações não têm, de modo algum, o sentido da tese de Lacan.

Mas há múltiplas direções nas elaborações freudianas, hesitações ou mesmo contradições internas, que Lacan aponta e utiliza. É o que acontece quando ele destaca, por exemplo, que não é coerente fazer do eu, conforme os textos, ao mesmo tempo o agente constituinte da prova de realidade e o resultado constituído das identificações narcísicas. Como diz Lacan, é preciso renunciar ao que é obsoleto no próprio mestre. O Freud que, sem dizer isso, está com Lacan na objeção a todos aqueles que Lacan enfia no saco, é o inventor da articulação inconsciente e do sujeito dela deduzido.

A tese, portanto, é esta: o campo da percepção é um campo ordenado, mas ordenado em função das relações do sujeito com a linguagem, e não ordenado pelo aparelho cognitivo, não ordenado pela mirada perceptiva. A tese é radical. Implica que a linguagem não é um instrumento do sujeito, mas um operador, no sentido de que produz o próprio sujeito. Ela é também totalmente nova e extrema, porque Lacan visa todo o campo da percepção, e não apenas o da percepção da linguagem e da fala. Afinal, poderíamos admitir com bastante facilidade, quando se trata de perceber a cadeia significante — o que está em questão em "De uma questão preliminar..." —, que o *perceptum*, ou seja, a cadeia percebida, depende da articulação entre sujeito e linguagem. Inversamente, no plano do visível, é menos evidente demonstrar que, no fundo, eu não veria o que vejo — posso dizê-lo dessa maneira — se não fosse um dado sujeito produzido pela linguagem. Isso significa que aquilo que vejo, não o vejo simplesmente como animal, como organismo dotado de visão, embora as espécies animais superiores sejam dotadas de visão, mas como ser humano, como sujeito do significante. É essa a tese de Lacan, que é preciso demonstrar com exemplos muito precisos. Em todo caso, Lacan deixa claro, em "O aturdito", que é toda a realidade, "exceto pelos cinco sentidos",[9] a acreditarmos nele, que fica nessa dependência do sujeito produzido pela linguagem. Em outras palavras, ali onde havia o *percipiens* supostamente unificador surge o sujeito dividido.

Lacan tentou duas demonstrações de sua tese com exemplos precisos. Uma concerne à "percepção singular" da própria cadeia significante. Ela se encontra nas primeiras páginas de "De uma questão preliminar...". Consiste em mostrar, muito simplesmente, que, ao contrário do que dizem todas as teorias clássicas que postulam que o *perceptum* resulta de uma atividade do *percipiens*, o *perceptum* já é estruturado. Que a estrutura, portanto, não vem do *percipiens*, mas já está no *perceptum*, e que, além disso, é ela que determina o sujeito, que não é um simples *percipiens*. Das teorias clássicas a Lacan, os esquemas se invertem:

Perceptum ← *Percipiens*
Perceptum → Sujeito

Lacan faz essa demonstração, justamente, a propósito da percepção da cadeia significante e da fala. Não entrarei nos detalhes da demonstração, mas extraio apenas as conclusões dela. Longe de ser o organizador do *perceptum* da cadeia, o sujeito é seu "paciente". Ou seja, ele sofre um certo número de fenômenos que decorrem do fato de a fala e a cadeia significante já estarem organizadas: quando é o outro que fala, ele sofre o efeito de sugestão; quando é ele quem fala, divide-se entre locução e audição. Quando ele é alucinado, sua fala é ouvida como vindo do outro, e uma oscilação lhe é imposta entre um momento de incerteza alusiva e de certeza alucinatória. Ele não é agente, ficando, ao contrário, sujeitado ao efeito do *perceptum*, produzido não como unificador, mas, justamente, como equívoco e duplo.

Lacan fez uma segunda demonstração, relativa à percepção visual. A esse respeito, eu gostaria de evocar três textos: algumas passagens de "De nossos antecedentes", o já citado artigo de 1961 na revista *Temps Modernes*, e o *Seminário 11*.

Em 1966, Lacan corrigiu seu "estádio do espelho", que poderia prestar-se a uma confusão com a *Gestalttheorie*, na medida em que ele mesmo reconhecia na imagem especular uma *Gestalt* que tinha efeitos de formação no próprio organismo. Em 1966, ao elaborar sua teoria do inconsciente-linguagem, Lacan deixou claro que o estádio do espelho não é um fenômeno da visão. A imagem visual desempenha um papel, é claro, mas nem por isso o estádio do espelho deixa de estar subordinado ao efeito de linguagem. Que significa isso senão que a imagem do espelho só adquire importância e só cativa o sujeito por já estar correlacionada ao principal efeito de linguagem, que é o efeito de falta? A palavra "castração" não está presente nesse texto de 1966, mas acha-se implícita nele. Lacan pergunta se podemos reduzir a fase do espelho a uma crise biológica, já que a *Gestalt* surte efeitos no organismo, e responde pela negativa: "[isso seria] dar um lugar exagerado à presunção do nascimento" (*Escritos*, p.74). A imagem cobre o que ele chama de uma falta mais crítica, que tem uma função causal e que ele remete ao desejo do Outro. Em outras palavras, é o efeito castrador da linguagem que condiciona o prestígio da imagem narcísica, o amor que ela focaliza. Na página 75, Lacan põe os pingos nos is, para o caso de não se haverem compreendido as observações da página anterior: o estádio do espelho não tem ligação com a qualidade do enxergar, pois que a importância da imagem narcísica encontra-se igualmente no cego, privado de visão (cf. o problema de Molyneux). Ele não tem ligação com o enxergar, mas com o olhar. É por isso que "até o cego está sujeito a isso, por se saber objeto do olhar". Trata-se da oposição visão-olhar, longamente desenvolvida no *Seminário 11, Os quatro conceitos fundamentais da psicanálise.* Por isso Lacan pode repensar de outra maneira o júbilo narcísico, que explicara inicialmente pela antecipação imaginária do domínio motor do sujeito ainda preso na prematuração. Ele o reinterpreta nesse texto como efeito da manipulação do olhar, evocado pelo gesto da criança que se vira para aquele que a segura.

Isso quer dizer que o valor da imagem prende-se menos à unidade de sua completude que ao fato, bastante inverso, de ela ser descompletada pelo olhar. A idéia é esta: o visível, o limiar do mundo visível, pressupõe que se haja produzido uma subtração sob o efeito da linguagem, ou, dito de outra maneira, que o olhar tenha sido perdido. Essa subtração, pela falta que gera, cria a libido escópica e dá impulso ao investimento do campo visual. Para que o mundo seja visível, no sentido humano do termo, é preciso que ele seja visado por um desejo de ver. Daí a pergunta: com olhos, mas sem a libido escópica, o que veríamos?

Seguem-se nessa passagem, além disso, considerações sobre o que Lacan chama de "conhecimento especular". Trata-se antes de um desconhecimento, na medida em que, justamente, ele fica no âmbito da inversão em relação ao plano; acima de tudo, porém, não se trata em absoluto de um conhecimento, como o mostram os fenômenos de despersonalização e alucinação, que Lacan imputa ao pseudoconhecimento especular, esclarecendo prontamente que esses dois fenômenos não têm valor diagnóstico e nem sequer constituem um referencial da fantasia.

Antes disso, em 1961, no artigo de *Temps Modernes*, entre as páginas 8 e 16, Lacan havia tentado uma demonstração muito mais exata de sua tese. O texto refere-se a um exemplo de ilusão de óptica extraído de Merleau-Ponty. Ele procura exatamente demonstrar, a propósito de uma ilusão que impede que se veja um objeto, que o objeto só aparece sob a condição de se produzir um efeito equivalente a um recalque, a um desaparecimento do sujeito. É a mesma idéia, porém aplicada a um exemplo preciso.

Para concluir, só me resta convidar a todos para estudarmos essas demonstrações muito de perto, e com muita minúcia, e para encontrarmos outras que se refiram à tese. Deixo a última palavra com Lacan. Ao resumir e generalizar seu ponto de vista no artigo de *Temps Modernes*, ele assinala "o privilégio que cabe ao *perceptum* do significante na conversão a ser efetuada da relação do *percipiens* com o sujeito".[10] Foi nisso, no fundo, que Lacan se empenhou, numa conversão de perspectiva. E foi também por isso que tomei como título de hoje "Os fenômenos perceptivos do sujeito". Com certeza não foi para dizer que o sujeito seria um *percipiens* agente.

Essa tese, é óbvio, choca-se com a "fé perceptiva" partilhada por todos os seres falantes. E é por isso que é importante demonstrá-la caso a caso.

A variedade da psicose

Estrutura e função dos fenômenos erotomaníacos da psicose[1]

Problemática

A definição mais fenomenológica da erotomania, como convicção delirante de ser amado, já nos indica que se trata de uma posição do sujeito psicótico. Ela se encontra em quadros clínicos muito variados e, além disso, conforme os casos, situa-se de maneiras diversas na estrutura e na evolução delirante. Incipientes ou terminais, prevalentes ou acessórias, transitórias ou estáveis, tanto compatíveis com um platonismo radical quanto com transbordamentos eróticos, presentes em homens e em mulheres, e elegendo um parceiro que pode ser único ou múltiplo, próximo ou distante, real ou imaginário, as manifestações erotomaníacas na psicose são, ao mesmo tempo, tão freqüentes e polimorfas que levantam a questão da unidade e alcance desse fenômeno.

A pergunta é a seguinte: em que se distingue o amor do sujeito erotômano do chamado amor normal? Mais genericamente, o que se coloca é a questão do "Eros do psicótico".[2] Note-se que ela perpassa todo o ensino de Lacan. Antes mesmo do "inconsciente estruturado como uma linguagem", a paciente de sua tese chamou-se, pragmaticamente, Aimée.[3] Em 1955, Lacan apontou a impossibilidade de conceber a natureza da loucura sem recorrer à teoria medieval do amor e, em especial, ao que nela se articulou de uma relação extática com o Outro, que implicava a abolição das finalidades naturais da criatura humana. Por fim, no outro extremo, em 1975, em suas conferências nos Estados Unidos, ele observou mais uma vez que a psicose era uma espécie de falência do amor.

Um pouco de história

Três datas e três nomes: 1920, Clérambault e o postulado erotomaníaco; 1911, Freud e a gramática da libido psicótica; 1936, o psiquiatra Lacan e as complicações do sexo.

Clérambault não foi o único na psiquiatria européia, ou mesmo francesa, a se interessar pela erotomania. Mas se destaca por Lacan haver reconhecido nele seu "mestre em psiquiatria", por ter estado, na década de 1920, na origem e no centro de um debate sobre essa questão, e por ter cabido a ele elaborar a formulação lógica do fenômeno passional. Na França, foi ele quem elaborou a síndrome erotomaníaca, da qual julgou poder descrever uma seqüência típica — esperança, despeito e rancor —, ao mesmo tempo em que criou a categoria nosográfica das psicoses passionais, na qual a erotomania situa-se ao lado dos delírios de ciúme e de reivindicação. O debate da época e a discussão de suas teses situaram-se em diversos registros: nos traços eletivos do parceiro, no platonismo — seria ele regra, como acreditava Esquirol, ou acessório, como pensava Clérambault? — e, sobretudo, na descrição do próprio tipo de delírio: seria ele uma entidade mórbida autônoma, que existisse em forma pura e evoluísse de maneira típica, ou sob uma forma mista, associada a manifestações interpretativas e alucinatórias e de prognóstico variado?

Mas a fórmula mesma da erotomania não nos vem daí. Nós a tiramos de Freud, em seu caso Schreber. É a do homem erotômano: "Ela me ama." Integra-se na famosa dedução freudiana dos diferentes delírios paranóicos a partir de uma formulação original: a da pulsão homossexual, na qual Freud julgou poder identificar a causa libidinal das psicoses. A falha do Édipo e a fixação narcísica estavam implícitas nessa tese, a qual, por outro lado, fez da gramática uma máquina lingüística para transformar a libido. No caso da erotomania, essa gramática das pulsões tem uma função que Freud enunciou de modo muito preciso: ela restabelece, como que a título de encobrimento, uma aparência de heterossexualidade. Se esta — e nisso reside, para Freud, o traço diagnóstico decisivo — não se presta a uma confusão com a neurose, é porque "todos esses amores desembocam não na percepção de que se ama, e sim na percepção, vinda de fora, de que se é amado".[4] É por esse traço estrutural que a erotomania, da qual, aliás, Freud pouco se ocupou, inclui-se no mecanismo geral da psicose, tal como então enunciado por ele: "O que foi abolido do interior volta do exterior." É crucial, aqui, a imputação ao outro.

Clérambault não divergia de Freud nesse aspecto quando indicava como paradigma da posição erotomaníaca o dito de uma de suas pacientes, que afirmava: "Não fui eu que procurei." Entretanto, o que há de singular em sua contribuição, além de suas descrições da síndrome, do enriquecimento delas e de suas sucessivas correções, é a formulação não gramatical, porém lógica, da erotomania. A paixão erotomaníaca é um postulado, disse ele, ao qual se somam, por meio da dedução, proposições derivadas, evidentes ou demonstradas. Postulado, evidência, demonstração. Clérambault rompeu com o vocabulário psicológico da crença. Postulado, ponto fundador fora da demonstração, ao qual todas as significações estão presas: nisso ele reconheceu a lógica psicótica. Não é que o sujeito psicótico seja rebelde às lições da experiência, ou que raciocine mal, como supunha uma certa psiquiatria. Ao contrário, ele se empenha em ajustar os fatos, em especial os desmentidos que lhe vêm do objeto, e que ele constata tão bem quanto qualquer um, a uma premissa — ele ou ela me ama — que faz com que eles lhe pareçam paradoxais e a qual, por sua vez, é transexperimental, constitutiva de sua relação com o Outro. Com o postulado passional que Lacan, em seus *Escritos*, situa ao lado do automatismo mental. Clérambault teria isolado os dois traços elementares da estrutura que especificam a ligação do sujeito psicótico com o Outro.

Lacan situou-se na linha dessa estrutura, ao dar o nome de Aimée à paciente de sua tese. Foi ela, aliás, quem lhe segredou isso, uma vez que esse era o nome da heroína de seu primeiro romance e que, para pôr mais pingos nos is, o segundo evocava um parceiro com o nome de Jaime I. Todavia, é notável constatar que, nessa época, Lacan não destacou o postulado do sujeito como traço estrutural decisivo. Chegou até a subtraí-lo da definição do que chamou de erotomania "simples", retendo como crucial apenas o traço da eminência do objeto, notado desde longa data pelos psiquiatras. Nesse caso, disse ele, a iniciativa atribuída ao objeto estava ausente, ao passo que "a posição superior do objeto adquire todo o seu valor".[5] Essa ênfase foi confirmada por uma resposta dada a Daniel Lagache, em dezembro de 1935, no Grupo da Evolução Psiquiátrica, ecoando uma exposição feita por ele sobre o tema "Paixão e psicose passional". Nela, Lacan insistiu em dizer que "a paixão não pode ser estudada ... fora do objeto que a qualifica". Assim, para o Lacan psiquiatra dessa época, era a particularidade do objeto que era preciso explicar. Sua tese o fez, mediante uma interpretação em duas etapas. Primeiro, afirmou que a posição social elevada do objeto revelava seu sentido ao considerarmos o que ela implicava de distanciamento, abstração e despersonalização dele. Deduzia-se daí que sua função era garantir a "não-realização sexual". A escolha do objeto foi interpretada, portanto, pela "satisfação encontrada num platonismo radical". Quanto a esse platonismo, ele pareceu a Lacan não passar da manifestação fenomênica dos problemas da identificação sexual, então designada, a propósito de Aimée, como a "neutralização da categoria sexual com a qual ela se identifica". Portanto, eram as complicações do sexo que explicavam, nesse caso, tanto o "tema francamente erotomaníaco" referente ao príncipe de Gales quanto "a verdadeira erotomania homossexual" que ligava Aimée a suas perseguidoras. Note-se que, para o Lacan de 1932 — que ainda não havia distinguido o outro minúsculo, o Outro maiúsculo e o objeto *a*, e que tampouco havia elaborado a função fálica —, o crucial, tal como para Freud, era a questão da libido e, mais precisamente, da relação com o sexo. Mas o certo é que a explicação da época e a idéia muito vaga de neutralização da categoria sexual não permitiam estabelecer a diferença da histeria, justamente aquela que o seminário sobre as psicoses elaborou, graças ao desvio pelo simbólico.

A estrutura da posição erotomaníaca

Consideramos ponto pacífico o que implica o postulado do erotômano:

• Primeiro, uma relação com o Outro na qual este se impõe como o lugar de emissão da libido que toma por alvo o sujeito, assim como, no automatismo mental, ele se impõe como o emissor direto da fala alucinada que assalta o sujeito.

• Segundo, um sujeito que não é dúvida, mas certeza. Tal certeza não decorre, propriamente falando, do registro da crença, pois esta não se dá sem um ponto de indeterminação. Já a certeza escapa à problemática do saber e ex-siste na dialética da verificação. Não é que ela exclui qualquer questão, mas, antes, que as determina todas, e que elas não são as mesmas. Podemos destacar aí, da histeria à erotomania, uma notável inversão clínica na relação com o parceiro. O sujeito histérico interroga o sentido dos fenômenos — no caso, os sinais emitidos pelo objeto. O sujeito erotômano interroga os mesmos fenômenos na distância que os separa do postulado. Um pergunta o que eles significam, para nisso encontrar seu ser; o outro sabe, e apenas se pergunta por que isso aparece sob formas às vezes tão contrárias. Aqui se opõem, portanto, a questão do sujeito e a certeza quanto ao Outro.

A ambigüidade da fórmula erotomaníaca

Vamos escrevê-la sob sua forma generalizada: ele — o objeto — me ama. No entanto, que é esse amor? Ninguém pensa em reconhecer nele o "amor verdadeiro", como faz Lacan quanto ao amor transferencial, nem tampouco em identificá-lo com o amor dos místicos. Decerto existem analogias, ocasionalmente, mas há também diferenças, não por se tratar de um amor delirante, mas de um "amor morto", ou mortificante, ou que fracassa, disse Lacan em 1955, 1966 e 1975.

E o que é o amor? A polissemia do termo francês manifesta bem a ambigüidade do fenômeno. O próprio termo "Eros" é ambíguo. Certamente estabelece uma ligação, mas não unívoca, uma vez que tanto designa o corpo-a-corpo da volúpia quanto as capturas da imagem e os encontros dos sujeitos. Por conseguinte, coloca-se uma questão para nosso tema, e precisamos distinguir os registros que se encontram intricados no normal: o do gozo, que pode ser sexual ou extra-sexo, e o do amor propriamente dito. Será que se trata mais de mania de amor ou mania de gozo? E, se os fenômenos se distribuem, conforme o caso, entre essas duas polaridades, não seria preciso supor neles funções e indicações de tratamento diferentes?

O exemplo de Schreber

Erotomania divina, erotomania mortificante e efeito de empuxo-à-mulher: foram essas as três expressões sucessivas com que Lacan situou a posição final de Schreber, na qual ele consente em ser a esposa de Deus, esse novo status objetal que implica sua feminização — feminização de sua imagem, de seus sentidos e de seus pensamentos, oferecidos para saciar a volúpia divina —, e anuncia uma fecundação redentora, pela qual suas entranhas espirituais darão à luz a futura humanidade. Trata-se de uma solução de sua posição anterior, que fazia dele um supliciado por Deus. Entretanto, em nenhum momento do delírio, nem mesmo na fase de consentimento, trata-se de amor. A formulação correta do laço que une Schreber a seu Outro parece-nos ser esta: Deus goza de mim. Trata-se de uma "eroticomania", se me permitem introduzir esse termo. Ela é conforme à tese introduzida por Lacan em 1966, na qual ele diz que a paranóia "identifica o gozo no lugar do Outro". É uma identificação que deve ser tomada em seu duplo sentido de localização — quem goza é Deus — e de evidenciação de seu suporte. O Outro que "não existe", que é "deserto de gozo", a paranóia o faz existir como aquele que goza. É assim que vemos Schreber, de maneira muito exemplar, definir seu Deus pela soma dos discursos seculares — tesouro do significante —, deixar claro que ele ignora o ser vivo — mas no sentido das funções homeostáticas de sua sobrevivência —, e experimentar que ele não desconhece o gozo. É aí que o delírio procede a uma elaboração que leva à referida erotomania.

Num primeiro momento, esse gozo do Outro, imposto, deletério, invasivo em relação às fronteiras do corpo e perturbador das funções deste, está ligado à ameaça de emasculação — *Entmannung* —, que conota não a castração, como insistiu Lacan, mas a falta dela, isto é, a significação de um gozo não-fálico, que impede que se goze com Schreber como homem e que, para além do que ele chama de sua honra, é mortal para o sujeito. É um gozo foracluído do simbólico, que retorna no real e que, em si mesmo, não é sexual. Não mais sexual, com efeito, do que o gozo ligado às pulsões parciais, que só toma por referência a polaridade sexual por intermédio da regulação fálica. Do mesmo modo, o gozo divino, no primeiro tempo do delírio, não tem outra referência ao sexo senão a falta de regulação evocada pela emasculação. Localizado no Outro, esse gozo só se inscreve ou é identificado no Outro porque Schreber se dedica a ele. Não há como chamar Schreber de "Amado". "Usufruído", "Gozado" [*joui*], que faz um trocadilho fônico com o imperativo do supereu,[6] seria mais seu nome de sintoma, o nome, pensamos, que atenta contra seu nome próprio, já que existe um atentado. Quanto ao amor, como algo que instaura uma relação de sujeito com sujeito (cf. *Mais, ainda*), ele está notavelmente ausente da ligação que une Schreber a Deus. Lacan sublinhou os traços negativos — misturada, voracidade, asco — que distinguem a erotomania schreberiana da alegria e da iluminação místicas. A eroticomania, no sentido do amor, é uma erotodeficiência, aliás reveladora de uma estrutura, já que, no encontro com Deus, diante da coisa, surge uma palavra — o insulto *Luder!* — mediante a qual se impõe na experiência aquilo que o neurótico desconhece, ou seja, que o insulto "revela-se tanto a primeira quanto a última palavra do diálogo".[7]

Depois, o trabalho do delírio elabora uma formulação completa da relação com o Outro absoluto, digamos: Deus goza comigo como sua mulher. Não é um dito amoroso, e sim um nome do gozo, que, na falta da inscrição fálica, interpõe-se entre Schreber e Deus. A eroticomania, dessa vez correlacionada com o significante do sexo, instaura uma quase relação sexual com Deus, na qual Schreber menos é a Mulher que lhe falta do que a que não lhe falta, porque ele a tem. Ela também condiciona o restabelecimento de um quase efeito de fala plena, num "És minha mulher" emitido diretamente pelo Outro — é Deus que quer assim — e no qual Schreber consente. Convém assinalar o restabelecimento correlato de sua relação com a realidade. Esta volta a se tornar vivível para ele, na medida da estabilização e da pacificação de sua relação com o Outro. A regulação não menos impressionante de seu gozo caminha *pari passu*. Localiza-se no roteiro transexual. Schreber, no espelho, atesta um gozo que, por ter conseguido inscrever-se como feminino, passa a se ligar à imagem e à pulsão escópica. Com isso se restabelece uma versão sexuada do gozo, que, embora não seja a versão edipiana, nem por isso é menos regulada.

O efeito de empuxo-à-mulher, produzido pela falta de uma existência que funde o universal da função fálica como função da castração, é a mola estrutural da chamada erotomania de Schreber. É notável constatar que a mulher em quem Schreber se transforma distingue-se pelas características de seu gozo. Ele sublinha isso com insistência e precisão: ela tem que encarnar a exceção de uma volúpia ilimitada, enquanto que, para todos, diz Schreber textualmente, impõem-se limites. Citemos seu texto: "No que me diz respeito, esses limites deixaram de se impor e, em certo sentido, transformaram-se em seu contrário",[8] ou seja, num dever de gozo. Schreber tornou-se o Um, ou melhor, a Uma a quem é permitido gozar sem limites. Como dizer mais claramente que a mulher-Schreber substitui a função do pai? Na falta da exceção paterna, que, fundando o universal da castração, teria feito Schreber entrar na categoria da castração para todos, a lógica da estrutura não deixa ao sujeito outra alternativa senão encarnar a exceção. Para isso, ele tem à mão, por assim dizer, o significante da mulher, com o que este conota de um gozo excessivo em relação àquele que é condicionado pela castração. Isso nos dá ensejo a verificar que a anatomia não tem muito peso na estrutura. Ela apenas impõe a Schreber, por ser varão, a condição suplementar da transformação em mulher. O trabalho do delírio, que assim parteja a "mulher de Deus", proporciona a Schreber um novo sintoma, no qual o gozo, até então coextensivo à cadeia dos pensamentos, dispersos no infinito do delírio, ex-siste.

Eroticomania e erotomania propriamente dita

O empuxo-à-mulher schreberiano fornece o modelo do que é, nas chamadas erotomanias, a mania de gozo. Sua função é religar ao significante do sexo o gozo inicialmente foracluído do simbólico, que retornou no real. A experiência mostra que Deus, como figura do Outro supremo, tolera substitutos na série dos objetos que têm, justamente, a "posição elevada" que Lacan isolou como determinante a partir de 1932. A investigação psiquiátrica fez o levantamento de suas ocorrências: médico, padre, personalidades públicas, figuras principescas ou monárquicas etc. A mulher erotômana encontra nelas o Homem de carne e osso, mas ele se presta tão bem à confusão com Deus que, numa dada eleita, encarna-se, paradigmaticamente, em Júpiter, o "rei dos deuses", no dizer do sujeito, mas que é também, para nós, o deus à imagem do homem, que não se contenta em falar com ela do outro lado do tempo e do espaço, mas também a visita carnalmente, como sua mulher. Quanto ao homem erotômano, ele eleva uma dessas figuras, que aliás pode reduplicar-se ao infinito, à dignidade da deusa original de quem ele é o objeto único e sacrificial, ao mesmo tempo que o duplo.

Resta explicar as erotomanias platônicas, que certamente existem. Elas têm em comum com o que chamamos de eroticomanias a inscrição da polaridade sexual. Distinguem-se destas pela elisão da dimensão do gozo. O parceiro eleito por postulado ama, porém não goza. É, ao contrário, o último recurso contra a ameaça do gozo. Esse traço de elisão do gozo apresenta-se de maneiras diversas na experiência. Num dado sujeito, é na entrada que o objeto é distinguido, num dito em que o amor, ainda por cima paterno, parece suplantar as captações do sexo. Na própria Aimée, se acompanharmos a análise feita por Lacan, os fenômenos erotomaníacos desdobram-se entre o que Lacan chama de "verdadeira erotomania sexual", aquela que a liga a suas perseguidoras como figuras de gozo, e a que a liga ao príncipe de Gales, como figura tutelar do amor. Por fim, uma outra mulher, aparente antierotômana, explicita a função desse apelo ao amor: proclama que "nenhum homem pode amar uma mulher", o que o contexto de seu discurso esclarece com um único complemento: ele quer gozar com ela. Na totalidade dos casos, não é o gozar de uma mulher, mas o amor de uma mulher, que é convocado, se não para regular, ao menos para compensar a mortificação subjetiva implicada pelo gozo.

O exemplo feminino ainda é prevalente nesse caso, mas essa é outra conseqüência do não-todo que serve de modelo. Não é o outro gozo da mulher, mas sua exigência correlata de ser única, que a psicose erotomaníaca eleva ao postulado de ser a única do amor. Esses registros do gozo e do amor, sempre mais ou menos trançados na neurose, são desatados e revelados em sua pureza na psicose. Com isso, ela às vezes parece libertar o amor de sua impotência, quando, por exemplo, o postulado se mantém intacto por décadas. Entretanto, isso é só uma aparência, porque o amor não tem a mesma função na neurose e na psicose. Na primeira, ele é chamado a corrigir a ausência da relação sexual, ao passo que, na segunda, é invocado para resistir à iminência de uma relação mortífera. A experiência comumente prova que, mais do que em outras situações, trata-se de um amor que é impotente. Longe de atender ao apelo e limitar o gozo que retorna no real, ele se reduz, no máximo, a lhe fazer companhia; mas é uma companhia compensadora. Neste ponto, tomamos emprestado de Schreber, para situar sua função, o termo "indenização". (Schreber, por sua vez, não o aplica ao amor, mas à parcela de gozo que lhe cabe.)

É concebível que essas referências estruturais sejam passíveis de orientar a prática do analista. Elas levam a opor, de um lado, a eroticomania persecutória, que é o próprio sintoma, e de outro, a mania de amor, como próteses diferentes, mas às vezes combinadas, dos efeitos da foraclusão. Essas são duas das soluções autógenas da psicose. Por mais delirantes e episódicas que sejam, seu efeito de moderação não é desprezível. O clínico encontrará aí o próprio modelo de sua meta, ou seja, a instauração de uma função de limite do gozo.

Inocência paranóica e indignidade melancólica[1]

"É minha culpa, minha máxima culpa", diz o pecador da oração cristã, batendo no peito. Mas, por que ele repete sua primeira confissão? Por que duplica retoricamente o "minha culpa" com um "minha máxima culpa"? Sempre tive a sensação de que ele exagerava, e de que sua contrição era insistente demais para não ter alguma coisa de esconjuro. Com efeito, se a culpa não fosse dele, de quem seria, senão do Outro? Portanto, culpado ou perseguido. Será que é preciso escolher?

Sentimos de imediato que a culpa é um sentimento que tem alcance epistêmico: o "é minha culpa" implica uma hipótese sobre a causa. A culpa é aquilo que acontece quando a causa assume a forma de uma falha, um erro. Causa de quê? Tudo parte de uma pergunta sobre a origem da infelicidade, do sofrimento. A infelicidade se impõe como real a partir do momento em que a dor não tem sentido. Mas, ao tomarmos a infelicidade como efeito, ela assume o nome de mal, e a causa assume o nome de culpa. Trata-se de um modo de dar sentido à infelicidade, o modo mais comum, ou, pelo menos, o que a religião encontrou. Observe-se — o que costuma ser menos sublinhado — que também se dá sentido à felicidade. Quando as coisas correm bem, quando não dão errado, o nome que se dá à causa da felicidade é mérito. Não se diz "é minha culpa", mas "é graças a mim". Mesmo que o bem também gere culpa.

A busca do culpado, portanto, é uma das formas principais do pensamento causalista. O sentimento de culpa é uma resposta que consiste em tomar a si a falha. Não é a única resposta possível, como mostra a clínica. Existe uma outra: a perseguição. Esta enuncia um "por causa do Outro", do Outro mau, ou até "sumamente mau", quando se trata do Deus de Sade, o Outro que me quer mal. Isso significa que a perseguição supõe um Outro que existe, ela faz o Outro existir. Assim, introduzo aqui uma grande oposição, muito simples, entre, de um lado, o culpado, mais exatamente aquele que tem o sentimento de culpa, e que em geral é o neurótico, e, do outro, o paranóico, que, por sua vez, não é culpado, mas perseguido. E é exatamente porque a culpa neurótica se opõe à perseguição paranóica que há uma inversão dos problemas que expomos quanto a essas duas estruturas.

No neurótico, são os fenômenos persecutórios, os acessos paranóides, digamos, que criam problemas. Como um dado neurótico consegue, em certos momentos, sair de sua culpa por meio da perseguição? No paranóico, ao contrário, a pergunta é exatamente o inverso: como pode o inocente paranóico — aquele que Jean-Jacques Rousseau estigmatizou com uma expressão que não poderia ser mais correta: "o inocente perseguido" —, em certos casos, manifestar na experiência fenômenos que se apresentam como culpa?

Seja como for, é fato que existe o sentimento de culpa. A experiência do discurso analítico nos leva, segundo Freud e Lacan, a acreditar no pecado original. Isso porque a culpa não é um fato contingente e limitado.

Os paradoxos do sentimento de culpa

Em primeiro lugar, é fato que o sentimento de culpa vai muito além da responsabilidade factual. O surgimento de um infortúnio, a morte de uma criança rival, o desaparecimento de um genitor amado, o adoecimento do próprio sujeito, tudo isso são fenômenos pelos quais o sujeito não pode ser considerado responsável, mas pelos quais ele às vezes se sente culpado. Freud explica esse fenômeno de descompasso através do pensamento, do voto do sujeito. Com isso, aproxima-se da tese cristã: você não é culpado apenas por seus atos, mas também por seus pensamentos secretos.

O segundo paradoxo do sentimento de culpa é o hiato absolutamente notável que a experiência aponta entre os atos culpados e o sentimento de culpa. Como já se observou, os carrascos em geral não se sentem culpados, eles o são. Essa é, justamente, uma característica clínica distintiva: nunca se obtém o arrependimento de um verdadeiro carrasco. Quanto ao inocente — no duplo sentido —, pelo menos inocente no sentido daquele que não cometeu o ato faltoso, ele se sente culpado e, paradoxalmente, faz a si mesmo censuras não motivadas pela realidade. É o caso, em especial, do obsessivo e também do melancólico, em quem essas censuras chegam até ao delírio.

Em terceiro lugar, a culpa é impotente. Não é em absoluto uma garantia de que o sujeito enfrentará suas responsabilidades, cumprirá seu dever, como se costuma dizer, mas muito pelo contrário! Ele se sente culpado, disse Lacan certa vez, numa das apresentações de doentes, e isso é sinal de que está pronto para lavar realmente as mãos.

Por fim, quarto e último paradoxo: a culpa impele ao crime. Freud o notou desde muito cedo: existem delitos cuja finalidade é a punição efetiva, que alivia o sentimento imotivado de culpa.

Esse sentimento de culpa é o único que Freud consente em chamar de inconsciente. Se a angústia, para Lacan, é o único sentimento que não engana, a culpa, para Freud, é o único que é inconsciente. Isso, convém dizer, é impensável, e me parece impor uma distinção entre os sentimentos de culpa experimentados e enunciados e os que não o são. Por um lado, temos a clínica das auto-recriminações, dos escrúpulos e, digamos, em termos mais gerais, do mal-estar culpado do sujeito, na neurose obsessiva e na melancolia, essencialmente. Por outro lado, há alguma coisa diferente, que não é uma culpa "vivenciada", e sim uma culpa deduzida — deduzida, precisamente, das condutas de fracasso. É como se — e Freud o notou muito cedo — um dado sujeito procurasse fracassar, donde a idéia freudiana de uma necessidade de punição, que ele refere a um sentimento inconsciente de culpa. Lacan, aliás, entrou na psicanálise por essa porta, com seu caso Aimée e a paranóia de autopunição que ela apresentava. Estes últimos fenômenos, de fato, atestam apenas que o sujeito não quer somente o seu bem, mas que há um gozo além do princípio de prazer que o cativa, a despeito dele mesmo. Quanto à culpa propriamente dita, é menos um sentimento que uma postura do sujeito que aceita responsabilizar-se pelo que lhe acontece. É a própria condição da psicanálise. No que me concerne, eu tenderia a separá-la da suposta culpa que não é sentida nem enunciada, mas que parece logicamente necessária para explicar o que acontece ao sujeito.

De que somos culpados? Dispomos de dois mitos que nos falam do mal que gerou a infelicidade: o da maçã maldita do saber tentador, saber que era a única coisa que faltava no paraíso terrestre, onde, afora isso, tudo era apenas gozo; e o de Édipo — menos emburrecedor, no dizer de Lacan —, que liga a culpa ao parricídio. Ambos ligam a culpa à transgressão de um limite do gozo. A falta é falta de gozo, preservando a ambigüidade da expressão. Todos os textos lacanianos sobre a culpa, ao que me parece, concernem à fronteira do gozo e de sua limitação, que imputamos ao simbólico.

Para começar, existe falta porque o gozo é faltoso: existe, no início, uma falta de gozar. Também foi isso que Freud tentou abordar e delimitar com sua idéia de um objeto originalmente perdido, de uma experiência primária de satisfação que é inigualável, e da qual todo gozo encontrado só consegue despertar a saudade.

Mas a falta do gozo é também sua impropriedade. O gozo que não falta, aquele que se encontra apesar de tudo, é impróprio à relação sexual. Nesse sentido, ele é faltoso, não consegue estabelecer uma relação, é aquele "que não convém", no dizer de Lacan.

Essa dupla falta do gozo, como falta e impropriedade, funda o imperativo do supereu, que ordena ferozmente o impossível: "Goza!" Podemos entendê-lo como um imperativo de gozar um gozo total — primeira impossibilidade —, ou como o imperativo de gozar com o Outro sexo — segunda impossibilidade —, já que, na relação sexual, o gozo fálico faz com que nunca seja com o Outro que gozamos, mesmo ao estreitar seu corpo.

Por último, o gozo está em falta por seu excesso e por sua atopia no sintoma, seja ele neurótico ou psicótico.

Retorno ao culpado. De quem é a culpa? Em "Subversão do sujeito e dialética do desejo", Lacan põe em série três culpados, apenas um dos quais é o certo. Será que a culpa é do "mau arranjo da sociedade", como crêem os imbecis? Não. Então, será que a culpa é do Outro, de sua incidência no vivente, que faz do homem um animal enfermo? Seria culpa dele, do Outro, se ele existisse. Em outras palavras, por não existir, o Outro não pode responder pelo mal que introduz no campo do falasser, e, por conseguinte, só resta, no dizer de Lacan, imputar a culpa ao "eu" [*je*]. O "eu" designa a existência de vivente do sujeito, assim como seu ser sexuado. Eis dissociadas, portanto, a causa — simbólica — e a culpa que recai no ser vivo transformado em sujeito, o único que resta para assumir a "carga", no duplo sentido do termo,[2] do gozo.

Assim, não admira que tenhamos uma clínica diferencial da culpa: a neurose e a psicose diferenciam-se quanto à posição em relação ao gozo, como efeito das posições diferenciadas dos sujeitos neuróticos e psicóticos com respeito ao Outro.

A recusa da Coisa

Oponho aqui dois pólos extremos: o paranóico inocente e o melancólico culpado. O paranóico sente-se vítima, não se sente culpado. Perseguido, afirma sua inocência de todas as maneiras, e acusa. Temos o Schreber das boas razões, que denuncia a desordem de

Deus, e temos também — outro exemplo que me agrada — Jean-Jacques Rousseau, o "inocente perseguido". Esse é um sujeito habitado pela convicção de sua bondade. Não se cansa de afirmar, como um estribilho, sua "índole natural amorosa e terna" e de se colocar como "o melhor dos homens". Vejamos dois momentos cruciais para apreender essa postura de inocência.

No primeiro, ele comete uma falta real, comprovada, que reconhece como tal — manda os filhos para orfanatos da Assistência Pública. No entanto, começa a escrever *Emílio* e a dar lições de educação. Nesse momento, como homem lógico, ele revela a contradição e a submete a um trabalho de pensamento, que acaba por demonstrar que ele é inocente, apesar das aparências. Numa página surpreendente, na qual se infla o entusiasmo retórico, Rousseau explica que, considerando quem era a mãe de seus filhos, ele tremera à simples idéia de pensar em não abandoná-los, e que julgou ter cumprido seu dever de verdadeiro pai e cidadão ao fazê-lo. Uma outra passagem joga com uma dialética diferente: "Cometi um erro, mas não uma falta", diz ele. É uma nuance, portanto... Ele se dispõe a reconhecer que se enganou quanto ao meio, que deveria ter agido de outra maneira para tirar os filhos da mãe deles, mas afirma que foi apenas um erro de juízo, não da vontade. E protesta, indignado, contra o fato de, havendo confessado esse erro, ainda o censurarem por isso! É impagável!

Uma terceira passagem, situada no começo das *Confissões*, relata um segundo momento muito ilustrativo: aquele em que, pela primeira vez na vida, Rousseau pensou confrontar-se com uma acusação injusta. Ele era muito novo, tinha uns 10 ou 11 anos, e estava, nessa ocasião, na casa do pastor Lambercier. Sucedeu-lhe ficar sozinho num quarto em que a srta. Lambercier havia guardado seus pentes, um dos quais foi encontrado quebrado. Assim, o menino foi pressionado a confessar, já que estivera sozinho naquele cômodo, que havia mexido no pente; negou-o com veemência e manteve uma postura de infalibilidade absoluta. Dispôs-se a reconhecer que devia haver uma causa para aquilo, que ele estivera sozinho e que, portanto, só poderia ter sido ele, mas sua certeza foi completa: não fora ele. Rousseau fez desse episódio um momento crucial, o instante de uma descontinuidade absoluta. A partir desse dia, disse, a própria natureza perdeu suas cores risonhas, e os adultos perderam o respeito e o amor que ele lhes dedicava etc.

Nesses dois episódios, vemos em ação, expresso de maneira admirável, exatamente aquilo que Freud chama de *Unglauben*[3] do paranóico. Em outras palavras, o paranóico como que não acredita nas censuras que possam visá-lo; não acredita na coisa que o habita. Num outro caso, essa *Unglauben* esteve na própria base do desenvolvimento de um delírio de possessão: o sujeito cometia atos delituosos e sabia disso, mas argumentava: "Não posso ser eu, já que sou bom, e portanto é forçoso que eu esteja possuído."

Essa *Unglauben* freudiana é relacionada por Lacan à foraclusão. Essa rejeição da culpa é uma recusa em admitir no simbólico os significantes que constituam vestígios da implicação do sujeito — é uma recusa a responder por ela. Para Rousseau, as circunstâncias de seu nascimento decerto foram predisponentes. Em sua "ereção como ser vivo", ele foi, para o Outro paterno, a causa real e explícita da morte da mãe. É concebível que o não-senso dessa responsabilização, anterior ao próprio advento do sujeito, tenha contribuído para estabelecer solidamente uma postura de protesto e um vivo sentimento de injustiça. Mas, daí em diante, a culpa foracluída lhe retorna do exterior, sob a forma de censuras que os outros supostamente lhe dirigem. Ela culmina na idéia de um complô que o faz ser malvisto por toda a sua época e que visa nada menos do que conspurcar sua memória. De que maneira? Levando a crer que ele é "um malfeitor" — o termo é dele —, logo ele, o bom e valente Rousseau.

Se colocarmos o sujeito e o Outro cara a cara, a divisão fica claríssima: no delírio, o Outro acusa o sujeito supostamente inocente. A posição real deste último, portanto, é a de acusador do Outro, supostamente mau. Em Rousseau, essa postura se afirma muito antes do delírio, sob a forma muito precisa da denúncia dos costumes corruptos de sua época. Assim como Schreber denuncia o gozo de seu Deus, que ataca a ordem do universo, Rousseau denuncia as modalidades de gozo de seu tempo, e um dos instrumentos desse gozo corrupto é... a ciência, assim como a arte. A natureza, a boa natureza original, da qual ele se faz mensageiro e garante, é o complemento da ordem no universo schreberiano.

A inocência paranóica correlaciona-se com o fato de que a paranóia identifica o gozo no lugar do Outro, segundo a formulação lacaniana de 1965. Identificar o gozo no lugar do Outro significa, ao mesmo tempo, localizá-lo nesse lugar e nomeá-lo, dizer o que ele é. E realmente existe, tanto em Schreber quanto em Rousseau, essa tentativa de designar o gozo do Outro. Em Rousseau, ele é chamado de corrupção dos costumes, à qual se opõe sua inocência e, mais ainda, sua própria redenção. Como legislador, apóstolo romântico da virtude, pregador da educação, ele tenciona reconduzi-la ao que chama de "prazeres inocentes". Tal como Schreber, quer fazer com que o gozo entre numa ordem que não seja a ordem corrupta do Outro. Eu diria que se trata, nesse caso, de uma denúncia do gozo injustificado do Outro, e de uma tentativa de tornar o gozo justificável, de acordo com a natureza. Se o neurótico quer justificar sua existência, nosso sujeito paranóico, seja ele Schreber ou Rousseau, procura, antes, justificar o gozo.

O peso da Coisa

Quanto ao melancólico, ele parece ser exatamente o contrário do paranóico. À postulação de inocência deste último ele opõe sua postulação de culpa. Se o paranóico rechaça a falta para o Outro, o melancólico se apropria de toda ela. Ambos absolutizam um dos extremos do que se dialetiza e se mistura na neurose: reivindicação e culpa. O postulado da culpa, que se traduz em fenômenos de auto-recriminação — autodifamação, no dizer de Lacan —, sem dúvida não é a totalidade da melancolia. É sua vertente delirante. Mas há também, prioritário, aquilo que uma clínica degradada rotula com um termo que é pau para toda obra: depressão. Trata-se, antes, de uma inibição vital — anorexia, insônia, abulia, indiferença — e de uma convicção potente e dolorosa de perda. De uma perda essencial e irremediável, sempre passível de se atualizar nas múltiplas perdas que a vida impõe a todos. Muito nos temos questionado sobre a natureza e o objeto dessa perda. O próprio Freud a explorou, ao longo de toda a sua obra; diz ele, sucessivamente: perda da libido, perda do objeto, perda da auto-estima, perda da pulsão vital. Esses fenômenos, de todo modo, devem ser distinguidos das elaborações delirantes, que eles antes motivam, e é bem possível supormos, no caminho indicado por Lacan em "Televisão", que se trata de fenômenos de retorno no real. Por certo não se trata do retorno no real do automatismo mental. Não se trata da "resposta do percepto" que é dada pelas vozes do alucinado. Não é algo que retorne por meio do Outro, mas no próprio local do sujeito, e talvez seja isso que nos impede de lê-lo. Se a tristeza neurótica tem por motivo o "não querer saber nada" do inconsciente, é concebível que a "rejeição do inconsciente" na psicose, que é algo totalmente diverso, surta os chamados efeitos de humor. De fato, foi esse distúrbio "na articulação mais íntima do sentimento de vida" que Lacan já desvendou no caso Schreber, porque a rejeição do inconsciente revela, por assim dizer, a incidência mortificante da linguagem. É ela, parece-me, que se impõe aqui no real, através de fenômenos cujo leque vai da inibição vital do melancólico à excitação maníaca, que molesta a homeostase do organismo.

A postulação de culpa que chega até o delírio de indignidade já é uma elaboração desses fenômenos primários da doença. É ela que me interessa aqui. Aliás, conviria detalhar suas diversas manifestações e distinguir, por exemplo, o delírio de pequenez do delírio de infâmia. O primeiro, que exibe toda a gama da falta-a-ter e da falta-a-valer, pressupõe sempre a medida dos significantes ideais do Outro. O segundo traz uma censura mais radical, não sujeita aos valores do Outro, e que visa algo diferente: o próprio cerne, invisível e incalculável, da "Coisa", *das Ding*. O melancólico, para surpresa de Freud, é aquele que se reconhece como infame. Só que único. Exceção ele é, porém na indignidade. O paradoxo, é claro, é que essa hiperculpa por princípio, na verdade, livra o melancólico de todos os seus deveres.

Mas como definir um dever que não seja ditado pelo Outro? A psicanálise, com efeito, tem a pretensão de não ser uma religião nem uma moral, e de não decorrer da orientação da consciência. Portanto, trata-se de saber se é possível definir um dever que não se confunda com as normas do Outro. Comumente acreditamos que os deveres se definem em relação ao que eu chamaria de os três "is" do Outro: a interdição, o ideal e o imperativo. A interdição que limita; o ideal que prescreve as formas, as formas corretas do gozo; e o imperativo que impõe a obrigação. Mas a psicanálise, por sua vez, define um dever sem Outro, porque, ali onde o Outro não responde, isto é, no gozo, somente o sujeito pode responder, e é a ele que compete a responsabilidade pelo gozo.

Então, será que é a mim que cabe encarregar-me do gozo cuja falta torna o Outro inconsistente? Sim, sem dúvida, diz Lacan em "Subversão do sujeito e dialética do desejo". Ora, se a foraclusão implica a rejeição da regulação fálica e da castração do gozo que ela supõe, surge a questão de saber o que o sujeito psicótico faz com o gozo assim liberado, sobre o qual o Outro não exerce uma barra.

O paranóico inocente é aquele que se recusa a responder pelo gozo e que o elabora como perseguição, mediante a imputação ao Outro. Rousseau ilustra isso brilhantemente, mas também demonstra não ser um paranóico qualquer, pois, rebelando-se contra o curvar-se à lei do Outro, também soube, em sua obra e sua vida, desenhar novas imagens de gozo. Seus ideais de virtude e vida campestre, assim como seus prazeres de caminhante solitário, souberam infiltrar-se no gosto da época. O paranóico Rousseau certamente recusou a retificação subjetiva que o Outro procurava impor-lhe, fazendo-o incluir-se sob a barra fálica, mas compensou isso de maneira brilhante, conseguindo corrigir as posturas de gozo de sua época. E isso foi tão longe que, ainda hoje, afinal, carregamos suas marcas.

Que acontece com o melancólico? Sua postura como tal é realmente inversa e fica em oposição à elaboração sublimatória. O delírio de indignidade em si, que é tudo o que resta de elaboração simbólica na melancolia — refiro-me à psicose melancólica —, coloca-se na fixidez cristalizada da consciência culpada, cuja inércia contrasta com o dinamismo interpretativo do delírio paranóico. Se o estupor petrificado e a inibição silenciosa identificam o melancólico com o inanimado, se a passagem ao ato suicida o realiza como rebotalho da linguagem, a culpa de existir que o oprime confere-lhe a imagem ambígua do supliciado em que a dor se junta ao gozo. Daí o paradoxo de uma culpa tão absoluta que é ao atingir seu paroxismo que ela se confunde com a própria falta que aponta: a do gozo.

Terminarei com o neurótico. Ele oscila entre a culpa e a reivindicação. Na transferência, apela ao Outro, ao sujeito que supostamente sabe como regular o gozo, como fazer o gozo anômalo do sintoma entrar novamente no grande ventre do Outro. É nisso que se apóia a demanda de análise: que o sujeito suposto saber reabsorva no simbólico a falta do sintoma, a falta contra os três "is" do Outro. Ela o consegue, em parte, e há um progresso para o neurótico, um progresso que, justamente, afrouxa o torno exercido pelo sentimento de culpa sobre ele. Mas há um limite: o simbólico não chega a se encarregar de todo o gozo. Persiste algo dele, donde os fenômenos de reação terapêutica negativa, nos quais o sujeito se curva sob a carga, ou os fenômenos de reivindicação forçada, pela qual ele se livra da falta. Assim, embora a psicanálise exerça um impacto sobre a culpa, não é certo que consiga, na totalidade dos casos, fazer com que o neurótico se decida a "cumprir seu dever", como diz Lacan.

Autismo e paranóia[1]

Partamos da seguinte tese de Lacan, para avaliar suas conseqüências: o psicótico não está fora da linguagem, está "fora do discurso".[2] A distinção entre a neurose que entra num discurso e a psicose fora do discurso — estando ambos dentro da linguagem — corrobora a definição feita por Lacan, a partir do *Seminário 11*,[3] entre as duas operações de causação do sujeito: a alienação e a separação. À indagação sobre como situar essa segunda distinção, alienação-separação, com respeito à distinção dentro-do-discurso/fora-do-discurso, podemos responder de imediato que a inscrição num discurso pressupõe a operação de separação. Se a inscrição num discurso é condicionada por essa operação de separação, ela, por sua vez, condicionada pelo Nome-do-Pai, cabe dizer que o fora-do-discurso da psicose pode combinar com sua instalação no campo da alienação. A questão, nesse caso, é a do autismo. Esclareço desde logo que não creio na existência de um autismo puro; Margaret Mahler concorda quanto a este ponto:[4] sempre temos "*mixed*" ["misturas"], o autismo é um pólo. Feita essa restrição, podemos situar o autismo num aquém da alienação: uma recusa a entrar nela, um "deter-se na borda".

O fora-do-discurso de Schreber

Tomemos o caso Schreber.[5] Lacan indica que podemos utilizar as letras S1, S2, $ e *a* com respeito ao psicótico, embora ele esteja fora do discurso. A utilização delas, portanto, será transformada. Será possível dizermos, por exemplo, que o significante representa Schreber em seu delírio? De modo algum. O significante, no real com que ele é bombardeado por meio das vozes, representaria, antes, Deus. Assim, para ficarmos na linha do esquema R,[6] no qual *M* nota o Outro primordial, temos:

$$\frac{S1}{\text{Deus}}$$

Quanto a Schreber em seu delírio, poderíamos situá-lo de duas maneiras. Por um lado, ele está encarregado da significação. Nas mensagens interrompidas, a voz lhe envia começos de frase que, sem um minuto de descanso ou demora, ele tem que completar. Em relação ao S1 emitido pelo lado do Outro, portanto, ele tem que complementar a significação. Também podemos dizer que ele é aquilo sem o qual as vozes não representariam nada. Todas as vozes divinas da massa das almas incluídas em Deus convergem para o próprio Schreber. Isso equivale a dizer que ele é como S2. As vozes representam Deus para um outro significante, do qual Schreber faz as vezes, em sua recepção paciente, sistemática e automática de todas as vozes, que ele completa com a significação delas. Portanto, temos aí um aspecto do lugar de Schreber como aquele que responde a Deus. Mas há também um outro aspecto: o Schreber que, correlativamente, faz com que Deus goze. Schreber explica que, precisamente na medida em que se situa como o significante em relação ao qual todas as vozes podem representar Deus, Deus goza com ele. Essa conjunção entre Deus e ele, portanto, é correlata à atividade pensante de Schreber. Isso se confirma no outro tempo: se Schreber pára de pensar, se há um momento de fraqueza, Deus se retira e Schreber cai. Logo, Schreber é duplamente o objeto *a*: ele o é, simultaneamente, numa espécie de coito com Deus, na medida em que assegura o gozo divino, e como dejeto abandonado, quando a conjunção se desfaz.

Assim, poderíamos escrever o fora-do-discurso schreberiano: o significante não representa o sujeito e não há barreira para o gozo, e, entre Deus e Schreber, quase poderíamos evocar uma relação sexual:

$$\text{Schreber} \quad \frac{S2}{a} \leftarrow \frac{S1}{\text{Deus}}$$

Com respeito ao esquizofrênico e ao autista, seria preciso formular a mesma pergunta que em relação a Schreber. Não falarei aqui da esquizofrenia, mas me interessarei pelos autistas, mais adiante.

O problema do tratamento

Antes de chegar a essa pergunta, eu gostaria de me deter no problema do tratamento e do possível lugar do analista no fora-do-discurso da psicose. Convém partir da experiência analítica com o neurótico. Lacan indica que a direção do tratamento do neurótico opera a partir da distinção entre a alienação e a separação. Ao propor essas duas operações como alternando-se numa pulsação, ele descreve, no *Seminário 11*,[7] de maneira exata, embora amiúde não percebida, uma temporalidade do tratamento. O desenrolar da análise é dedutível desse texto. O sujeito busca a análise como que por um contratempo, porque alguma coisa vem abalar sua instalação num discurso — quando a verdade do sujeito se manifesta, irrompe, seja porque uma identificação é questionada, seja porque uma irrupção de gozo vem abalá-lo. Aliás, poderíamos classificar as demandas de análise segundo duas vertentes: as que se colocam a partir do discurso do mestre, ou seja, a partir de uma identificação abalada — S1 —, e as que se colocam a partir do discurso da histérica, $, quando a verdade do sujeito aparece de repente: $/a. Não é à toa que, com muita freqüência, essas demandas de análise se dão por ocasião do rompimento ou da instalação de uma ligação.

Quando o sujeito se dirige ao psicanalista, ele recorre ao sujeito suposto saber. O apelo ao sujeito suposto saber é o apelo de encontrar sentido no que se afigurou, a princípio, como não-senso; logo, é uma demanda de restabelecimento da homeostasia das significações estabelecidas, para tamponar o real do sintoma. Esse é um dos eixos da psicanálise, o eixo da alienação: o da associação livre. Mas há uma outra vertente: o analisando, tal como o sujeito *infans*, depara com o desejo do Outro. Essa é uma dimensão inteiramente diversa. O desejo do Outro aparece justamente pelo silêncio, pelos buracos do sentido, pela ausência. A esse respeito, podemos observar que, na metáfora paterna, o desejo da Mãe é simbolizado por sua ausência. O desejo do Outro, assim como, no tratamento, o desejo do analista, aparece não na continuidade do sentido, mas no rompimento com o sentido, transversal a ele. No *Seminário 11*, Lacan insiste precisamente na necessidade de que o desejo do analista funcione como um "x", como um enigma graças ao qual o analisando possa efetuar sua separação e, elaborando sua fantasia, descobrir sua equivalência ao que ele é como objeto.

Uma coisa é manter o sujeito do sentido no eixo da alienação na cadeia — sem dúvida, existe um modo de interpretar que alimenta isso —, e outra é conseguir manter a dimensão de um "x" fora do sentido em relação ao qual o analisando elaborará suas fantasias.

O tratamento do psicótico constitui um problema, portanto, uma vez que falta o eixo da separação. Assim, precisamos perguntar-nos que vínculo se estabelece com esse sujeito na análise, pois é fato que os psicanalistas recebem sujeitos psicóticos. E é preciso saber que lugares o analista pode vir a ocupar na estrutura, na estrutura do significante e das relações com o objeto. No que concerne ao discurso do analista no caso da neurose, o analista fica no lugar do objeto, uma vez que sustenta a transferência de saber. Quanto à psicose, creio que essa pergunta não recebe uma resposta universal: é possível que sejamos levados a estabelecer diferenças entre a paranóia, a esquizofrenia e o autismo.

A inclusão no Outro

Isolo o caso das chamadas crianças autistas, para saber como situá-las na estrutura e responder à pergunta sobre o lugar que o analista pode ocupar. Nosso ponto de partida é considerar que essas crianças são sujeitos, mesmo que não falem, na medida em que falamos com elas; há no Outro significantes que as representam. Assim, podemos fazer a notação do sujeito autista segundo a primeira forma: s — sujeito — representado, suposto, colocado sob os significantes que o representam no Outro: S/s.

Essa é, aliás, a primeira emergência de qualquer sujeito, seja ele quem for. A pergunta formulada por Lacan no *Seminário 11* e em "Posição do inconsciente"[8] é de que modo esse sujeito, definido como puro efeito, falado pelo Outro, pode virar agente, tornar-se alguém que fala, que deseja, ou, em outras palavras, alguém movido pela libido. A fórmula S/s escreve, inicialmente, o sujeito suposto pelos significantes do Outro, e que ainda não "[fez] sua entrada no real".[9] Nesse momento, é no máximo a libido do Outro que se liga a ele, a tal ponto que poderíamos evocar sua inclusão no lugar do Outro.

Quanto a esse ponto, voltemos a Schreber e seu delírio. As vozes são atribuídas a Deus, o que traduzi dizendo que o significante representa Deus para Schreber. Essas vozes, que no começo do delírio são múltiplas e proliferativas, reduzem-se progressivamente a dois pólos de identidade: Ormuz e Abriman, os dois nomes de seu Deus. Aí encontramos o binarismo elementar do significante. Quanto a Schreber, pudemos situá-lo em S2: o significante visado pelas vozes, o ponto a que elas se dirigem. Ele está no lugar que é ocupado pelo escravo no discurso do mestre. De fato, é submetido ao trabalho forçado do pensamento: tem que pensar ininterruptamente, para produzir o gozo divino. Seu trabalho consiste em completar as mensagens interrompidas que lhe vêm de Deus. Assim, podemos indicar por um pontilhado a inclusão de Schreber no texto divino:

S1	/	S2	Schreber
Ormuz	———	Abriman	
	As vozes	→	As réplicas

Lacan aponta essa inclusão ao escrever, em sua apresentação da tradução das *Memórias* de Schreber, que, quando Deus se retira, Schreber torna-se um texto rasgado. O próprio Schreber define Deus como um texto infinito, como a soma de todos os pensamentos de todas as almas que já existiram.[10]

Schreber não está apenas situado em S2, o lugar daquele que sabe, em especial daquele que sabe completar as mensagens de Deus, mas está também no lugar do *a* sob a barra. Ao se incluir no texto divino, ele trabalha no gozo de Deus e, ao mesmo tempo, no seu, pois esses dois gozos são um só: quando Deus se aproxima, Ele goza, e Schreber também. Sob a barra, portanto, temos uma fórmula transformada da fantasia, na qual Deus, o Outro, goza com o objeto Schreber. Quando Deus se retira, produz-se o grito dessubjetivado que é o "milagre do urro": Schreber torna-se um texto rasgado e, como objeto, ele cai, já não sendo objeto de gozo, e sim objeto-resto, largado por Deus.

$$\frac{\text{As vozes}}{\text{Deus}} \rightarrow \frac{\text{As réplicas}}{a\ \text{(Schreber)}}$$

A inclusão de Schreber no Outro, portanto, confirma-se tanto no nível do significante quanto no nível do gozo. Isso produz uma espécie de equivalente da relação sexual que não dá margem à falta do desejo. Não obstante, podemos situar dois equivalentes da barreira ao gozo: por um lado, o gozo é descontínuo, e por outro, no fim do delírio, a copulação com Deus é adiada indefinidamente.

Onde poderia situar-se o analista? Schreber já não é quase o analista de seu Deus?

Deus fala para ele e Schreber o interpreta. Esse é o trabalho que Schreber realiza na elaboração de seu delírio: as mensagens que ele recebe, as respostas que dá, a elaboração do que Deus pode querer dele, como descrever isso senão dizendo "fazer Deus falar" e decifrando-o, até que se torne viável um lugar para o objeto que ele é, o lugar da mulher?

A criança autista e o Outro

Passo agora às crianças autistas. Surge um primeiro problema: é possível isolar uma categoria de "crianças autistas"? Seja como for, eu as distingo, com efeito, das crianças que são claramente delirantes. Podemos ver como procedem os autores: eles abordam essas crianças que não falam por meio dos comportamentos delas e das funções de seu corpo. Trata-se, pois, de uma clínica descritiva, que não é de imediato uma clínica de troca de palavras. Ao partir do psicótico como sujeito, havíamos perguntado o que acontece na relação com o Outro. Segundo essa perspectiva, podemos agrupar os traços atestados nas elaborações dos casos apresentados pela literatura analítica.

Em primeiro lugar, trata-se de crianças que são como que perseguidas pelos signos da presença do Outro, muito particularmente por dois objetos: o olhar e a voz. Daí o fato de esses autores, por simples experiência, sem terem nenhuma idéia do objeto, compreenderem que é melhor abordar essas crianças de costas, esconder-se um pouco, falar de lado, para agir como se fossem um barulho, em vez de uma voz. Margaret Mahler[11] fornece toda sorte de exemplos. Trata-se de procurar confundir-se com o mundo dos objetos, de agir como se o analista fosse um objeto no aposento. Essa estratégia corresponde, evidentemente, à constatação de que a criança reage de maneira paroxística — berra, bate os pés, arranca os cabelos etc. — ao deparar com o olhar e a voz, ou, em termos mais gerais, com tudo o que é imprevisível. Coloco o imprevisível na mesma série, isto é, como um indicador da presença. A perseguição de que essas crianças parecem ser objeto, além disso, é correlata ao que os autores descrevem como sua propensão para o ritual: é preciso que nada se mexa, a presença é invasiva.

O segundo traço que reúno de todas as observações é o oposto de uma anulação do Outro. Muitas vezes, acreditamos que essas crianças são surdas, logo no começo, embora não o sejam. É como se — estamos, é claro, no "como se", somos realmente obrigados a interpretar comportamentos — elas afastassem tudo que é voz. Por outro lado, muitas vezes elas apresentam distúrbios da visão: não olham, ou têm estrabismos fantásticos. Num tratamento, o momento em que a criança olha pela primeira vez é um momento importante. Temos testemunhos disso: uma analista observou justamente, a propósito de uma criança, que a primeira vez em que viu que ela estava olhando foi num momento em que, por enfado, a analista estava completamente longe. Tinha-se ausentado tanto, anulara de tal maneira os sinais de sua presença, que, ao sair de sua distração, pela primeira vez percebeu que a criança a olhava. Esse traço complementa o primeiro, uma vez que provém da evitação, da recusa, da anulação dos signos de sua presença. A propósito disso, Margaret Mahler fala inclusive em alucinação negativa.[12]

O terceiro traço é o que eu chamaria de recusa da intimação do Outro, recusa do que o Outro pode intimar com sua fala. Ela se correlaciona com o que todo mundo percebe: são crianças que não chamam. A ausência da dimensão do apelo é o par e o complemento da recusa a ser chamado pelo Outro. A voz e o olhar, com efeito, são aquilo por meio do qual o Outro chama. Essas crianças não entram na demanda. Ora, não nos esqueçamos de que é pela demanda que o sujeito "faz sua entrada no real",[13] o que também significa sua saída do Outro.

Destaco ainda um quarto e último tipo de fenômeno: os problemas de separação, desta vez no sentido concreto do termo; essas crianças não conseguem separar-se da mãe ou do terapeuta.

Que Outro?

Como mostram os comentários precedentes, o Outro tanto designa aqui a presença do corpo da mãe quanto a dos poucos significantes a que a criança autista tem acesso. Além disso, os fenômenos de perturbação que constatamos no nível da presença e da ausência são significativos para nós, uma vez que indicam a falta do lugar vazio em que o sujeito poderia alojar-se. Essas crianças realmente parecem ficar aquém do limiar de qualquer simbolização. A comparação com o pequeno paranóico, nesse aspecto, é esclarecedora. Para este, apesar da foraclusão, a simbolização primordial da presença-ausência faz surgir o primeiro significante, aquele que Lacan grafa como DM na metáfora paterna,[14] e que inscreve um Outro já barrado por um desejo ou por um gozo enigmático, ou até persecutório. Quanto ao pequeno autista, ele não deu nem mesmo esse passo e, nesse sentido, o Outro, para ele, continua a ser puramente real. O único corte a entrar em jogo é aquele que a já evocada pulsação dos estados de inércia e animação põe em jogo, e cuja homologia com a pura descontinuidade significante é manifesta.

Por aí percebemos que esses sujeitos não entram por conta própria na alienação significante. São capturados nela apenas no nível da fala e dos significantes do Outro. Além disso, ao entrarem no circuito, os analistas começam por falar deles com a mãe ou com aqueles que os cercam. Diríamos que essas crianças, como sujeitos, permanecem como puros significados do Outro. No grafo lacaniano, portanto, nós os situaríamos em s(A).

Evidentemente, como assinalei, isso acontece com todo sujeito, mas com uma diferença: o sujeito "normal" fará da mensagem do Outro sua própria mensagem invertida, segundo a conhecida formulação lacaniana "onde o sujeito recebe sua própria mensagem sob forma invertida".[15] Aqui, porém, o sujeito é um puro significado do Outro: as crianças autistas são sujeitos, mas não enunciadores. Sua postura em relação ao Outro consiste, portanto, em tentar manter uma espécie de homeostasia, em frear a dialética da fala, em se manter na relação com uma ou duas demandas absolutamente estereotipadas, repetitivas, sem enunciação. Tudo que se mexe do lado do Outro, tudo aquilo que multiplica suas demandas, tudo que se mostra como instável, imprevisível, tem um impacto direto e imediato nessas crianças. No fundo, sua própria estabilidade depende de que o Outro não se mexa.

Apresentar o sujeito autista como puro significado, assinalemos, é perfeitamente coerente com o fato de que, de maneira muito espontânea, os terapeutas foram levados a considerar que ele era o sintoma do Outro, por exemplo, dos pais ou da mãe. Não falamos de seus sintomas como faríamos com um neurótico, mas sim do sintoma do Outro. Isso também é coerente com o fato comumente constatado de que, ao fazermos falar a mãe ou qualquer um que esteja no lugar do Outro, às vezes obtemos efeitos na criança: quando o Outro articula, o significado se mexe.

O corpo

A perturbação da relação com o Outro não pode deixar de ter conseqüências no corpo em que o corpo do simbólico se incorpora. Com efeito, constata-se nessas crianças um grande número de perturbações corporais características.

Para começar, toda uma série de distúrbios funcionais. Essas crianças não entram nas normas das aprendizagens habituais. Distinguem-se destas, por um lado, por deficiências específicas: falta de coordenação dos movimentos, da marcha, dos olhos. Há também déficits na aprendizagem da continência e, é claro, da linguagem. Mas elas se distinguem igualmente por desempenhos superiores: às vezes, têm uma memória prodigiosa, ou aptidões notáveis num dado campo limitado, preciso. Sua anomalia não é puramente deficitária, mas decorre do fora-das-normas. Esse "fora-das-normas" estende-se sobretudo ao desenvolvimento pulsional. Isso é compreensível, se nos lembrarmos do que Lacan nos ensina: que a ordem das pulsões corresponde à sucessão das demandas do Outro. Com a anomalia da relação com o Outro, a própria diacronia das fases libidinais fica completamente perturbada.

Em segundo lugar, os comportamentos dessas crianças ordenam-se entre dois grandes tipos de estados: por um lado, a hebetude, isto é, estados em que a criança se apresenta como uma massa amorfa, quase como um objeto entre os objetos; por outro, o que eu chamaria de animação do autômato. Não se trata de inércia, mas de uma atividade um tanto particular, incoerente ou mecanizada. Ou a criança, como no caso do pequeno Stanley de quem fala Margaret Mahler,[16] tem efetivamente gestos de autômato, bruscos e mecânicos, ou, como uma criança estudada por Meltzer,[17] entra nos cômodos como um veículo sem piloto, deslocando-se em todos os sentidos, sem direção. Esse caráter mecânico é reforçado por sua ligação muito freqüente com uma máquina de verdade. Isso é perfeitamente exemplificado no caso de Joey, descrito por Bettelheim: seu corpo só funciona, qual uma máquina, sob a condição de estar enxertado numa máquina de verdade. Ele é um menino-máquina ligado à máquina.[18]

O terceiro traço que isolo é aquele que os autores formularam como um problema de fronteiras: essas crianças teriam uma deficiência na demarcação das fronteiras entre seu corpo e o corpo do Outro. Os autores a interpretam de maneiras diferentes. Margaret Mahler, por exemplo,[19] considera que se trata de uma falha no nível do desenvolvimento do pensamento, que faria com que os autistas não tivessem uma representação dos limites do corpo. Pretendemos explicá-la de outra maneira, mas, de qualquer modo, fica claro que existem efetivamente diversos fenômenos que evocam uma questão de fronteiras. Aliás, foi isso que levou a maioria dos autores a abordar a psicose pelo imaginário. As fronteiras do corpo recebem a notação i(a) nos grafos lacanianos, e de fato deparamos com algo que se assemelha a uma falha nesse nível, o que não quer dizer, no entanto, que a causa seja imaginária.

Uma doença da libido

Todos esses traços indicam que o autismo é uma doença da libido. Uma doença que vai muito além de um distúrbio das chamadas "relações objetais". Isso, é claro, coaduna-se com o fato de que a linguagem que causa o sujeito também age sobre o corpo. É a linguagem que cria o órgão-libido. São numerosos os textos de referência sobre esse assunto. O *Seminário 11* introduz a elaboração da libido como órgão, mas há também "O aturdito"[20] e o seminário *Mais, ainda*,[21] no qual a linguagem é situada como instrumento do gozo.

Retomemos o exemplo de Stanley, que é paradigmático.[22] Margaret Mahler descreve dois estados nesse menino: ele mesmo se liga e desliga, essa é sua brincadeira. Não só ele faz brincadeiras *on-off* — acende, apaga etc. —, como ele próprio se liga e desliga. Mahler observa que, quando está desligado, ele fica inerte; é uma espécie de pacote de carne. Diremos que "inerte" significa libidinalmente inerte, porque o corpo, como organismo, continua a funcionar: respira, digere, tem boa saúde. O organismo não entra em pane. O que não funciona é a animação libidinal. Quando se liga, Stanley anima-se, mas se transforma num autômato: tem gestos de autômato e faz uma espécie de semblante de máquina. Para nós, o interessante — o que faz desse caso um paradigma — é que Mahler nos diz com muita precisão como o menino se liga. Stanley se liga de duas maneiras. Por um lado, pelo significante. Basta que uma palavra seja pronunciada por outra pessoa ou por ele próprio, ou até mesmo que ele veja uma imagem, como a de um bebê ou um panda — não importa, portanto, de onde parte a evocação —, no momento em que surge esse significante, bebê ou panda, Stanley desperta e se mecaniza. Isso nos diz claramente que é no Outro como máquina significante, no corpo da linguagem, que ele se liga. Sua segunda maneira de se ligar consiste em tocar no corpo da analista. É realmente notável, no dizer de Margaret Mahler, que isso produza o mesmo efeito. É assim que Stanley nos mostra, à sua maneira, que o corpo do Outro — no caso, o da analista — está no lugar do corpo incorpóreo do significante: quer esse corpo diga "bebê", quer o menino se cole a ele, o efeito é o mesmo. Mahler observa ainda que Stanley se liga como que deliberadamente. Chega inerte às sessões, e depois, deliberadamente, toca em sua analista, ou abre o livro em que aparece o bebê, ou pronuncia a palavra; põe-se a andar, como se ele é que se apoiasse no desencadeador. Portanto, é como se ele próprio tivesse uma espécie de alternativa entre se ligar ou não no Outro. Podemos escrever isso com a fórmula da alienação: ou Stanley é um puro ser vivo, sem libido, no sentido do desejo, e portanto, inerte, ou se transforma numa máquina significante, é mecanizado. Representamos isso a partir de dois círculos separados:

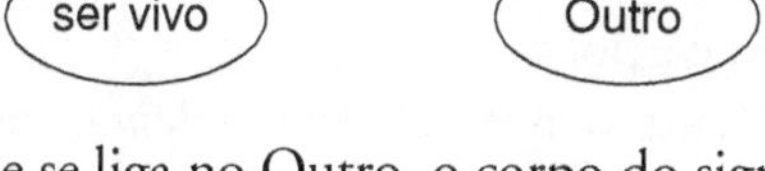

Quando ele se liga no Outro, o corpo do significante invade o ser vivo. Obtém-se então uma zona de incidência em que o significante governa o corpo:

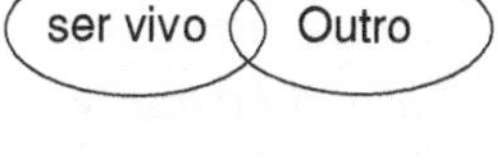

Na interseção dos dois círculos do diagrama situam-se todos os fenômenos em que o corpo se apresenta como mecanicamente animado.

O corpo regido pelo significante

Podemos fazer uma clara distinção, no material apresentado pelos autores, entre as funções do corpo que não são captadas pelo significante, isto é, que simplesmente não foram tocadas pela demanda do Outro, e as funções que são representadas na linguagem. Por exemplo, esses autores insistem no fato de que tais crianças costumam ter boa saúde. Não são doentes, não são sensíveis ao frio nem ao calor, e nem sequer à dor. Mahler preocupa-se muito com a resistência à dor; não consegue situá-la. Presume que haja uma falta de investimento periférico. De nossa parte, situamos esses fenômenos do lado daquilo que o significante não tocou, ainda mais que os autores também assinalam que algumas aquisições funcionais precoces se perdem no correr das terapias. Crianças que haviam aprendido muito depressa a controlar os esfíncteres, como um bichinho é capaz de fazer, perdem essa aquisição na terapia, no momento em que a excreção passa a ser captada na demanda. A demanda perturba uma aquisição que fora feita por simples reflexo, eu diria: fora da demanda. Do mesmo modo, as crianças adoecem com mais freqüência, tornam-se frágeis. Os analistas têm razão em ver nisso um efeito da terapia; trata-se de um efeito do avanço do Outro, do avanço da demanda no corpo.

Há um exemplo notável da incidência da demanda em Stanley. Ele fica preocupado com um tipo de vagens que comeu. Interroga-se sobre o que acontece entre o momento em que elas entram e o momento em que saem, a partir de afirmações que lhe foram feitas. Isso é impressionante, porque o Outro se interessa pelo que entra e sai. Entre os dois, há um silêncio no Outro. O exemplo é muito interessante, justamente por estabelecer a distinção entre aquilo do corpo que é representado pelo significante e aquilo que não o é. Nem tudo é representado, porque as demandas concernem à periferia. Portanto, de um lado, os autores falam das funções do corpo não representadas no significante, as quais funcionam bem, e de outro, falam das funções captadas no significante: é nessas que há anomalias. É nessa área que aparecem tanto as gesticulações mecânicas de Stanley e o veículo sem piloto do caso Timmy, de Meltzer, quanto as anomalias do auto-erotismo sobre as quais Meltzer reflete apaixonadamente.[23] Com efeito, ele percebe que algumas crianças têm uma espécie de fixação exclusiva num certo tipo de erotismo: por exemplo, que passam o dia inteiro sugando, mamando ou lambendo tudo que se apresenta. É evidente que, para nós, isso não é tão enigmático, e se esclarece pela incidência de uma demanda precisa, e não pela preponderância inata de um dos cinco sentidos, como acredita Meltzer.

O problema das fronteiras do corpo também se esclarece, ao percebermos que o corpo libidinalizado, representado pela zona sombreada de interseção, é mais estreito que os limites do organismo. Inversamente, porém, o Outro aparece como um prolongamento libidinal:

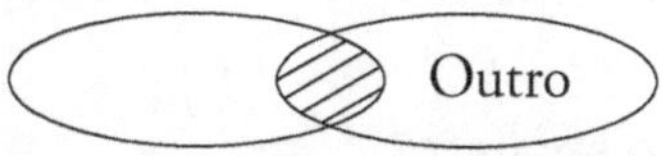

Nossa teoria da libido permite explicar uma série de fenômenos em que os autores esbarram. Por exemplo, a criança inicia um gesto e espera que o outro o conclua. Meltzer nota que o menino estica o braço, mas espera que o outro pegue o objeto em seu lugar. Ele quer olhar pela janela, mas não o pede: o outro tem que levantá-lo. Mahler também evoca crianças que querem ir ao banheiro, olham para a porta e contam com o gesto do outro, como se este lesse seus pensamentos. Nesse tipo de comportamento, trata-se menos de uma confusão de fronteiras imaginárias que de uma confusão quanto ao ponto de inserção da libido. Esses comportamentos, que os autores resumem dizendo que o outro é um prolongamento do corpo, não decorrem de uma falha da percepção — pois nada indica que essas crianças não percebam normalmente os limites da imagem —, mas de uma perturbação do instrumento-libido. É como se a inclusão delas no Outro do significante se traduzisse, no nível do corpo, pelo fato de a libido também ser do Outro. Aliás, encontramos um equivalente disso em Schreber. Embora este não tenha nenhuma perturbação na percepção de sua imagem propriamente dita, seu corpo é coextensivo ao universo. Schreber não está apenas no ponto em que se encontra seu corpo: está também no outro extremo do universo, onde se encontra Deus.

Passo agora ao fenômeno da separação, que se explica dentro dos mesmos moldes: a criança não consegue separar-se do Outro porque o Outro não é um objeto compensador de sua falta, e sim uma parte dela. Ao separar-se dele, seu corpo cai, inerte. Meltzer descreve isso com precisão, como um "[o menino] desmorona, mas passivamente". Não é um desespero ativo; é como se o corpo efetivamente desabasse, privado de sua própria energia. Se a separação da mãe ou do terapeuta é tão catastrófica assim, é porque a criança perde uma máquina-libido que a sustenta.

Que lugar para o analista?

Volto à questão do possível lugar do analista. Com certeza não cheguei ao término desse problema, porém não me parece haver dúvida, ao ler todos esses textos sobre a psicose infantil, de que o analista se coloca no lugar do Outro primordial real: ali onde estava a mãe surge o terapeuta, com seu corpo e suas palavras. Ele se coloca, no plano do significante, no lugar dos ditos do Outro, mesmo que fique muito calado, e portanto, também no lugar do complemento de libido. É claro que isso surte efeitos. O bastante para que alguns fiquem otimistas.

Muitos autores descrevem resultados, porém, na maioria das vezes, estes não vão além de progressos no plano da norma e no plano educativo. Essas crianças aprendem palavras, aprendem a usá-las de maneira mais ou menos apropriada; aprendem a controlar os esfíncteres, quando ainda não o tinham feito. Portanto, civilizam-se um pouco. Isso já é alguma coisa, dirão alguns. Mas deparamos sempre com o mesmo obstáculo: a separação impossível. Quanto a isso, a solução — como impasse — seria alocar-lhes uma máquina terapêutica pela vida afora. É exatamente isso que constata Margaret Mahler no fim de seu livro, no qual não se mostra muito otimista. As terapias, na verdade, fazem apenas uma coisa: ampliar o alcance das sugestões do Outro, sem modificar a problemática. No que nos foi apresentado, não vi nada que aparente tocar nessa problemática. No mesmo sentido, Meltzer assinala que, ainda que obtenham progressos, essas crianças têm um ladinho "papagaio", um "refletir o outro sem inteligência". Portanto, elas não fazem mais do que juntar-se às personalidades "como se". Isso equivale a dizer que não há nelas uma inversão da mensagem do Outro: os autistas fazem-se eco dessa mensagem. Dito de outra maneira, não há separação da cadeia significante. Em termos exatos, ou eles são marionetes do Outro, ou são puro real. Continuam na psicose, às vezes um pouco mais dóceis à educação. Quando os autores assinalam de passagem que, numa dada criança, obtiveram-se progressos importantes, mas que ela não poderá vir a se casar, que estão dizendo senão que o Outro, essa máquina significante, consegue fazer alguns órgãos funcionarem, pelo menos nesses casos, mas que há um — o órgão por excelência — que ela não consegue fazer funcionar, a saber, o falo?

Para terminar, citarei, a título de ilustração, um romance de ficção científica, *La Ville au bord du temps*,[24] do qual selecionei um aspecto interessante relacionado ao nosso tema. Quando os homens são enviados ao espaço, seu corpo se transforma de tal modo que se torna coextensivo à máquina. Assim, eles perdem sua imagem, seus órgãos, suas funções; não perdem sua subjetividade, mas eles mesmos se tornam engrenagens da máquina. Essa transformação é correlativa — esse é o ponto interessante — a um gozo absolutamente especial, tão grande que, ao voltarem à Terra e recuperarem seu corpo, esses homens caem numa saudade infinita do tempo em que tinham a mesma extensão que a máquina, de sorte que a maioria deles não consegue sobreviver. Isso me parece muito ilustrativo da situação dessas crianças autistas. Pois bem, isso não é muito vantajoso para o analista.

A mania: pecado mortal[1]

Pecado mortal: eis a definição de mania deduzida das poucas linhas que Lacan lhe dedica em "Televisão". Trata-se de um título curioso, para um público que é e tem a pretensão de ser da época da ciência.

O debate com a psiquiatria

O debate entre psiquiatria e psicanálise não é de hoje. Começou com Freud, quando ele se formulou a questão de aplicar a psicanálise ao que era objeto do psiquiatra, ou seja, a loucura. Para o inventor da psicanálise, ao se ocupar de Schreber, o desafio era demonstrar ao mundo a força e a coerência da nova teoria. Freud defendeu o poder da doutrina analítica e também a impotência da terapia analítica em matéria de psicose. Para nós, aliás, essa é mais uma oportunidade de confirmar como o valor da psicanálise, a seus olhos, estava desvinculado de seu poder terapêutico. Freud ganhou sua aposta. Tomo como prova disso o último manual de psiquiatria organizado por Deniker, Lampérière e Guyotat, publicado no início de 1990, a saber, o *Précis de psychiatrie clinique de l'adulte*. Um manual, por definição, é menos movido pelo espírito de pesquisa do que pelo espírito de balanço. Pois bem, nele constatamos que as teses de Freud são recenseadas e resumidas, tanto na paranóia quanto na chamada psicose maníaco-depressiva.

O pivô do debate mantido por Lacan com os psiquiatras de sua época foi totalmente diverso. Seu texto de 1946, "A causalidade psíquica", no qual polemizou com o organodinamismo de Henry Ey, mostra isso com clareza. Trata-se de fazer reconhecer na loucura, por mais incapacitante que ela seja no tocante aos vínculos sociais, não um simples déficit dos aparelhos do corpo, como quer que este seja concebido, mas um fenômeno do sujeito, com tudo o que esse termo implica de responsabilidade ineliminável. Se Freud defendeu a psicanálise, Lacan, por sua vez, defendeu o que chamarei de direitos do sujeito. A questão era dar direito à presença dele nesse campo, e daí deveriam deduzir-se, por conseguinte, algumas conseqüências no nível do próprio direito.

Hoje em dia, se não estou enganada, continuamos nesse mesmo desafio, agora mais crucial, uma vez que nem a psiquiatria nem a psicanálise continuam a ser o que eram antes. A psicanálise, sem dúvida, viu diluir-se sua definição social, até em virtude de sua própria extensão, mas passou também a dispor de imensos recursos de doutrina, depositados no ensino de Lacan. Quanto à psiquiatria, é patente que, com a invasão dos conhecimentos biológicos, ela deu um salto à frente, e os medicamentos passaram a funcionar, pelo menos em parte, como novos instrumentos de discriminação. Mas esse ganho teve como resultado uma perda, que é sensível na abordagem propriamente clínica dos fenômenos. Basta comparar, por exemplo, os *Estudos de psiquiatria*, de Ey, publicados em 1954 — atenho-me aqui ao interlocutor de Lacan —, e a tabela de classificação da mania no *DSM III*. De um lado, temos uma riqueza, uma minúcia e um tato na descrição que permitem acompanhar os fenômenos do sujeito, a despeito mesmo da doutrina do autor, e que tornam esses textos sempre instrutivos; de outro, temos uma redução consternadora, que chegamos a nos perguntar como pode realmente ser operante, já que é essa a sua justificação.

Em pouquíssimos anos, passamos de uma psiquiatria que tinha pontos de contato com o que era chamado de "humanidades", e na qual, além disso, o estilo do autor ainda tinha peso, para uma psiquiatria biológica, inteiramente dominada pelo discurso da ciência. Essa evolução deixa patente que, com o avanço da ciência, foi a foraclusão do sujeito que saiu ganhando. Nesse campo, ela assume uma forma muito precisa: consiste em reduzir a doença mental a uma doença do organismo. Faz anos que esse movimento foi iniciado e, por exemplo, a tese de Jean Delay sobre os distúrbios do humor, datada de 1947 e que formulou a hipótese de uma regulação do humor pelos centros diencefálicos, já estava dentro desses moldes — e ela não ignorou menos o sujeito do que, por exemplo, a atual suposição de que um dado cromossomo seria o provocador da melancolia.

Não se trata de objetar à ciência, é claro, mas de adaptar nossos métodos a nosso objeto, e estamos aqui empenhados na iniciativa — necessariamente polêmica — de demonstrar a presença do sujeito nas realidades da psicose. É dentro desse espírito que abordo a mania. Evocá-la como pecado mortal é lembrar, logo de saída, que ela não está fora do campo da ética. Não se costuma sublinhar suficientemente que era assim que Freud a entendia, uma vez que, desde o começo, ele ligou a mania à problemática do interdito.

O malogro de Freud

No entanto, creio que a tese freudiana sobre a mania, de resto muito menos elaborada que sua tese sobre a melancolia, resultou num certo fracasso.

Os textos dedicados por Freud à mania são pouco numerosos: algumas páginas de "Luto e melancolia", de *Psicologia das massas e análise do eu* (Cap.V) e de *O eu e o isso* (Cap.VII). Além disso, são textos inacabados: "Luto e melancolia" certamente enuncia o problema da mania, porém não o resolve, e Freud renuncia à empreitada sem esclarecer o mecanismo implicado; *O eu e o isso* repensa o problema da melancolia em função da pulsão de morte e do supereu, sem reformular a doutrina da mania. No cômputo geral, apenas o capítulo de *Psicologia das massas e análise do eu* elabora a tese freudiana.

O que hoje chamamos de humor maníaco é descrito por Freud, no plano do afeto, como uma alegria e um júbilo aparentemente não motivados, e, no plano da conduta, como uma suspensão da inibição. Essa é uma definição muito sucinta, muito condensada, que nada tem do aspecto florescente das descrições de alguns grandes clínicos da psiquiatria. É que Freud estava buscando o mecanismo e a causa, como fizera com a melancolia. Sua tese é simples, e faz da mania o simétrico da melancolia. O luto servira de *analogon* da tristeza melancólica, e a festa passa a ser o da euforia maníaca. Assim, o júbilo da transgressão torna-se a chave da mania, tal como a dor da perda era a da melancolia. Segundo Freud, com efeito, a festa é uma retirada, uma suspensão periódica e socialmente orquestrada das limitações e proibições que sufocam as pulsões. Trata-se, pois, de um momento de liberdade libidinal, no qual o que era contido ou recalcado pode ter livre curso. Assim, a festividade maníaca deixa-se conceber pela exclusão da instância que censura, em prol da afirmação narcísica e triunfante das exigências pulsionais.

É claro que Freud toma o afeto maníaco não como um fenômeno primário, mas como um efeito produzido por uma causa antecedente, que ele identifica com uma transformação da libido: nominalmente, uma liberação da libido. A partir daí, pode introduzi-lo na série de fenômenos de retorno do recalcado, aparentemente muito heterogêneos, que são os sonhos, os chistes e os sintomas. Fazia muito tempo que Freud havia situado a satisfação proporcionada por estes últimos como ligada à irrupção do recalcado na cadeia da vigilância. Em 1924, ele julgou poder reconhecer a causa do recalcamento nas instâncias ideais do sujeito — no caso, exatamente no ideal do eu. Com isso, pôde concluir sua antiga construção, que opera com dois termos: o recalcado e o ideal do eu. O recalcado implica uma exigência de satisfação rejeitada, mas sempre insistente, e o ideal do eu é a instância que julga e rejeita. A tese é simples: as formações do inconsciente são o forçamento — ardiloso — de uma censura em exercício, ao passo que a mania é o impedimento dessa censura, a suspensão momentânea de suas exigências.

Com esse esquema, compreende-se a desinibição do maníaco. Ela mal chega a ser uma transgressão, porque esta pressupõe que a proibição seja mantida. Mas, como explicar o toque jubilatório da alegria maníaca? Com efeito, a satisfação pulsional em si não implica, em absoluto, o afeto de triunfo. Conhecemos inclusive uma transgressão metódica, a de Sade, que não é alegre nem festiva, mas antes, sombria e sinistra. Na verdade, Freud já tinha respondido a essa pergunta em 1914, em "Luto e melancolia", e o fizera por analogia com o triunfo normal, utilizando uma explicação econômica já empregada para explicar o chiste: o júbilo maníaco seria efeito da eliminação do gasto psíquico exigido pelo recalcamento, convertendo-se em afeto a energia liberada. Em 1914, Freud não pudera dizer sobre o que triunfava o sujeito maníaco; em 1924, completou sua explicação, reconhecendo no ideal do eu, ligado por ele à figura do pai, aquilo que o sujeito da mania teria suplantado.

Não faltam simplicidade nem coerência à explicação de Freud, mas é preciso dizer que, embora ela date de 1924, não foi influenciada por seu *Mais além do princípio de prazer*. Podemos considerar que o esquema do conflito psíquico utilizado por ele foi o mesmo empregado em *Mal-estar na cultura* — texto que, com efeito, opõe a exigência da civilização às reivindicações das pulsões, e opõe o interdito, como princípio de limitação, à exigência de gozo —, mas isso equivaleria a desconhecer o quanto a pulsão de morte, assim como o que Freud nos ensinou sobre a própria natureza do supereu, em suas últimas elaborações, complicam esse esquema. Equivaleria a esquecer que o supereu é menos um princípio de limitação do que um princípio de excesso, a serviço da exigência de gozo. Ora, impressiona muito ver que Freud não conseguiu integrar essas últimas elaborações em sua compreensão da mania. *O eu e o isso* reatualizou sua interpretação da melancolia em função de suas novas visões gerais do supereu, mas a mania continuou à margem. Freud não chegou a dizer que a mania é eros em ação, mas, em todo caso, não conseguiu, com sua idéia da mania como festa, explicar o risco mortal que está ligado a ela. Nesse nível, podemos realmente falar num certo fracasso da conceituação freudiana, que ficou em falta no tocante aos fenômenos da mania. Dessa vez, Freud não realizou a ambição metodológica de todo pensamento racional: que a causalidade invocada dê conta do conjunto dos fenômenos estudados.

De fato, acaso poderíamos realmente sustentar que o ser maníaco é o ser orgíaco, que não cede em sua satisfação? Se assim é, professor, que diferença o senhor estabeleceria entre a psicologia do líder, que o senhor descreve no mesmo texto, aquele que não consente em nenhum sacrifício de sua libido, e a do maníaco? Em termos mais gerais, não seria preciso distinguir a exuberância maníaca do fato de um sujeito assumir suas pulsões? O maníaco não é o cínico nem o amante da boa vida, tampouco é o homem das paixões, e é preciso encontrar meios de distinguir a vitalidade bizarra que lhe é própria, e que ameaça a vida, da afirmação assumida e sem entraves das pulsões.

A postura de Freud parece haver repercutido em muitos autores e, a bem da verdade, depois dele, muitos não fizeram a distinção correta que seria imposta pela incidência da foraclusão. Em especial, foi esse o caso de Abraham, que fez do maníaco um ser dominado por suas pulsões — profundamente orais —, entregue a uma embriaguez de liberdade, força e grandeza, em razão das próprias fraquezas do recalcamento. Encontra-se um esquema análogo em diversos autores. A título de exemplo, Rado publicou, em 1928 (volume IX do *International Journal of Psychoanalysis*), "O problema da melancolia". O sujeito no seio forneceria o modelo do momento maníaco. Este consistiria, portanto, em recuperar o seio perdido, numa quase anulação da falta imposta pelo desmame. Essa tese foi retomada por Melanie Klein, de quem voltarei a falar dentro em pouco, e também por um certo Bertram Lewin, que Lacan citou em seu seminário sobre a angústia e que publicou, em 1951, *A psicanálise da euforia*, no qual o humor é pensado como uma repetição do encontro bem-sucedido com o seio. Por aí vemos que esses autores procuram apreender um aquém da castração, mas sem chegar realmente a demarcar a fronteira da psicose. Aliás, a descrição de Henry Ey que evoquei anteriormente também fica sujeita, em parte, à mesma censura. Ele evoca a bacanal, a orgia canibalesca e os excessos da *grande noce*, concluindo: "Ser maníaco é brincar e gozar." É uma bela formulação, mas o maníaco não é brincalhão nem gozador, não é um rabelaisiano nem um Tom Jones.[2] A exaltação maníaca tanto se distingue da que se dá a entender no "Exultate jubilate" de Mozart quanto da fusão de Schreber com seu Deus, na qual a voracidade se associa ao nojo, e se distingue, como observou Lacan, da "alegria e da presença que ilumina a experiência mística".

Com efeito, muitos psiquiatras tentaram apreender a especificidade da vivência maníaca e situar o que a separa da vitalidade do narcisismo conquistador. Daí resultaram, muitas vezes, descrições ricas e brilhantes. Para citarmos apenas Henry Ey, o interlocutor de Lacan: criticado por este em 1946, em função de seu organodinamismo, em 1954, no texto que consagrou à mania em seus *Estudos psiquiátricos*, Ey só fez demonstrar sua admiração irrestrita por Binswanger, de quem, aliás, traduziu o artigo de 1931-32 sobre a fuga de idéias, e foi a fenomenologia que ele julgou por bem opor — explicitamente — à psicanálise. Na falta do sujeito, a intencionalidade do *Dasein* é que foi convocada para explicar os fenômenos do humor. Por conseguinte, Henry Ey contestou que a mania pudesse ser "biotônica", ou um "fator tímico elementar", uma "propriedade funcional" ou, em termos mais gerais, uma doença dos aparelhos do corpo ou do organismo, afirmando que se tratava de uma enfermidade da consciência, do "projeto existencial do *Dasein*". Assim, Henry Ey não aceitou de Lacan, seu colega, a causalidade subjetiva, porém, dez anos depois, aceitou de Binswanger a rejeição de qualquer causalidade externa à "intencionalidade" da consciência.

Daí em diante, pelo menos em seu aspecto negativo, a mania passou a ser apreendida como uma anomalia, uma falha no nível da suposta estrutura transcendental da constituição do tempo e do *alter ego*. Com isso floresceram longas e ricas descrições, cuja exuberância é tamanha, em certos momentos, que parece rivalizar com a própria profusão maníaca. Nessas descrições, o humor maníaco é pintado como uma efervescência que perdeu tanto a direção orientadora quanto o controle moderador. Henry Ey tomou empréstimos de diversos autores que tentaram estigmatizar o traço distintivo de uma vida que perdeu sua historicidade: "fora de si", entregue ao "salto" ou à "dança", ao turbilhão pelo menos, à pura existência momentânea e "aproblemática", fora do cuidado heideggeriano, inteiramente escravo do ambiente, "sintônico" e "estético", submetido ao regime vigente — que não é o encontro, é claro —, do qual não passa, no plano mímico, gestual e vocal, do caleidoscópio "esvaziado de substância". Etc.

Uma tese ímpar

Voltemos a Lacan. Num único gesto, ele reduziu toda essa profusão a uma palavra: excitação. Observo, aliás, que ele não diz "mania", mas excitação maníaca da psicose: o que se visa é menos a entidade do que um tipo de fenômeno. Pois bem, há uma eficácia nesse laconismo de Lacan. Com isso pretendo dizer que ele permite explicar o conjunto dos fenômenos da mania, melhor do que fez Freud e melhor também do que a profusão de uma certa psiquiatria, sem excluir, no entanto, a implicação do sujeito, como faz o reducionismo da psiquiatria biológica.

As poucas linhas que Lacan dedica à mania em "Televisão" situam-se numa elaboração em que somos convidados a "reconsiderar o afeto" a partir de seus ditos, e nos moldes de uma redefinição da tristeza que diz, eu cito: "A tristeza, por exemplo, é qualificada de depressão, ao se lhe dar por suporte a alma... . Mas esse não é um estado de espírito, é simplesmente uma falha moral, como se exprimiam Dante ou até Espinosa: um pecado, o que significa uma covardia moral ... . E o que se segue — bastando que essa covardia, por ser rechaço do inconsciente, chegue à psicose — é o retorno no real daquilo que foi rechaçado da linguagem; é a excitação maníaca pela qual esse retorno se faz mortal."[3] Aí está, portanto, o fio secreto que une, segundo Lacan, as manifestações tão contrastantes da exaltação maníaca e do que se costuma chamar de depressão. De uma à outra, um mesmo pecado. Freud dizia "um mesmo conteúdo"; Abraham, os mesmos complexos. Lacan diz: a mesma causa subjetiva, a covardia. Trata-se, portanto, de uma causa que assume a forma da falta e não deixa de evocar as ressonâncias da liberdade, com o que Lacan designava, em 1946, como "a insondável decisão do ser".

No movimento psicanalítico, essa tese é singular. Seria um trabalho útil, sem dúvida, precisar o que a distingue e o que a aproxima de tudo o que foi elaborado sobre esse tema, sobretudo em Freud. Mas eu gostaria, a título de parêntese, de marcar o lugar de Melanie Klein. Ela me parece ter sido uma das únicas a perceber que as manifestações da mania devem ser referidas a algo como uma postura do sujeito. É exatamente isso que implica sua idéia de defesa maníaca e, mais ainda, sua formulação de que a mania repousa numa "negação — enfatizo — da realidade psíquica". Como as formulações de Melanie Klein não têm o rigor das de Lacan, não é muito fácil reduzir o que ela chama de realidade psíquica a seus componentes elementares, e decerto não é possível identificá-la, pura e simplesmente, com o inconsciente tal como definido em "Televisão". Mas é muito interessante vê-la preservar o termo — freudiano — "negação" e insistir nele. É claro que Melanie Klein não esclarece a natureza dessa negação. Em especial, nada há nela que evoque a distinção entre uma negação de recalcamento e uma negação de foraclusão, e, além disso, sua negação não é claramente referida ao registro do significante: Klein inclui nela a onipotência, que age como se isso não existisse, ou a fuga evitadora, ou seja, alguns dos comportamentos anuladores que são caros a Heidegger, para os quais não é necessário invocar nenhuma transcendência do nada — impensável, a bem da verdade —, uma vez que a antecedência da linguagem, esta muito pensável, dá conta suficientemente da entrada do negativo no mundo. No entanto, à parte as diversas reservas suscitadas pelas formulações kleinianas, a idéia de negação da realidade psíquica veicula como que a intuição de uma causa subjetiva, quase uma escolha, que age na base da mania e cuja dimensão me parece ter sido elidida em toda parte antes de Lacan. A isso se acrescenta que, como Melanie Klein correlaciona muito explicitamente a realidade psíquica com o efeito depressivo da perda, a mania também se torna, segundo suas concepções, uma negação da depressão, e com isso se aproxima do rechaço do "gume mortal da linguagem" que, para Lacan, caracteriza a mania. Mas este último aspecto da tese kleiniana — a mania como defesa contra a depressão — nem sempre teve seqüências felizes. Foi dessa idéia que se apoderou Winnicott, levando-a quase ao ridículo em seu texto de 1935 "A defesa maníaca": se a mania faz desviar da mortificação na dor íntima, é toda a relação com a realidade que se afigura maníaca a Winnicott: a companhia, o amor, a amizade, o trabalho, é claro, ou, em outras palavras, todos os laços sociais, o próprio erotismo, a ação, desta nem se fala, e, no final das contas, numa progressão impagável, não resta outra saída senão acabar situando a própria vida como uma defesa maníaca!

Assimilar a tristeza a uma falha moral não faz parte do espírito de nossa época. Nesse ponto, Lacan reata com uma tradição anterior à ciência e anterior à psicanálise, uma tradição religiosa, ainda por cima, uma vez que é uma tese dos Padres da Igreja, em especial de são Tomás de Aquino. Entretanto, a referência a Dante e sobretudo a Espinosa laiciza prontamente a idéia. E também a esclarece: para Espinosa, a tristeza é menos uma falta contra a fé que uma falta contra a razão. Posto que a idéia adequada proporciona uma alegria sem excesso, quem se atém a ela, quem pensa bem, não pode ser triste. Trata-se de uma postura extrema, sem dúvida, que não é a nossa, mas que nos coloca no caminho de compreender o que é a covardia evocada por Lacan, a qual, com certeza, não implica de modo algum a convicção espinosista. Ela consiste em ceder no desejo de saber, de saber não uma coisa qualquer, mas exatamente aquilo que a ciência foraclui, isto é, o inconsciente que determina o sujeito. Ela é um pecado contra "o dever de bem dizer, ou de se referenciar no inconsciente, na estrutura";[4] é pecado contra o dever freudiano, aquele que convida o sujeito à coragem da verdade, e que se enuncia pela boca de Freud: "Ali onde isso era, o eu deve advir." O pecado da mania é mortal no sentido estrito, já que leva à morte, mas tampouco devemos omitir as ressonâncias religiosas da expressão, com as quais, aliás, Lacan joga ao longo de todo o texto, em especial na página seguinte, quando situa o pecado original como o limite do gaio saber, reconhecendo seu tropeço na impotência da cifra para absolver quem quer que seja da falta *princeps*, a de existir.

O rechaço do inconsciente

Temos uma tese, portanto. Ela unifica a tristeza — que não é chamada de melancólica — e a excitação maníaca no nível de uma mesma causa subjetiva. Sem sequer nos determos nas dificuldades ligadas à noção de causalidade subjetiva, perguntamos: teria Lacan desmentido sua doutrina descontinuísta da psicose e, além disso, contrariado o grande postulado do pensamento científico que pretende que uma mesma causa gere os mesmos efeitos? Há nesse texto uma espécie de efeito de surpresa. Se Lacan nos tivesse dito, depois de introduzir a tristeza como covardia, que, desde que essa covardia chegue à psicose, temos... a melancolia, ficaríamos menos surpresos, e julgaríamos muito coerente que uma gradação da causa correspondesse a uma gradação do efeito, no mesmo registro de humor. Pois bem, não foi nada disso, e portanto, precisamos explicar a lógica oculta do texto e o fato de se supor que efeitos de humor muito contrastantes sejam decorrentes de uma causa única, a covardia moral.

De fato, essas poucas linhas incluem claramente a mania na doutrina geral da psicose previamente elaborada por Lacan. O "rechaço do inconsciente", ou rechaço da linguagem, não passa de outro nome da foraclusão, um nome que tem a vantagem de implicar a causalidade subjetiva. Por conseguinte, somos implicitamente convidados a isolar uma covardia foraclusiva, aquela que leva à psicose, de uma outra covardia, na qual o "não quero saber nada disso" não seria incompatível com a admissão — *Bejahung* — do inconsciente. Já conhecemos seu nome freudiano: é a covardia recalcadora, e, se a foraclusiva é um pecado mortal, esta nós qualificaremos, para preservar as mesmas ressonâncias, de... pecado venial. Porventura não se diz a quem cede ao abatimento que "você não vai morrer disso"? Podemos dispor facilmente, num quadro de dupla entrada, a causa única, sua gradação e os mecanismos diferenciais que criam a descontinuidade entre a neurose e a psicose.

	tristeza	excitação maníaca
causa subjetiva seus graus mecanismo	covardia moral pecado venial recalcamento	covardia moral pecado mortal rechaço do inconsciente

Mas como o retorno no real daquilo que foi foracluído, isto é, o inconsciente — Lacan também diz "da linguagem", a qual faz equivaler ao inconsciente em todo esse texto — traduz-se em excitação maníaca? De que modo a famosa fuga de idéias, a anarquia e a desorientação da intencionalidade, e também a desregulação dos ritmos vitais, são suficientemente fundamentadas por essa idéia única de retorno no real?

Uma variante do retorno no real

Em "De uma questão preliminar a todo tratamento possível da psicose", Lacan destacou o paradigma dos fenômenos de retorno do significante no real que caracterizam a psicose, com um exemplo famoso de alucinação retirado de sua apresentação de doentes no Hospital Sainte-Anne. Todavia, se a alucinação é a forma paradigmática do retorno no real, ela não é seu único exemplo, e a mania dá ensejo a que completemos o leque desses fenômenos.

Convém distinguir a estrutura e sua tradução fenomênica. Da primeira, a definição é bastante precisa: o retorno no real é uma ruptura do encadeamento do significante. Apresenta-se toda vez que um elemento de linguagem se emancipa da estrutura binariamente ordenada de toda mensagem, impondo-se em sua presença de "um". Munidos dessa definição, logo vemos que todos os fenômenos tão abundantes da mania se ordenam e se deixam conceber como falta do... ponto de basta.

A fuga de idéias, por exemplo, essa logorréia em que se perde a intenção de significação, em prol de uma justaposição de ditos desorientados, que é ela senão um impedimento de que se basteie o sentido do discurso? O grafo elementar de Lacan, que registra, entre outras coisas, o engendramento da mensagem na fala, permite-nos situar com muita exatidão o que falta à fala maníaca. Esta, longe de fechar seu sentido entre a antecipação do termo significativo e a retroação do sentido, na concatenação dos significantes que simbolizamos pelo binário S1-S2, reduz-se à justaposição não orientada de elementos de linguagem que podemos simbolizar por uma sucessão de uns: S1, S1, S1. Essa fala só parece tão festiva e despreocupada, assim como tão desorientada, por estar livre das restrições da semântica, emancipada do real que entra em jogo na gramática, e que Lacan evoca algumas páginas antes. Vamos escrever essa diferença:

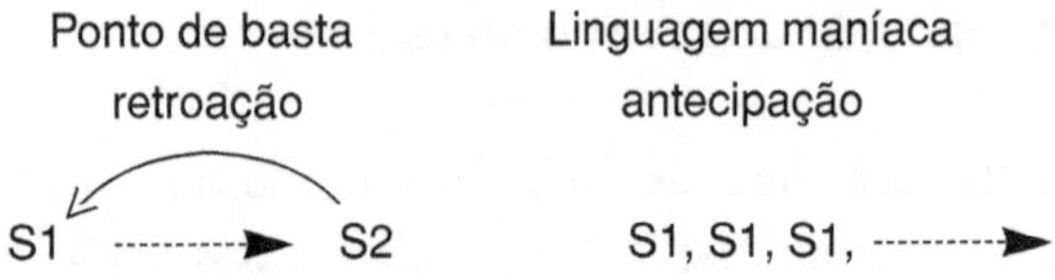

É esse mesmo efeito que se manifesta no nível do tempo. Tudo o que se pôde recensear — o fora-do-tempo, o tempo "circular", o presente sempre renovado, a existência momentânea — não é outra coisa senão a ausência do tempo histórico propriamente humano, porque este não é o tempo do relógio nem a vivência bergsoniana. É um movimento de historização que, como a própria mensagem, estende-se entre a antecipação e a retroação.

Percebe-se a diferença entre esse tipo de retorno no real e o que foi descrito no modelo de alucinação apresentado por "De uma questão preliminar...". Reportemo-nos ao exemplo. Primeiro, uma frase perpassa o sujeito: "Eu venho do salsicheiro..." Enigmática, ela o deixa perplexo quanto à questão do "eu" concernido. Então se faz ouvir uma palavra: porca. Trata-se da "resposta do percebido", como diria Lacan em "O aturdito", que aumenta a insegurança do sujeito e supre no real o fecho da significação que faltava. Na mania, o vestígio da pergunta em si, que se manifesta em nosso exemplo como perplexidade, está quase sempre ausente. Não se pode dizer do sujeito maníaco, como do alucinado, que o nome de seu ser de gozo lhe retorna no real do xingamento ouvido, nem tampouco, por outro lado, que ele se dispersa no infinito de seu delírio, como disse Lacan sobre Schreber. Esse nome se dispersa, antes, no infinito da linguagem que o perpassa, no automaton dos signos de que ele é a marionete — e essa é uma versão da morte do sujeito —, porque, por não estar localizado nela, ele não consegue parar (como dizia um certo paciente) nem tampouco se reconhecer nisso. Para tanto, falta-lhe não apenas o significante-mestre, localizador, mas também a metonímia, como lugar da deriva do mais-de-gozar.

Em seu seminário sobre a angústia, Lacan falou em "não-função do objeto *a*" na mania. Com efeito, é preciso apreender que esse objeto está implícito na constituição de qualquer mensagem. Ele é o real que está em jogo na gramática, a ponto de podermos dizer que, se a língua é "a condição do sentido" — cf., mais uma vez, os capítulos precedentes de "Televisão" —, o objeto é sua causa. Aliás, é isso que explica a eficácia da associação livre, bem diferente, justamente, da fuga de idéias: todo o seu artifício repousa em que, precisamente, "dizer qualquer coisa" é impossível. Impossível, exceto para o maníaco. O fracasso dos autores anteriormente evocados — Abraham, Rado, Lewin — foi ter perdido, com a idéia única de fixação oral, a distinção entre a metonímia do gozo e a deriva maníaca.

A excitação maníaca

É que um ataque no nível do discurso também é sempre um ataque no nível da regulação do gozo. A excitação maníaca é um notável exemplo disso, pois ela é não apenas um desenfrear da fala e uma desordem da historicidade, como sobretudo o abalo da homeostasia do ser vivo, que reduz as necessidades vitais do corpo, que o torna infatigável, insone, movido por uma vida paradoxal que leva à morte, com tanta certeza quanto o suicídio melancólico.

A linguagem certamente perturba o corpo vivo. Afeta seu gozo, negativando-o, mas o discurso também o regula, sobretudo quando o Nome-do-Pai está em seu lugar. Nessa regulação contra o fundo de desregulação do ser falante, o sujeito é "função da castração", o que tem por conseqüência que o gozo é extraído do corpo, externalizado em objetos externos ao corpo, que compensam com um mais-de-gozar o menos da castração. Por conseguinte, o "sujeito é feliz", como introduz Lacan nas páginas seguintes, o que significa que não pode não ficar entregue à repetição do encontro que sempre o faz reencontrar o objeto de sua fantasia. Isso não o garante contra o humor taciturno, ao contrário, se este é realmente o que diz Lacan: o corpo afetado "por não encontrar alojamento ... a seu gosto". A menos que seja pecado ou pitada de loucura, esse mau humor será "um toque do real", diz Lacan — ou seja (é assim que o entendo), tradução do fato de que o gozo que se acostuma com o dois do encontro deixa de lado o um do corpo, efeito da impossibilidade de fazer de seus dois gozos um só, e manifestação de que o primeiro fica como um excedente. É aí que podemos situar o que chamarei de exceção maníaca. O sujeito maníaco não é feliz: não se repete no encontro com o "a", não conhece o dois. Mas tampouco é taciturno, e não pode sofrer com o fato de um e "a" fazerem dois. Acrescento que ele também não é místico e não sonha que o um e o Outro formem Um, inteiramente preso como está no um: os uns da linguagem e o um do corpo — narcisismo, disseram os autores. Em termos mais exatos: a excitação maníaca é o gozo que não é regulado pela função fálica, e no qual o um do corpo é obsedado pelos uns múltiplos da linguagem no real, até que — depois da morte do sujeito — siga-se a morte do ser vivo.

Espero haver conseguido fazer sentir a força, a coerência e também a economia da tese de Lacan quanto à mania. Que dizer então, para concluir, sobre o que ele afirma do luto do final da análise, ou seja, que esse luto afeta o sujeito "preferencialmente de maneira maníaco-depressiva"?

A postura depressiva do momento do passe, caberá dizermos que ela é um pecado? Talvez, mas, nesse caso, não é o mesmo que o do covarde. Seria, antes, aquele de que nem a própria virtude é poupada, aquele que freqüenta a experiência do impossível de dizer, o pecado original, ao qual o próprio gaio saber reconduz infalivelmente, de vez que só existe saber da castração. Quanto ao toque maníaco, reconhecemos nele o afeto fronteiriço, o afeto *borderline*, que surge para um sujeito reduzido a seu vazio pelo destacamento das identificações, na articulação deiscente com um objeto, este reduzido a seu *Dasein* pela reabsorção da idealização, e em processo de ser evacuado.

A experiência enigmática do psicótico, de Schreber a Joyce[1]

Com Aimée, a psicose esteve nos primórdios do ensino de Lacan como causa de sua passagem da psiquiatria para a psicanálise. Schreber foi algo totalmente diverso: para Lacan, foi a oportunidade de verificar, a propósito da psicose, a consistência da própria clínica freudiana, tal como ele a reconstruiu, nessa época, sob a denominação de "estruturas freudianas", a fim de assinalar que "a relação entre o significante e o sujeito" manifesta-se nelas em todos os casos. Quanto a Joyce, o inanalisável, acostumado com a escrita sem sentido, mas desabonado do inconsciente, ele permitiu situar com mais precisão os limites da técnica analítica e até forneceu o modelo de seu término. Para Lacan, Aimée é uma pergunta formulada à psicanálise; Schreber, uma introdução às respostas; e Joyce, um questionamento da própria psicanálise.

O percurso que vai de Schreber a Joyce pode ser estudado por diferentes pontos de vista.

Primeiro, pelo tratamento. Como indica o título de 1955, "De uma questão preliminar a todo tratamento possível da psicose", o problema da implementação do tratamento eficaz continuava em suspenso nessa época. Entretanto, a questão que Freud havia fechado foi reaberta e o veredito freudiano sobre a inacessibilidade do sujeito psicótico à psicanálise foi questionado. Quanto a esse ponto, aliás, Lacan não inovou. Simplesmente deu continuidade aos pós-freudianos que já haviam contestado o pessimismo de Freud. Com Joyce, ao contrário, a questão voltou a se fechar, mas... 20 anos depois. A idéia do fora-do-discurso da psicose permite situar o que cria uma trava para a psicanálise. Por outro lado, isso não quer dizer que os sujeitos psicóticos não possam dirigir-se ao psicanalista — a experiência prova o contrário —, mas o uso que fazem dele não é na análise do inconsciente.

Schreber, na verdade, ao término de seu delírio e graças a ele, é um sujeito restabelecido, que podemos dizer que já foi tratado, sem psicanálise. É um caso de cura de si mesmo fora da transferência. Quanto a Joyce, seria antes um caso de autoprevenção da doença. Ao se identificar com o sintoma, ele atinge, fora da transferência, o incurável — essa é a tese de Lacan —, e por isso torna o tratamento, se não impossível, pelo menos inútil.

Essa análise do caso de Joyce supõe uma inversão de perspectivas e é concomitante a uma mudança da problemática quanto à clínica diferencial do sintoma, entre neurose e psicose. Em 1955, era a neurose que fornecia o modelo da construção subjetiva e, por conseguinte, do sintoma. Lacan decerto afirmou a submissão comum do neurótico e do psicótico à estrutura da linguagem, esclarecendo que, nos dois casos, "a condição do sujeito S (neurose ou psicose) depende do que se desenrola no Outro", assim como em nenhum outro lugar que não a psicose "o sintoma, se soubermos lê-lo, está mais claramente articulado na estrutura".[2] Porém a estrutura da psicose é construída como uma variante da estrutura da neurose. Isso fica particularmente visível ao considerarmos os dois esquemas, R e I, nos quais Lacan visualizou seu conceito das estruturas subjetivas da neurose e da psicose: o esquema I foi construído secundariamente, como uma deformação do esquema R, deformação esta que correspondeu a uma dupla ausência: a do Nome-do-Pai, no simbólico, e a do falo, no imaginário. O mesmo em relação ao sintoma. Em "A instância da letra...",[3] que antecede "De uma questão preliminar...", foi a partir do exemplo da neurose que Lacan, seguindo os passos da decifração freudiana, pôde reconhecer a estrutura do sintoma como uma função do significante, a saber, a metáfora, que cria o ponto de basta entre o significante e o significado. Também nesse texto, o sintoma psicótico é pensado como uma variante falha, na qual o significante aparece fora da cadeia — no real, portanto —, por carência do efeito metafórico.

Em 1975, essa problemática se inverteu. O "Seminário RSI" situou o sintoma como uma função da letra, a qual se define pela identidade consigo mesma. Nesse texto, foi a psicose que forneceu o modelo do núcleo real de todo sintoma. A novidade, como vemos, não foi fazer do sintoma uma função, como às vezes se diz, e sim fazer dele uma função não mais da metáfora que fixa o significado no significante, mas da letra que fixa o gozo, sem Outro. Não se trata propriamente de uma superação. Aliás, a idéia de superação, assim como a aspiração a produzir algo novo para hoje ou para amanhã, tem o inconveniente de projetar uma sombra de menos-valia sobre as produções de ontem. Trata-se, antes, da construção de uma teoria geral do sintoma, no sentido em que essa expressão é empregada na física. Ela é válida para a neurose e a psicose, mas inclui a teoria da metáfora neurótica a título de teoria restrita, mediante a junção do que equivale a um axioma suplementar, a saber, a função do Nome-do-Pai. Essa função, inicialmente pensada como faltosa na psicose, passa a ser situada como um acréscimo, um suplemento na neurose. Qual é a vantagem? Ela concerne às condições de possibilidade e aos limites da própria prática analítica, na medida em que essa definição do sintoma generaliza em seu nível o mecanismo mesmo da foraclusão.

A psicose, dizia Lacan, é um esforço de rigor. Nisso apreciamos o rigor do próprio Lacan em sua abordagem da psicose. Seu famoso preceito — o psicanalista não deve recuar diante da psicose — não deve ser interpretado em termos de heroísmo terapêutico, como se fosse uma simples questão de "agüentar o fardo da psicose", conforme a expressão que alguns gostam de repetir. A coragem evocada por ele deve ser situada no nível do pensamento. Consiste em resolver os problemas que a psicose formula à psicanálise e, no fim, extrair as conseqüências do obstáculo que ela opõe a seu tratamento por meio da transferência.

A clínica diferencial da experiência enigmática, em Schreber, Joyce ou qualquer outro, deve ser situada nesse percurso.

A estrutura da experiência enigmática

A expressão "experiência enigmática" não designa uma bizarrice vaga, uma estranheza imprecisa que seria experimentada ou inspirada pelo sujeito psicótico. Para evocar a experiência enigmática do psicótico, escolhi o título "De Schreber a Joyce", em razão de sua ambigüidade: é que ele anuncia, ao mesmo tempo, um percurso no ensino de Lacan e uma abordagem de clínica diferencial.

Na verdade, o percurso de Lacan quanto à psicose não vai de Schreber a Joyce, mas de Aimée a Joyce. Designa um fenômeno muito preciso, atestado pelos sujeitos e cuja estrutura Lacan evidenciou como efeito do significante, a partir de seu texto sobre Schreber. Convém nos reportarmos, primeiro, a algumas linhas muito precisas das páginas 544-5 dos *Escritos*, no Cap.I, intitulado "Rumo a Freud". Nele, Lacan estuda os fenômenos da psicose que são observáveis na experiência, sem a psicanálise, pelo próprio psiquiatra. O parágrafo 5 demonstra que as alucinações verbais manifestam a "estrutura da fala, na medida em que essa estrutura já está no *perceptum*" (543) e em que os fenômenos de código e os fenômenos de mensagem distinguemse nela. As linhas em questão encontram-se na parte dedicada aos fenômenos de código, isto é, às vozes que falam na "língua fundamental" e que Schreber atribui aos seres que denomina de "raios", os quais são apenas a hipóstase dos fenômenos da fala, diz Lacan. Eu o cito: "Estamos na presença desses fenômenos erroneamente chamados de intuitivos, pelo fato de o efeito de significação antecipar-se, neles, ao desenvolvimento desta. Trata-se, na verdade, de um *efeito do significante* [grifo meu], na medida em que seu grau de certeza (segundo grau: significação de significação) adquire um peso proporcional ao vazio enigmático que se apresenta inicialmente no lugar da própria significação."

A experiência enigmática, nesse ponto, é claramente situada no nível de uma experiência dos efeitos do significante — o que não quer dizer que essa seja toda a sua substância. Levanta-se desde logo uma primeira pergunta: por que esse parágrafo não está situado na parte que trata dos fenômenos de mensagem, e sim na que concerne aos fenômenos de código? A definição do fenômeno é clara: conversão de uma negatividade em positividade, que instaura graus no acesso à significação e implica uma temporalidade: ali onde, a princípio, no tempo um e no primeiro grau — essa expressão não está no texto, mas é implicada pela que está: segundo grau, no dizer de Lacan —, ali onde, repito, no primeiro grau ficava a falta, o vazio de significação, ou seja, simplesmente a impossibilidade de responder à pergunta "que significa isso?", ali surge o que não é vazio, porém certeza, certeza de que isso tem significação, inerente ao significante.

Cabe ainda sublinhar as particularidades da definição de certeza implicada aqui. Constatamos, em primeiro lugar, que ela passa por cima de qualquer avaliação da convicção do sujeito — ponto que creio ser clinicamente muito importante, e que deveria livrar-nos das falsas perguntas sobre o grau de convicção atribuído pelo sujeito aos fenômenos atestados — e se reduz a isto: isso significa (significação de significação), o que quase poderíamos chamar de uma *Bejahung* da significação, tão mais presente quanto mais impossível de formular; em segundo lugar, ela não exclui o sentimento de perplexidade, longe disso, visto que a significação de significação não designa nada além de uma significação presente, mas indeterminada, o que é a própria definição do enigma com que o sujeito psicótico depara... e do qual se encarrega. É ela que dá "peso" e "alta densidade", diz ainda Lacan, ao significante surgido no real, o que poderíamos traduzir assim: quanto menos isso significa, mais significa.

Para dizê-lo melhor, com o próprio Schreber, "todo não-senso se anula". É nessa fala alucinada que Lacan reconhece, no fim de sua quarta parte dedicada ao sujeito Schreber, "a intimação em que a própria lei do significante se articula". Assim, a experiência enigmática se desdobra, entre a experiência do não-senso percebido no primeiro grau e a de sua conversão em certeza de significação, no segundo grau, numa temporalidade de antecipação que nada tem de psicológica, mas decorre da subordinação de qualquer significação possível à ordem significante.

Nada é dito ali, observo, sobre o que condiciona o primeiro aparecimento do vazio no nível da significação. No texto, o desenvolvimento precede até mesmo a introdução da idéia de foraclusão, que permite explicá-lo. A lógica do parágrafo aparece com clareza, no entanto, e também compreendemos por que Lacan coloca esses fenômenos relativos à significação do lado dos fenômenos de código. O vazio da significação não poderia ser gerado por nada senão uma falta do ponto de basta. No grafo referente à fala, que Lacan evoca mais adiante em seu texto, o fecho da significação inscreve-se à esquerda, justamente no lugar em que a mensagem se constitui como significado do Outro, s(A):

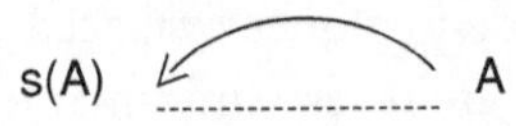

Os fenômenos de código, por sua vez, inscrevem-se à direita, em A. Isolados, eles representam, tal como mensagens interrompidas, uma ruptura da significação. De fato, a respeito das vozes que só transmitem mensagens em código, semelhantes às mensagens *autônimas* [*autonymes*], quase poderíamos afirmar que elas não dizem nada, limitando-se a transmitir a língua necessária para falar, mas que, em si mesma, não diz coisa alguma. Podemos tentar dar a isso a seguinte imagem no grafo:

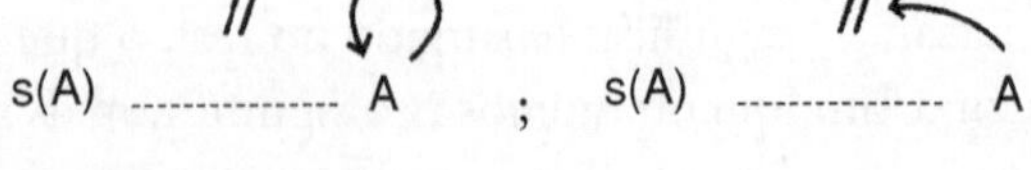

As mensagens sobre o código e as mensagens interrompidas são duas faces da produção do vazio da significação. Muito diferentes do xingamento alucinado, do "porca" ou do "*Luder*" em que o paranóico pode ouvir ressoar a significação de seu ser, e em que Lacan nos ensinou a reconhecer o paradigma do significante no real, como índice do objeto indizível que supre a falta da significação fálica, essas mensagens não se predicam no sujeito. Ao contrário, elidem a "resposta do percepto", mas não têm menos valor para o significante no real, ou seja, o significante sozinho, fora da cadeia, privado do S2 que geraria a significação. Longe de o significante ficar empobrecido por essa elisão, ele sai ganhando, ao contrário, por se lastrear na certeza, no "assentimento" que "todo significante, uma vez percebido", suscita no *percipiens*, e que Lacan evocou na página anterior, sendo como que decuplicado. Ao que me parece, não se costuma sublinhar o bastante que, nos fenômenos de código, é a própria língua que fica alucinada. Nesse aspecto, Schreber antecipou-se discretamente a Joyce ou, pelo menos, a alguns dos fenômenos atestados por este.

A significação enigmática é um caso particular da lei da linguagem que pretende que a significação seja uma função do significante, ou, mais exatamente, da cadeia significante, no que ela supõe o pelo-menos-dois que simbolizamos, de maneira reduzida, pelo par S1-S2. Ela responde à questão de saber o que acontece com a significação quando a cadeia se rompe, isto é, quando o significante não está mais no simbólico, e sim no real. Podemos tentar inscrevê-la nas fórmulas da função significante que Lacan introduziu em seu texto "A instância da letra". Mas talvez hesitemos quanto ao símbolo gráfico que convém utilizar. O vazio da significação se adaptaria a ser representado pelo símbolo zero, o mesmo que Lacan utiliza para a foraclusão, mas a significação da significação — a própria definição do enigma como cúmulo do sentido — se inscreveria de maneira mais válida pelo símbolo classicamente utilizado na matemática para a incógnita, o *x* que encontramos na metáfora paterna no lugar do significado do desejo da mãe. Se acompanharmos as indicações de Lacan, veremos que realmente se trata, de uma à outra, de uma substituição do *x* do enigma, surgida onde o vazio apareceu *inicialmente*. Se escrevermos o significante no real com o indicador de um unzinho, para indicar o rompimento da cadeia, o tempo 1 se escreverá: $f(S^1) \rightarrow S^1(0)s$, e o tempo que é logicamente o segundo será $f(S_1) \rightarrow S1(x)s$, vindo o *x* da significação informulável do enigma substituir o zero.

De qualquer modo, convém ressaltar que a foraclusão, como falta do significante que permite o bastear da significação e condiciona o aparecimento do significante no real, não reduz — longe disso — a instância da significação. Ao contrário, ela a liberta, vez por outra deixando surgir seu "vislumbre" até "na própria superfície do real". Esse ponto tem importância, quando queremos apreender as implicações da última definição do sintoma no "Seminário RSI". A definição do sintoma como metáfora habituou-nos à idéia não apenas de sua significação, atribuída ao imaginário, mas também à idéia da subordinação desse imaginário à cadeia simbólica. O sintoma, definido como função da letra, onde o gozo está em jogo sem o Outro, não é tecido pela significação. É uma resposta do real, porém apaga tão pouco a significação quanto qualquer outro significante no real, ou até a convoca e a gera. Faz isso sem determiná-la — donde a famosa afirmação de Lacan: "todos delirantes" — e também sem encontrar nela sua mola, o que realmente constitui o problema para a psicanálise, cujo efeito terapêutico decorre da elaboração do sentido. Essa definição do sintoma é solidária, no ensino de Lacan, à concepção de um imaginário autonomizado do simbólico, e de um simbólico que não é o da linguagem como cadeia (S1-S2) geradora das ficções da significação, mas o da língua (S1, S1, S1...), tal como o encontramos no nó borromeano.

As variações da experiência enigmática

A experiência enigmática, a acreditarmos nas *Memórias* de Schreber, é coextensiva, para ele, à vivência alucinatória do começo de seu delírio. Ela realmente não parece faltar em Joyce, mas chega a ele de outra maneira. Na verdade, a precisão clínica exige um recenseamento da variedade de seus fenômenos e uma busca caso a caso das formas específicas. Nem sempre é o significante alucinado que a veicula. Às vezes a vemos erguer-se como um halo em volta de certos fenômenos do cotidiano, subitamente percebidos em sua estranheza. No tocante ao próprio Schreber, no momento do desencadeamento da psicose, que precisaria ser reestudado em detalhe, a emergência do vazio enigmático da significação parece preceder o aparecimento do automatismo mental propriamente dito, sobretudo a propósito de suas poluções noturnas, às quais ele atribui enorme importância. Mas persiste o fato de que o essencial se encena, para ele, em sua interconexão com as vozes, que encarnam no real o significante rechaçado do inconsciente como cadeia. Entre o Schreber alucinado e o Joyce que é artífice de uma "real-ização" da língua, evocarei um sujeito para quem, aparentemente, foi um desmoronamento do imaginário que deixou emergir a experiência enigmática.

A experiência enigmática da morte

Trata-se de um sujeito muito notável, tanto pelos fenômenos que atesta quanto por seu esforço de formulá-los no bem-dizer e pela maneira como reage a isso. Sucedeu-lhe ter o que posso chamar, em virtude de seu testemunho, uma experiência enigmática da morte.

Tudo começou com a doença daquela que tinha sido e continuava a ser seu único amor, embora suas preferências eróticas sempre tivessem sido, de maneira muito decidida, homossexuais. Tratava-se de sua mãe, cuja morte o precipitou num hospital. Em torno dessa perda, o sujeito deparou com algo de enigmático que se apresentou a ele de uma forma muito particular e em duas fases, das quais a segunda foi a mais decisiva.

Em nossa primeira entrevista, o sujeito estava totalmente habitado por sua experiência recente. Em si, esta não devia nada à doença do sujeito, mas tudo à infelicidade da vida, porém o discurso com que ele a relatou já foi muito particular. Primeiro, ele havia testemunhado a doença da mãe, que morrera do mal de Parkinson. Dia após dia, hora após hora, ele havia assistido ao que chamou de horror absoluto: uma experiência atroz, descrita pelo sujeito com abundância de detalhes, que obviamente lhe inspirara um fascínio assustado que cativava seu pensamento, e à qual sua fala era remetida sem cessar, como que imantada por um ponto de gravitação. Tratava-se da agonia da mãe. Mas, atenção: não era a agonia subjetiva, pois ele esclareceu que a mãe sempre se manteve lúcida. Tudo se passou no nível do corpo e da degradação da forma materna. Diante dos olhos do sujeito, surgiu, lentamente, algo como uma escalada do informe sobre a conformação do corpo, que era a imagem narcísica. Atroz, disse ele. "Eu estava assistindo a tudo de cadeira. Vi o corpo, o pobre corpo, desfigurado, retorcido, mortificado, martirizado... numa metamorfose à maneira de Hieronymus Bosch." Ele evocou a boca aberta, babando por cima das aftas, onde aquela que fora a encarnação da beleza, e de quem ele evocou com lirismo o porte, a majestade, a imponência fálica, converteu-se em carne purulenta, em abscesso imundo. Quero deixar claro que estou apenas citando seus próprios termos, dos quais inclusive limito a profusão, como tive que fazer no diálogo com ele. Mais tarde, aliás, esse vocabulário da carne em decomposição seria empregado para qualificar o complô que o sujeito acreditava estarem arquitetando contra ele. Não se tratava do horror do gozo ignorado do Homem dos Ratos, mas, pelo contrário, do horror de um gozo patente, frente ao que ele descreveu como a substituição, no que é percebido, do brilho da imagem narcísica pela purulência informe da carne. Poderíamos escrever essa substituição como a /i(*a*), se utilizássemos o *a* para descrever a pseudopresentificação do real que era a carne em decomposição.

A simples descrição dessa experiência, é claro, em nada permite evocar um surgimento alucinatório. De resto, assinalo que a passagem da imagem do corpo para a carne em decomposição é um grande tema do imaginário comum, e que se presta a efeitos literários (cf. "O caso do sr. Valdemar", de Edgar A. Poe; *Uma carniça*, de Baudelaire; *Inferno*, de Barbusse[4] etc.). Quando muito, no presente caso, eu poderia ressaltar a complacência, a cativação do sujeito, e assinalar que, entre os dois acontecimentos sofridos por ele — o falecimento da mãe e o dano causado à imagem dela pela doença —, o segundo teve muito mais peso em seus ditos que o primeiro. Além disso, é preciso saber que, em seus trabalhos, esse sujeito era um apaixonado pela imagem. Seja como for, essa suspensão do véu da beleza, que, estranhamente, não se revezava com nenhum pudor em seus ditos, essa travessia do imaginário pautado pela realidade, abalou-o de um modo completamente desproporcional e o deixou num estado de perplexidade fascinada, que ele mesmo procurava explicar.

Ele acompanhou sua descrição com um comentário, aliás inteiramente instruído por termos e teses de psicologia e até de psicanálise. Insistiu em sua fusão com a mãe e evocou um cordão umbilical não cortado, o que talvez nos sentíssemos tentados a imputar às banalidades do psicólogo, porém houve algo mais pessoal. Primeiro constatamos que, curiosamente, as palavras que descreviam o martírio do corpo materno induziam nele, como que mimeticamente, gestos imitativos com que ele mostrava os membros contorcidos, a boca distorcida etc., como se o transtorno do imaginário do corpo do outro repercutisse em sua própria gesticulação. Mais importante ainda, ele deu o testemunho de que a morte da mãe implicava a presença de sua própria morte — não da idéia de sua morte, mas do sentimento de sua morte, sincronizada. Uma morte psicológica, disse ele, a princípio.

Ela já nos poderia lembrar o "assassinato de alma" schreberiano, como manifestação do furo na significação fálica, Φ_0, ainda por cima relacionado, para nosso sujeito, com o desaparecimento do objeto primordial, visto ficarmos sabendo que, algum tempo antes, ele fizera uma brusca tentativa de suicídio, cujo motivo, esclarecido com muita finura, tinha sido o seguinte: por ocasião de problemas financeiros que o levaram a evocar um possível despejo do apartamento onde ele havia morado com os pais, surgiu a idéia do término da família, porém, mais exatamente, uma imagem: a dos móveis possivelmente espalhados na calçada; foi ela que o precipitou para o ato, sem mediação. Portanto, vê-se que, quando esse sujeito falava de fusão, não se tratava de uma palavra infundada. Com isso ele parecia designar algo muito preciso: a "articulação com o sentimento de vida" na vida de sua própria mãe; quanto ao pai, fazia alguns anos que havia morrido, sem maiores efeitos, no dizer do sujeito, do que uma tristeza normal.

A resposta do sujeito ao que se impôs diante de seus olhos na agonia materna, assim como a seu sentimento correlato de morte pessoal, foi realmente notável. Desenvolveu-se nos três planos, o do imaginário, o do simbólico e o do real.

Diante das enfermeiras perplexas e para estupefação do pessoal médico, ele se esforçou por restituir a forma à sua mãe. Não era apenas que a mimasse, e sim que, enquanto a mulher agonizava, ele se muniu de batom, pente etc. e a maquilou, penteou, arrumou, enfim. Uma conduta de restauração desesperada do imaginário, para enfrentar a figuração do real que era a decomposição. O que cabe escrever na fórmula da substituição: I/R.

Paralelamente, ele realizou todo um trabalho de cogitação que só mais tarde se concluiria, e no qual mobilizou todo o seu saber etnográfico para pensar a morte nas formas da vida e a perda na da conservação, tomando emprestada da África uma pretensa reintegração marsupial dos mortos e, da Colômbia, uma suposta reingurgitação. Através dessas idéias de incorporação, que evocavam uma espécie de identificação canibalesca com a mãe, o que estava em jogo era uma tentativa de metáfora: S/R.

Por último, ele reagiu à sensação de ser arrastado para a morte com uma espécie de conduta de quase-separação realizada. Explicou-se: tirei um retrato e coloquei a foto no túmulo, com estas palavras: "Amo você para sempre." Esclareceu e comentou que a fotografia era sorridente, mas trazia a máscara da morte, e que "era isso ou o suicídio". Portanto, ele pôs o retrato no lugar do ser, como o lagarto que solta sua cauda numa situação de aflição.

Passo agora ao que parece equivaler a um fenômeno elementar.

No dia de aniversário de casamento dos pais, data bastante simbólica, disse ele, quando estava na cama, de repente o rosto de sua mãe apareceu diante dele, com os olhos semicerrados — ela tivera magníficos olhos negros. Foi um susto: "Fui tomado por um soluço, mordi o lençol e só tive tempo de enfiar as calças e acabar desabando na calçada, com 22-23 de pressão — seus problemas nesse aspecto eram bastante reais —, antes de ser hospitalizado de emergência." No tom peremptório que lhe era peculiar em todas as suas afirmações, comentou: não foi uma alucinação, mas uma alucinose (porque ele conhecia o vocabulário). Explicou-nos que, nesse ponto, Freud, com todo o respeito que lhe era devido, merecia ser questionado, porque provavelmente diria que essa era uma imagem simbólica, um substituto do objeto perdido. Pois bem, não era nada disso, insistiu o sujeito, com toda a energia: não fora uma simples imagem nem tampouco um símbolo, fora o real, a morte em si, a dele, sem metáfora. Depois, aliás, a visão tinha desaparecido, mas não a presença da morte. Ele tinha formulações notáveis: "O inconsciente me enviou a morte em ato, senti o trabalho da morte, foi ergotanático, e tive medo de um suicídio psicossomático."

Mais tarde, outro fenômeno foi encadeado em série com esse, dessa vez designado como um sonho "lúcido e alucinado". Ele estava na sala de jantar dos pais e percebeu a presença da mãe às suas costas, só que muito diferente: uma presença que sorria, que ele tentou abraçar, que fez o sinal da cruz e o abençoou.

De momento, pela elisão dos olhos semicerrados, foi o próprio olhar da morte que invadiu a tela da realidade. O absurdo dessa presença impossível transformou-se na certeza imediata da morte iminente. A alucinação, no sentido estrito, é um fenômeno de linguagem, muito distinto de tudo o que pode cintilar na visão, como sabemos. Aqui, porém, todos os ditos do sujeito pareceram indicar que essa presença repentinamente surgida funcionou exatamente como uma voz, portadora do veredito de sua morte. A entrada numa fase melancólica, que ele evocou em latim, *taedium vitae*, concluiu a seqüência. A instância da morte ergueu-se diante do sujeito, retornando no real a castração foracluída, sob a forma de uma certeza de morte e de uma subtração efetiva da vida.

Sem estudar em detalhe o status do falo para esse sujeito, podemos, não obstante, assinalar algumas particularidades. Primeiro, o fato de que o falo é sempre evocado com o sinal mais, e de que as imagens de castração mostram-se notavelmente ausentes do imaginário — pois não atribuo as imagens da decomposição ao imaginário da castração. Sendo assim, caberá pensarmos que, para esse sujeito, só a morte tem o sentido da castração? É certo que, na seqüência dos acontecimentos, foi necessária a intervenção da morte — a da mãe — para que a presença da morte dele se impusesse em espelho, num sentimento de catástrofe e na fase de desvitalização melancólica que se seguiu. Assim, podemos situar no grafo os diferentes fenômenos sucessivos que instalaram a significação da morte no lugar em que faltava secretamente a significação da castração: Φ_0. A agonia do outro e seu ataque narcísico repercutiram no nível da significação como significação da morte. Isso quer dizer que a substituição da imagem pelo amorfo, que podemos escrever no matema da substituição como amorfo / i(a), repercutiu numa outra substituição no lugar da significação: S^0 da morte / Φ_0 (esquema I). Num primeiro tempo, o sujeito se esforçou por restabelecer aí uma significação de vida, através de suas manobras de restauração da imagem e seus mitos de reintegração simbólica (esquema II). Não adiantou, porque o absurdo da aparição impossível da morte no real transformou-se em certeza da morte iminente. Esses diversos fenômenos podem ser transpostos para o grafo lacaniano:

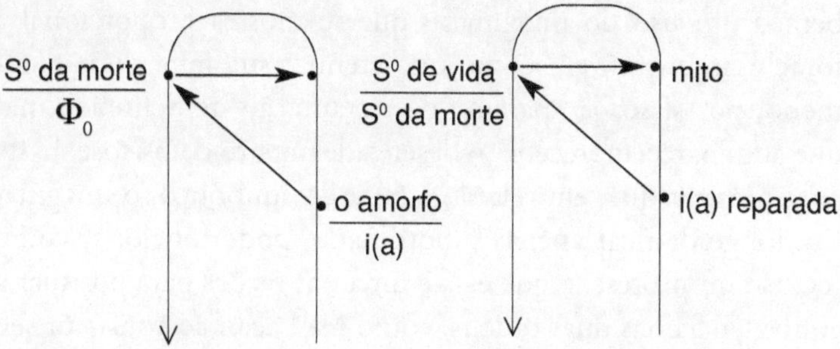

Esquema I Esquema II

Só mais tarde o sujeito chegaria a algo como um luto delirante, dando sentido ao martírio de sua mãe. Para ele, não foi o encontro com um pai, mas a perda de uma mãe, que funcionou como o fator desencadeante e, desfazendo a interconexão imaginária e real com o objeto primordial, desvelou a foraclusão.

Então, que era essa mãe para ele? O sujeito respondeu: ela era tudo: — minha vida, minha inspiração, meu único amor. E também tinha tudo: a beleza, a graça — e ele falava sem parar de sua elegância, seu porte, sua majestade ereta —, e também a força viril da inteligência e da coragem, que fazia dela o falo mental do casal, no dizer dele. (Observo aqui, entre parênteses, que, em sua fase paranóica do ano seguinte, foi uma mulher que o sujeito erigiu como perseguidora, qualificando-a ironicamente de "imperatriz da China".) Entretanto, como seu pai também era glorificado, ele esclareceu ter tido, em certo sentido, dois pais, dois heróis, dois super-homens. No entanto, era na mãe que reconhecia o que chamava de sua "armadura fálica mental". Por outro lado, sabemos que o sujeito cultivava o que eu poderia chamar de sua ereção física e mental em rivalidade com a mãe.

Nessa pregnância da imagem corporal, nessa inchação narcísica e nessa idealização forçada das qualidades da pessoa, que se prestaram, nesse caso, a uma identificação patente, percebemos um uso do imaginário que se mostra proporcional à foraclusão e que vem como que atenuar sua falta. Esse fenômeno, por si só, já aparente na restauração de Schreber, mas que aqui pareceu preceder o desencadeamento da psicose, basta para mostrar que, em relação à falta do simbólico, o imaginário, longe de ficar apenas subordinado, pode funcionar como recurso ou prótese, e que essa é uma das razões para postular a equivalência das duas ordens, como fez Lacan ao construir seu nó borromeano.

A experiência enigmática da linguagem

É por uma via totalmente diversa que a experiência enigmática é atestada em Joyce: sem uma experiência alucinatória confessa, em sua própria relação com a língua e a linguagem, pela elisão do imaginário da significação. Ela aparece com clareza, como metodicamente sustentada, no que ele descreveu pelo nome de epifanias. Trata-se de fenômenos datados dos anos 1900-4, nos quais ele identificou o que eu poderia chamar de "momento fecundo" de sua vocação artística. As epifanias, como textos, são escombros de discurso: fragmentos realmente ouvidos em situações banais, retirados de seu contexto, cuidadosamente consignados como o mais precioso de sua obra, antes mesmo que houvesse uma obra, e depois reinseridos às ocultas nos textos posteriores. Ao serem assim retirados do contexto que lhes conferia significação, por uma técnica de abolição da linguagem, esses fragmentos tornaram-se estranhamente insensatos, externos ao discurso, digamos, reais, e não teriam passado de restos sem a experiência epífana de que Joyce deu testemunho.

Trata-se da experiência enigmática em si, isto é, da conversão do vazio da significação em seu contrário, de certeza de uma revelação... inefável. No não-senso desses fragmentos, com efeito, Joyce afirmou reconhecer o que chamou de "súbita manifestação espiritual", na qual se revelou a essência da própria coisa, a *claritas*. Foi um fenômeno estritamente análogo à "alta densidade" do significante fora-do-sentido que Lacan evocou a propósito de Schreber, ou à certeza mortífera de nosso sujeito anterior, exceto que Joyce não o alucinou, mas o cultivou, alimentou-o metodicamente, perseguindo a evidência a título de artifício de criação. Menos sitiado pela linguagem do que senhor dela, Joyce conseguiu tornar-se o transmissor da significação linguageira para o não-senso da língua, e vice-versa. Assim, Joyce, o alquimista da conversão recíproca do simbólico no real e do real no simbólico, conseguiu elevar a experiência enigmática da significação à categoria de processo artístico.

O gozo enigmático

A experiência enigmática do psicótico não se reduz aos enigmas da significação. Também é preciso falarmos, se é que essa expressão tem sentido, de seu gozo enigmático. De resto, é lógico que, se a linguagem tem efeitos de mortificação do gozo, uma anomalia no nível da primeira repercuta no nível do segundo. De fato, existe um gozo que é irmão do automatismo mental e que assume, em Schreber, a forma de uma invasão do corpo, proveniente do outro divino. Freud a interpreta, como sabemos, como o retorno, na fantasia persecutória, da pulsão homossexual rejeitada. Lacan corrige essa referência à homossexualidade inconsciente, que é incapaz, por si só, de especificar a psicose. De fato, Schreber é ameaçado em sua virilidade: é o retorno, no real, da castração foracluída do simbólico. Correlativamente, a barreira do gozo é transposta e, para ele, deixa de ficar fora do corpo: seu corpo, longe de ser o deserto que é para todo mundo, descobre-se sitiado, perpassado por um gozo indizível, impossível de codificar. Este é imputado ao Outro divino, que quer gozar com ele. A "identificação do gozo no lugar do Outro", diz Lacan em 1966, faz de Schreber o objeto, esgoto ou rebotalho.

O sintoma, portanto, deve ser duplamente imputado ao real. Primeiro porque o significante aparece no real com sua franja de significação enigmática. Nesse sentido, o sintoma de Schreber, assim como a literatura de Joyce, abole a linguagem, e, tal como este último, é ele mesmo "desabonado do inconsciente". Mas em seguida, e correlativamente, por ser o surgimento do gozo deslocado e não codificado, é diferente. O enigma da significação no qual insisti caminha *pari passu* com a presença de um gozo específico, a tal ponto que conviria completar as fórmulas precedentes e escrever esse excesso no lugar do zero ou do x da significação: $f(S^1) \rightarrow S^1(+)J$. A esse sintoma, que é resposta do real, o sujeito só pode ajustar-se. É o que faz Schreber, no trabalho de seu delírio que dá vida ao Outro. Podemos ver sua eficácia, uma vez que com isso ele consegue modificar a idéia que faz de si mesmo como homem, à medida que confere ao gozo desse Outro o sentido da futura redenção da humanidade.

Se existe um paradoxo do sintoma Joyce, trata-se de que ele efetua a mesma operação, mas no seio da literatura. Sua escrita consegue transformar todo o "gozo-sentido" [*joui-sens*] que a literatura habitualmente veicula num gozo da letra, fora do sentido. Dos uns da língua ele faz uma *fixão* [*fixion*], e não ficção, de gozo. Com isso, consegue efetuar uma transferência do simbólico para o real que não deixa de ter afinidade com a própria operação da ciência. Ainda mais surpreendente, porém, é que ele consegue, em caráter secundário, ao impor essa estranha literatura fora do discurso, restabelecer o vínculo social que sua escrita abole e promover-se ao lugar da exceção. Em seu sintoma, Joyce não delira, mas goza solitariamente. Ao destruir a linguagem, portanto, ele decerto dá vida à língua, mas só pode fazê-lo preservando do sentido apenas a dimensão de enigma. Entretanto, ele consegue transferir para o público, mais precisamente para os comentadores, a tarefa que geralmente cabe ao delírio: a de produzir o sentido da obra opaca, sem o que a sobrevivência de seu nome, para além de sua pessoa, ficaria comprometida. Assim, Joyce conseguiu mudar o Outro do gosto, ali onde, por exemplo, um outro louco da letra, Raymond Roussel, fracassou.

Concluo com uma observação comparativa. Podemos indagar o que protege o neurótico da experiência enigmática com que depara o psicótico. A resposta é simples. De um lado, é a significação fálica, que obtura o campo da significação, e de outro, a codificação do gozo, que recalca suficientemente o gozo outro. É claro que essa codificação não é completa, uma vez que a relação sexual não é codificável, mas o que fica fora de seu alcance, o objeto *a*, nem por isso correlaciona-se menos com a castração. Assim, a resposta do real é mascarada, na neurose, pela resposta do Outro, o S(Ⱥ) pelo s(Ⱥ), ao passo que o gozo outro permanece limitado pelo gozo fálico. E talvez tenha sido em consideração à psicose que Lacan acabou enfatizando que o sintoma neurótico é não-todo resposta do Outro, e talvez até, em essência, não todo.

O dito esquizofrênico[1]

O dito esquizofrênico

O tema da esquizofrenia comporta um desafio particular para a psicanálise. Já vimos isso desde o começo, nas discussões em torno da análise da chamada demência precoce, mas o mesmo se aplicou a Lacan.

Hoje em dia, esse tema tem uma atualidade que ultrapassa a simples clínica psiquiátrica e que se prende ao fato, desenvolvido por mim já faz alguns anos, de que os processos de esquizofrenização multiplicam-se na civilização. É assim que chamo todos os processos de esquize que se inscrevem no real ou no simbólico, e que têm como efeito atacar as coesões, seja das cadeias da linguagem, seja dos vínculos sociais que delas dependem.

No nível simbólico, assistimos não a uma decadência dos ideais, como se costuma dizer na maioria das vezes, mas a uma fragmentação. Os ideais não desapareceram, porém são cada vez mais cacofônicos, multiplicando-se ao sabor das contingências de lugares e épocas, variáveis conforme os continentes, os países, as cidades e até os bairros — aleatórios, portanto. No real, há também uma multiplicação dos objetos, dos engodos de satisfação, que chega até à pulverização das ofertas de gozo. A essa dispersão do simbólico e a essa fragmentação do real vêm somar-se ainda os reflexos plurais do imaginário. Todos os três desvirtuam o que Lacan chamava, em certa época, de "agregações do eros do símbolo". Assim, vemos a ação do simbólico no real reduzir-se cada vez mais a seu nível básico: a cisão, o corte em detrimento do efeito de ligação. Nesse sentido, a esquizofrenia é realmente da nossa época.

Para nós, quando Lacan diz "a psicose", no singular, ou "o louco", ele designa a paranóia. Suas indicações sobre esquizofrenia são raríssimas, embora muito densas, como sempre. A enumeração é curta: ela é evocada em sua resposta a Jean Hyppolite, na página 394 dos *Escritos*, em seu resumo do seminário sobre o ato analítico, na página 22 de *Ornicar?*, número 29,[2] e na página 31 de "O aturdito".[3] Evidentemente, há outras indicações nos seminários, mas retenho aqui apenas o que foi escrito. Todavia, o desafio é grande.

A linguagem de órgão

Ao se interessar pela esquizofrenia, será que Freud procurava essencialmente responder à questão de saber o que é o inconsciente? Ele se serviu do esquizofrênico fora do inconsciente para aprimorar, através da diferença, sua idéia dos mecanismos propriamente inconscientes. Os dois textos cruciais nessa matéria são o da *Metapsicologia* dedicado ao inconsciente e o "Suplemento metapsicológico à teoria dos sonhos", nos quais Freud utilizou a famosa idéia de "linguagem de órgão".

Abro um parêntese aqui. Poderíamos imaginar, por simples indução verbal, que essa formulação, "linguagem de órgão", corrobora a idéia do inconsciente "estruturado como uma linguagem". Não é o caso, em absoluto, até pelo contrário. Freud apoiou-se no estudo da linguagem de órgão para destacar que o esquizofrênico não tem inconsciente. Explorou os investimentos de palavras e as diversas expressões verbais presentes no caso da paciente de Tausk, até concluir que ela tratava as palavras como coisas. Já é a idéia de que, nesses casos, lidamos com uma realização do verbo. Foi a partir disso que Freud concluiu pela ausência do inconsciente, já que o inconsciente era feito, a seu ver, não de representações de palavras, *Wortvorstellungen*, mas de *SacheVorstellungen*, representações de coisas.

Convém recordar, neste ponto, que foram esses os textos utilizados para tentar refutar a tese de Lacan, já que Freud distingue as representações de palavras pré-conscientes das representações de coisas, as quais atribui ao inconsciente propriamente dito. A objeção não tem peso, é claro, pois simplesmente desconhece que uma representação de coisa pode perfeitamente funcionar como um significante, já que o significante não se define por seu suporte sensorial, mas pela estrutura diferencial de seus elementos. Seja como for, Freud ainda tentou explicar esse ponto no "Suplemento...", presumindo uma retirada do investimento inconsciente e uma não-comunicação entre as representações de coisas e as representações de palavras.

Que quer dizer isso senão que, nesses casos, as palavras não representam nada, sendo cindidas tanto de sua significação quanto de seu referente, ou, dito de outra maneira, que perderam sua qualidade significante e por isso ficaram reduzidas ao estado de coisa, de simples matéria sonora ou visual?

O fracasso da simbolização

A tese de Lacan é mais confirmada do que refutada por isso. Podemos reportar-nos, nos *Escritos*, à resposta lacaniana ao comentário de Jean Hyppolite. Nesse texto, ele busca dar precisão ao conceito de foraclusão em sua diferença do recalcamento, e enuncia a famosa formulação que, a rigor, decalca uma frase de Freud: "O que é foracluído do simbólico retorna no real." Ela impõe que se reconheça que existir no simbólico e existir no real são duas coisas muito diferentes. Existir no simbólico, pela operação do significante, supõe a produção de um vazio. E é aí que surge a evocação do esquizofrênico, na página 394. Cito-a:

> Na ordem simbólica, os vazios são tão significativos quanto os cheios; realmente parece, ao ouvir Freud hoje, que é a hiância de um vazio que constitui o primeiro passo de todo o seu movi-

mento dialético. É justamente isso que explica, ao que parece, a insistência do esquizofrênico em reiterar esse passo. Em vão, já que, para ele, todo o simbólico é real.

Isso equivale a dizer que o esquizofrênico, apesar de falar e dispor de sua língua, não dispõe do simbólico. Estamos muito próximos da formulação freudiana, que diz que as palavras são tratadas como coisas. É que o acesso ao simbólico supõe mais do que a aprendizagem da língua; ele supõe o efeito de esvaziamento no real do ser vivo, que produz a promoção de um significante.

Lacan tentou fornecer a estrutura desse efeito em "De uma questão preliminar...". A metáfora paterna, cuja falta explicaria a paranóia, também inscreve a simbolização primária. Com isso podemos situar o esquizofrênico em sua relação com a paranóia.

A simbolização primária refere-se ao Outro, a mãe, que, de início, para a criança, deve ser atribuída a "uma relação de objeto no real", para retomar uma expressão utilizada por Lacan em sua "Observação sobre o relatório de Daniel Lagache". A mãe só se torna um significante pela simbolização de sua ausência. Que quer dizer isso senão que a ausência, real, só adquire importância sob a condição de ser interrogada em seu sentido? Qualquer coisa pode ser elevada ao significante: para isso, basta que lhe suponhamos um sentido. A partir do momento em que supomos que essa coisa, seja o que for — no caso, a ausência periódica da mãe —, quer dizer algo, ela se transforma em significante. É isso que permite a Lacan escrever a primeira simbolização com o matema do significante e do significado. DM, que se lê como desejo da mãe, é o significante promovido pela simbolização da ausência dela, e cujo efeito de significado se escreve com um x, o x da incógnita, do enigma do "que quer ela?": DM/x. A partir daí, Lacan situa a paranóia, na qual falta a operação secundária da metáfora paterna, que poria o Nome-do-Pai em substituição a esse primeiro significante, já postulado, do desejo da mãe: $\frac{\text{NP}}{\text{DM}}$.

A esquizofrenia, que se especifica mais radicalmente pela falta da simbolização primária do objeto primordial, introduz, assim, a questão dos diversos tipos de sujeitos que ficam nesse aquém. É aí que se formularia a questão de situar o autismo em relação à esquizofrenia.

O significante real

Será possível tentarmos uma clínica diferencial do significante "no real", tal como Lacan o introduziu a propósito da alucinação verbal, e do significante real que ele convoca, como afirmei, a propósito da esquizofrenia?

Para que o significante apareça no real, basta que ele se apresente, diz Lacan, desde a primeira definição, sob a forma de uma cadeia rompida. Ou seja, que a um tempo ele preserve a estrutura binária da cadeia significante, mas desvincule dela os dois elementos de base. É isso que é limpidamente ilustrado pela alucinação "porca", apresentada em "De uma questão preliminar...". O "eu" do "eu venho do salsicheiro", inicialmente proferido pela paciente, é um enigma, e o x da incógnita permanece, dessa vez, do lado do sujeito: $\frac{\text{Eu.}}{x}$

O "porca", que surge em seguida, determina-o alucinatoriamente, mas fica desvinculado, pois não é assumido como um significante apropriado para representar o sujeito:

$$\overleftarrow{\qquad\qquad}$$
$$\frac{\text{Eu}}{x} \;//\; \text{Porca}$$

Totalmente diferente é o significante real da esquizofrenia. Nela, na ausência da simbolização primordial, falta o x do sujeito. Por conseguinte, falta também a função de representação significante, pois o significante não representa o sujeito para outro significante. Resta, pois, o enxame real dos significantes S1, S1, S1, que, não representando o sujeito, deixam sua identidade ao abandono, como mostra toda a clínica, fadando-o ao regime da fragmentação das identidades, dos objetos, dos momentos mais ou menos fecundos e dos desencadeamentos em série de esboços delirantes. Eu poderia evocar aqui o caso de um sujeito que tive o ensejo de apresentar no Colégio Clínico de Paris, no Hospital Sainte-Anne, no serviço da dra. Françoise Gorog. Esse sujeito, por uma espécie de identificação sem mediação, foi sucessivamente Lancelot, Nicolas Flamel, o alquimista, depois Pernelle Flamelle e depois Escritor, com inicial maiúscula. Em cada ocasião, seguia-se a série dos parceiros respectivos, é claro, mas o abismo da falta de identidade abriu-se entre cada uma dessas veleidades de encarnação.

Podemos situar essas duas estruturas com os círculos de Euler: à esquerda, o significante real, SR; na interseção, o significante no real, S1, que é também o significante sozinho, mas pode facilmente religar-se a uma cadeia, a um S2 que lhe dê sentido, o do delírio, a ser escrito no círculo da direita.

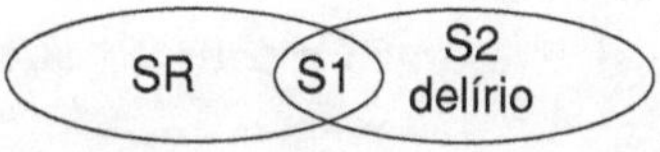

Vemos que a paranóia é mais aparentada com o sujeito dividido que com o sujeito esquizo, porque a estrutura da retroação temporal, do só-depois que é próprio do significante, encontra-se aí — embora, às vezes, sob uma forma cíclica que a neurose desconhece —, assim como o vazio do sujeito que os fenômenos elementares tentam determinar. Ao contrário, o esquizofrênico é atormentado pelo múltiplo não vetorializado, por cronologias anistóricas que justapõem fatos e datas sem ordená-los, bem próximos do real sem ordem. A tradução libidinal não poderia faltar.

A paranóia tira proveito, se assim posso dizer, dos dinamismos da metonímia que precipitam "a falta-a-ser na relação de objeto" e lançam as diversas buscas dos mais-de-gozar: (-) →(+J).

Assim, ela se mantém no registro da alienação na cadeia significante, e a relação com o Outro, embora carregada de delírio, não deixa de ser preservada. A essa vontade paranóica se opõem as estases da abulia, os estereótipos e a série das veleidades inoperantes da esquizofrenia. Vemo-nos aí num aquém da alienação, que não deixa ao sujeito sequer o recurso à perseguição como tentativa de cura. Somente a realização remedia isso.

Os fenômenos corporais

Não admira, portanto, que o esquizofrênico manifeste fenômenos corporais específicos, se é verdade, como sustentamos, que é o corpo do simbólico que, ao se incorporar, constitui o corpo do falasser. Ele não constitui o organismo vivo, é óbvio, mas o transforma o bastante para que ele se torne corpo erógeno, ou corpo propício a abrigar o sintoma. É ele, o simbólico, que recorta em sua superfície, a princípio por meio da demanda, as zonas erógenas que concentram os apetites e condicionam inclusive o chamado gozo sexual. É também ele que lhe atribui órgãos, em especial esse órgão espantoso que é o falo, em sua diferença do pênis.

Quanto ao esquizofrênico, diz Lacan, ele "enfrenta seus órgãos sem a ajuda de um discurso estabelecido". Mas para que serve um discurso estabelecido em matéria de órgãos? Sobretudo para instaurar limites, barreiras padronizadas ao gozo. É por isso que todo discurso é solidário de um efeito de castração, e é isso que falta nesse caso. Quais são as manifestações fenomenológicas dessa falta?

Assinalo, em primeiro lugar, a diferença dos fenômenos da histeria, identificáveis a partir da linguagem corporal, como dizia Freud. A paciente de Tausk pode dizer que "Meus olhos estão revirados" sem que seus olhos revirem. Já a histérica, num caso semelhante, teria os distúrbios oculares que chamamos de funcionais. Do mesmo modo, o organismo de quem diz, por exemplo, "eu não tenho cabeça", ou "minhas mãos me mantêm afastado de meus braços" etc., não é afetado. Não se trata, em absoluto, de uma influência da linguagem sobre o corpo, mas de um simples delírio no vocabulário do corpo, que pega as palavras no real, se assim posso me expressar.

Na maioria das vezes, o sujeito tem que atenuar a falta do efeito de discurso. Isso é particularmente visível nos delírios do corpo sem órgãos, ou no caso de algumas automutilações que são delírios ou práticas de negativação, a serem atribuídas ao passo destinado a criar um vazio, que evoquei no começo. A falta desse vazio traduz-se entre dois pólos: por um lado, a abulia, que pode chegar à paralisia catatônica, na ausência da falta que fundamenta o desejo; por outro, a passagem ao ato, que realiza o significante ou sua falta.

Foi o caso de um rapaz que deu muito o que falar, por ter matado o pai no Dia dos Pais, depois de proferir a frase que fornecia a chave de seu ato: "Hoje é a sua festa, papai!", pois a expressão *ça va être ta fête* [literalmente, "Vai ser sua festa!"] significa, em francês, "você vai morrer". Entre esses dois extremos, sucede a alguns delírios corporais terem mais eficácia. Lembro-me, por exemplo, de um rapaz que interroguei durante uma apresentação de doentes. Quando ele era estudante, a descompensação o tinha privado da possibilidade de trabalhar. Sua angústia era grande, ainda mais que o pai o atormentava, achando que seu declínio brutal se devia à preguiça. Ele foi hospitalizado, agitadíssimo, e depois tudo se acalmou de repente: por ocasião de uma cefaléia do lado direito, ele teve subitamente a certeza de haver sofrido o que chamava de um extravasamento cerebral, o qual, tendo subtraído parte de suas faculdades, explicava sua impotência. Chegou até a desenhar, com todo o cuidado, seu crânio aberto, deixando escapar uma parte da massa cinzenta, e desde então ficou tranqüilo na certeza de sua doença, seguro da castração cerebral que o eximia e dispensava de continuar a se esforçar. Inversamente, eu poderia evocar um outro sujeito que, na falta do órgão fálico, fazia o pênis entrar na linguagem dos órgãos, numa fantástica capacidade masturbatória, compulsiva e incessante, que lhe dava acesso, como ele dizia, a "grandes momentos" de gozo inefável.

Nesses casos, como vemos, quer realize o simbólico, quer tente produzir *analogons* de seu efeito negativizante, o sujeito joga sozinho, sem o Outro, ficando privado do recurso à perseguição como tentativa de cura, como dizia Freud. Por isso, é espantoso que tenha sido a esse tipo de psicose que os psicanalistas ofereceram sua ajuda, desde o começo, em vez de à paranóia. No entanto, esse é um fato que se verifica, especialmente na escola kleiniana. Não há um só paranóico entre todos os pacientes dos quais Rosenfeld, por exemplo, apresenta o tratamento! É estranho que tenham sido esses os sujeitos, na realidade os mais rebeldes à transferência, que se quis fazer entrar na psicanálise. É que, apesar de estarem fora tanto da transferência quanto do discurso, esses sujeitos não deixam de estabelecer uma eventual relação de confiança com alguns de seus semelhantes. Isso não constitui propriamente uma transferência, porque a transferência é uma relação simbólica que inclui o sujeito suposto saber, e o esquizofrênico não entra nela. Mas dá margem a uma possível relação objetal, a um tempo real e imaginária, que se presta à confusão com a transferência e a partir da qual às vezes se podem obter alguns efeitos. Se eles são analíticos, é duvidoso, mas às vezes podem ser benéficos para o sujeito.

O psicótico e o analista

Marlène[1]

Essa é uma jovem cuja psicose apresenta alguns traços que me pareceram passíveis de ser, na expressão de Lacan, elevados a paradigma.

A seguirmos as indicações de Lacan, será preciso avaliarmos o que implica o caráter "fora-do-discurso" da psicose, correlato da não-inscrição do sujeito na função fálica. Ao escutar a moça de quem estou falando, que chamarei de Marlène, impõe-se o que já podia ser deduzido, a título de hipótese, das formulações lacanianas: o "fora-do-discurso" manifesta-se no fenômeno no nível das identificações, como falta, perturbação da representação significante do sujeito.

Correlativamente, veremos aí que o delírio é mesmo uma tentativa de cura. Marlène, ao contrário de Schreber, sofria, cada vez mais ao longo do tempo, de uma espécie de incapacidade de sustentar o edifício de um delírio no qual pudesse situar-se.

Nesse exemplo, avaliaremos ainda que o recurso à biografia, entendida como relato da história individual, é quase supérfluo para a abordagem do sujeito. Pude suprimir sem dificuldade grande quantidade de informações de que eu dispunha a esse respeito e que, longe de nos ajudar a ouvir, faria com que nos perdêssemos na indiscrição. Querendo evitar isso, espero, ao mesmo tempo, levá-los a compreender que a estrutura, por sua vez, não é indiscreta, ao passo que a anedota anamnésica é indiscreta. Mas também quis evitar a reprodução da particularidade dos termos da paciente, identificáveis demais, e lamento o que o exemplo possa perder de valor demonstrativo com isso.

Primeiro, as vozes. Estavam presentes, e a paciente se apegava a elas. Mas não possuíam a complexidade ordenada das vozes de Schreber. Em particular, a distinção estrutural esclarecida por Lacan entre as mensagens sobre o código e o código de mensagens não era encontrada nesse caso. O que as impunha como alucinações era seu caráter de "cadeia rompida" — um traço suficiente, nas palavras de Lacan, para que a irrupção do símbolo no real seja indubitável. Na maioria das vezes, não eram as vozes ameaçadoras do delírio, nem tampouco o comentário dos atos; eram sobretudo fragmentos, que compunham um texto diferente e a acompanhavam o tempo todo.

Marlène isolava três tipos de fenômenos: primeiro, enunciados parasitas, que se impunham como vozes — classicamente, diria eu —, irrompendo no silêncio ou em incisos nas conversas. Infelizmente, tenho que suprimir seus exemplos.

Havia uma outra modalidade, que Marlène distinguia das frases impostas: eram retenções da escuta que, no banho sonoro, nas conversas interceptadas, no metrô, nas calçadas, no rádio etc., isolavam fragmentos, os quais, autonomizados e desvinculados, animavam-se com uma estranha significação, sem que por isso a jovem perdesse o fio das significações metonímicas comuns, às quais, na maioria das vezes, continuava a se mostrar adaptada. Observe-se que esses retalhos que "emergem" para se impor à escuta não são necessariamente trazidos pela fonação, pelo canal sonoro. Surgem igualmente de um texto escrito, não-vocalizado, a partir das simples fragmentações da sintaxe, bastando, para gerá-los, a tesoura que recortava os textos — no sentido literal.

O efeito dessa trituração significante, quase automática, era o que ela atestava como um talento muito surrealista, muito pesado de carregar, aliás: uma aptidão vertiginosa para captar as sobredeterminações significantes, que a deixava entregue a uma polissemia desenfreada. Cada texto lido, os poemas, excertos literários, jornais etc., transformava-se num "Aqui é Londres!"[2] generalizado, no qual todos os níveis de compreensão se chocavam, sem confusão, é verdade, mas não sem inspirar medo à paciente.

Se as compararmos às de Schreber, as particularidades dessas vozes aparecerão: elas eram não-identificadas, não-unificadas e... sem grande mensagem.

Schreber sempre sabia quem estava falando com ele. Com Marlène, era como se faltassem o tempo da atribuição subjetiva das vozes e sua imputação a um emissor. Quando lhe era formulada a pergunta "Quem disse?", ela respondia com um gesto evasivo. Em duas ocasiões, entretanto, ao longo de oito anos, indicou ter feito ela mesma essa pergunta, aliás sob uma forma precisa. Na primeira vez, "Era um homem ou uma mulher?", na segunda, "Era eu ou outra pessoa?". Mas a resposta continuou hipotética, instável, incerta, quase indiferente. A ausência de perguntas, ou, quando havia perguntas, a resposta frouxa, contrastava nitidamente com a certeza de Schreber. Para Marlène, a interlocução estava ali, mas não o interlocutor.

Portanto, nada unificava suas vozes. Para Schreber, elas certamente era múltiplas, mas todas, por mais diversas que fossem, constituíam o canal de suas trocas com o emissor "único em sua multiplicidade e múltiplo em sua unidade", que era seu deus. Todos os enunciados nunca passavam de ocorrências da voz, no singular, de Deus. Para Marlène, as vozes, plurais, não compunham um emissor. Presentificavam uma espécie de emissão onipresente, quase coextensiva ao banho significante. Nesse sentido, creio poder dizer que ela não fazia do lugar do Outro *um* deus. Nada a ver, entretanto, com o ateísmo.

Isso também significa que faltava a mensagem do Outro. Para Schreber, as vozes diziam a vontade divina. No horizonte das sucessivas imagens dos perseguidores, Deus o queria mulher. Para Marlène, infelizmente, a acreditarmos nela, as vozes não diziam nada. Não transmitiam nenhum imperativo, não a fadavam a nada que pudesse cuidar de sua perplexidade. *Havia* mensagem, mas não *essa ou aquela* mensagem. As vozes presentificavam a dimensão pura da enunciação, como enunciação vazia, enunciação de ninguém.

Schreber, ao receber a ordem divina que o fadou à feminilidade, encontrou a significação delirante em relação à qual situar-se, protestando ou aceitando. Ela lhe permitiu suprir sua não-inscrição na função fálica e fixar seu ser. Para ele, ficou claro que o efeito significante que era sua inscrição como mulher de Deus tinha como correlato a localização do gozo devastador de que ele inicialmente fora vítima, sua fixação na imagem do corpo próprio, sob a forma do que Lacan chamou de um gozo transexualista. Para Marlène, ao vazio da enunciação, do lado das vozes, respondia por seu lado a falta de identidade, assim como a indeterminação de seu ser. Era uma espécie de "abandono" permanente. Ela era uma esquecida da memória dos deuses, e sucedia que o apelo a uma significação substituta manifestava-se nela quase no nível do fenômeno. Foi o que se produziu durante oito anos, a cada vez — e houve três ocasiões — em que uma veleidade de delírio fracassou. No momento em que o esforço de construir um delírio abortava, não conseguindo fixar uma mensagem passível de preencher a enunciação do Outro, que se apresentava, mas continuava vazia, ela *sentia* sua falta de paranóia. Isso vinha formular-se explicitamente, com uma tonalidade patética, na pergunta "Que ser?". Isolo aqui a ocasião em que ela a formulou da maneira mais exemplar, se bem que limitada a suas identificações sociais, profissionais. Às voltas com sua perplexidade, ela enumerou sete eventualidades, ou seja, sete significantes, sob os quais situar-se — e, mais uma vez, abstenho-me de precisar os termos. Ou eu sou S, ou S1', ou S1" ... até sete. Ela enunciou a impossibilidade de se fazer representar por cada um deles. Veio então a emissão da oitava eventualidade: eu me mato. Em outras palavras, na impossibilidade de receber do Outro o que Lacan chamou de "o *tu* [*tu*] de chamamento sob o qual o sujeito recebe suas próprias intimações", eu me separo pelo *morta* [*tué*] do salto real para fora da cadeia. Caso contrário, nona possibilidade, volto ao número um e giro em círculos. Note-se aqui que o número um designava seu estado social desde o fim de seu primeiro delírio, que a conduzira à análise. Nesse "girar em círculos" surgiu o pedido de ajuda dirigido ao analista: foi um apelo à resposta que, tamponando "esse buraco social, esse silêncio, essa ausência", fizesse dela "uma entre os outros". O analista, nesse ponto, foi solicitado a ocupar o lugar do Deus de Schreber, o lugar de onde ele lhe diria: tu serás... isto ou aquilo. Foi-lhe pedido um imperativo superegóico que preenchesse o vazio da enunciação e, quem sabe, fornecesse ao sujeito o ponto de apoio de uma identificação. Não admira que, confrontados com esse apelo do supereu nas psicoses não-paranóicas, os analistas tenham ficado tentados a atendê-lo, em algumas ocasiões. Se a resposta prévia à pergunta "Quem sou eu aqui?" se articula no inconsciente do neurótico e se decifra para ele a partir de seu sintoma, e se ela se impõe, na construção do delírio paranóico, como mensagem anômala do Outro, ao faltar essa resposta do delírio, o outro que está ali pode sentir-se solicitado a contribuir com um imperativo.

Marlène, aliás, muito antes de ter o menor episódio psicótico, havia encontrado a solução de se aliar ao que bem poderíamos chamar de um supereu auxiliar, porque era como se, na falta de uma representação significante, fosse feito um apelo a uma ordem dada por um outro, e a qual, realizada pelo sujeito, lhe garantisse um semblante de estado civil.

É impressionante que as sete eventualidades guardadas por Marlène, longe de serem gratuitas, tenham recenseado a série de injunções recebidas daqueles que, no correr do tempo, tinham surgido para ela no lugar do Outro. Todos os que lhe haviam expressado um "tu serás...", inclusive "serás psicanalista", estavam ali. Seria possível mostrar o caráter verdadeiramente superegóico dessas ordens, que não apenas prescreviam um significante, mas impunham um "goza". A demonstração pressupõe os próprios termos. Suponhamos que lhe houvessem transmitido um "tu serás professora" [*tu seras enseignante*]; ele se traduzia, durante a experiência com a função carregada pelo significante, num "tu serás como que sangrenta" [*tu seras en saignante*],[3] que a deixava entregue a um gozo vampiresco. Assim funcionaram os imperativos em que ela se apoiou. De qualquer modo, constatou-se que o período anterior à sua doença tinha sido a sucessão de seus acoplamentos a um supereu de suplência. Assim, ela vivera sob uma sucessão de reinos. Todos tinham a conotação de uma vivência de opressão subjetiva, e a cada um correspondia um modo de apresentação dela mesma que, de um para outro, às vezes a tornava irreconhecível.

Mas, como passara ela de um supereu para outro? É impressionante notar que essa seqüência não tinha sido aleatória. O deslizamento se dera, em todas as ocasiões, a partir de um significante que regia outro. Ela havia utilizado, por assim dizer, um significante-mestre emprestado. Esquematizando, no nível das relações, o terceiro supereu era senhor do segundo, que era senhor do primeiro. Mas essa solução tinha-se revelado insustentável e, por fim, desembocado nos fenômenos psicóticos da voz que evoquei no início, com seu pendor para a solicitação de um imperativo, agora dirigida ao analista.

Bastava o analista não responder a esse apelo para que ela confirmasse o que estava em questão, passando a se dirigir ao Outro das bibliotecas. Foi o que aconteceu depois que ela recenseou suas identidades impossíveis, em resposta ao silêncio mantido pelo analista diante de sua demanda de supereu: dia e noite, ela começou a "devorar" textos que "desfilavam" nela, sem que lhe fosse possível encontrar nestes sua resposta. Marlène refinou sua busca: fez um levantamento sistemático, na língua em geral, mais particularmente na literatura e sobretudo na Bíblia, das formas do "tu" apelatório — cada vez mais perplexa, ao perceber que alguns "tu" excluíam a mulher, dirigindo-se apenas aos homens, e que todos, em sua multiplicidade, excluíam a certeza, deixando-a à deriva.

No entanto, as propensões de Marlène para a paranóia não eram nulas. Ela se aproximou disso em três ocasiões, no intervalo de algumas semanas. Deixo de lado o estudo desses três delírios, cujos temas e termos foram tão completamente diferentes que, feito o seu relato, seria possível acreditar que haviam emanado de diversas pessoas. Nos três, todavia, ficou manifesto que, como em Schreber, eles vinham ocultar com uma mensagem o vazio da enunciação. Em cada uma dessas ocasiões, o aborto da tentativa delirante reconduziu-a à sua falta de identidade.

Impõe-se, é claro, a questão do intricamento desses fenômenos com a transferência e dos efeitos desta. Fica claro, para começar, que o desencadeamento da psicose havia precedido sua chegada à análise. Ela fora conduzida a esta por uma das injunções que evoquei, depois de um primeiro episódio delirante, metamorfose de seu encontro com a terceira figura superegóica de seu passado.

Em oito anos de análise, Marlène delirou duas vezes. Nesses dois episódios, descobriu-se uma mesma conjectura: ela estava ameaçada de perder seus recursos financeiros, de ser abandonada, portanto, pela mãe-pátria provedora de seus filhos (transponho aqui suas próprias imagens), e, por outro lado, fazia alguns meses que havia interrompido suas sessões, só voltando à análise no momento da eclosão dos fenômenos delirantes. Durante a análise, além disso, embora se mostrasse sempre discretamente alucinada, não delirava. Tudo indica, portanto, que sua ligação com o analista a impedia de delirar, e poderíamos perguntarnos qual era a função do silêncio do analista, considerando o que expus acima como um pedido de receber uma mensagem que lhe dissesse seu ser. Apenas abrirei essa questão por meio de alusões.

Como pode o analista, quando não se presta ao papel de supereu, fazer outra coisa, com sua presença conjugada a seu silêncio, senão encarnar a enunciação como vazio? O estranho é que o delírio, nesse caso, pareceu ficar mais contido que exacerbado, em prol de uma deriva significante, bem ilustrada pelo "apelo ao Outro das bibliotecas", cuja questão era saber se a análise poderia centrá-la. É aí que nos sucede perceber que, ao emprestarmos nossa presença, às vezes emprestamos mais do que imaginamos. Foi o que ela me deu a entender no decurso de um vasto inventário sobre o belo e a imagem da mulher — questão de vida ou morte para ela —, quando me disse que, pela vontade de sua mãe, ela deveria chamar-se Marlène, "a mulher mais solar[4] da história". O que, por meu turno, dou a entender, e é só.

Uma grande caminhada: sobre o caso Robert, de Rosine e Robert Lefort[1]

Trago minha contribuição para a grande manducação. Como todos, tive que comer o livro, e há várias maneiras de comer: existem os bulímicos e os anoréxicos; os comilões, os gastrônomos, os glutões; alguns sempre limpam o prato, outros beliscam. Para uns isso é útil, para outros não. De minha parte, eu o devorei de uma só tacada, de uma ponta à outra, ininterruptamente, embora seja muito grosso, e procurarei dizer-lhes, ao menos em parte, o benefício que tirei disso. Quando se o lê de uma vez só, sem parar nos pontos difíceis, sem procurar resolver as questões que se colocam ao longo da leitura, aparece alguma coisa.

Um desafio ao real

Esse livro, como vocês sabem, justapõe o relato de um tratamento anotado com muita minúcia e um trabalho de matematização desse tratamento, que foi posterior e que, de certa maneira, abarca e rompe um pouco o relato da análise. Num primeiro momento, ao lê-lo de enfiada, sem me deter nos passinhos da teorização, fui muito sensível ao fato de que se tratava de uma grande caminhada. Sabemos aonde ela levou: levou a que o pequeno Robert assumisse uma imagem humana. No fim, ele foi humanizado. Pôde inserir-se mais ou menos num vínculo social. Mas de onde ele partiu?

Começou no Lazareto. Esse é um termo de ressonâncias sinistras de exclusão, segregação, afastamento dos seres que são os rebotalhos do discurso. Ali, não se estava no limbo, e esse Lazareto, quando Robert chegou lá, tornou-se inclusive um inferno. Era um lugar impressionante, um mundo de medo, de gritos, de muco, de xixi e cocô, um universo de pancadas e de suor. Procurem imaginá-lo ilustrado por Hieronymus Bosch, em vez de meditado por Dante: poderia ser grandioso.

Admiro muito aquela que avançou para esse lugar, munida apenas de seu desejo de analisar, ou seja, Rosine Lefort. Avançou para ele, ademais, e eu a homenageio por isso, sem um pingo da obscenidade que esses lugares podem evocar. É fácil ver como sua iniciativa poderia parecer desesperada. Ou pelo menos, nem um pouco razoável, se chamarmos de razoável aquilo que corresponde às iniciativas do senso comum. Não era sensata, essa iniciativa, e ainda por cima era titânica. É verdade que, ao ler o livro de uma tacada, percebemos que esse universo de miasmas em que vivia o pequeno Robert foi perpassado, graças à chegada dessa analista, por uma grande lufada de vento.

Mais precisamente, pelo ímpeto de uma vontade. Prefiro aqui o termo "vontade" a "desejo", que mais conota a veleidade, ao passo que o que temos aqui é uma feroz determinação. É verdade que às vezes ela assume ares de passividade, mas nem por isso é menos extremamente decidida. Cabe chamar essa vontade de injustificável, no sentido de que as justificações nunca provêm senão do saber do Outro. É uma vontade que parte exatamente da barra sobre o Outro. Foi um desafio ao real, esse tratamento. Não duvido que esse desafio ao real tenha tido uma função subjetiva para a própria analista, mais exatamente, para a analisanda que era Rosine Lefort na época; ela não faz segredo disso, e percebemos com clareza, ao ler esse livro, que seus desafios ultrapassavam em muito o simples tratamento do pequeno Robert. Permitam-me qualificar essa tentativa de aventura do espírito. Se André Gide escreveu *Os frutos da terra*, são frutos espirituais, simbólicos, que encontramos no texto de Rosine Lefort.

Considero-a incrivelmente hegeliana, essa jovem analista, no sentido de que não duvida que o real que se apresenta seja racional. Ela mesma o diz, aliás, notando que, em alguns momentos, o comportamento de Robert parecia totalmente incoerente e sem ordem, e portanto inacessível à influência da operação analítica; mas acrescenta: não acredito nisso, apesar das aparências.

Passo a algumas coisas que li nessa aventura transferencial, e farei necessariamente uma triagem.

Da oferta ao saber suposto

Com que deparou Robert quando Rosine Lefort chegou? Não foi a mesma coisa que Schreber encontrou em Flechsig. Neste, Schreber encontrou uma imagem do saber que tinha como fundo a anatomia cerebral, uma figura que atualizava para ele a grande questão da impostura paterna. Quanto a Robert, não poderíamos dizer que um olhar pousou sobre ele? Esse foi o ponto de partida, ao que me parece, na fase de observação. E aquele menino para quem era impossível olhar — Rosine Lefort deixa claro que era doloroso olhá-lo —, aquele menino viu um olhar pousar sobre ele, silenciosamente. O menino louco — esse é o nome que ela lhe dá — reagiu a esse olhar. Vamos escrever assim o primeiro movimento:

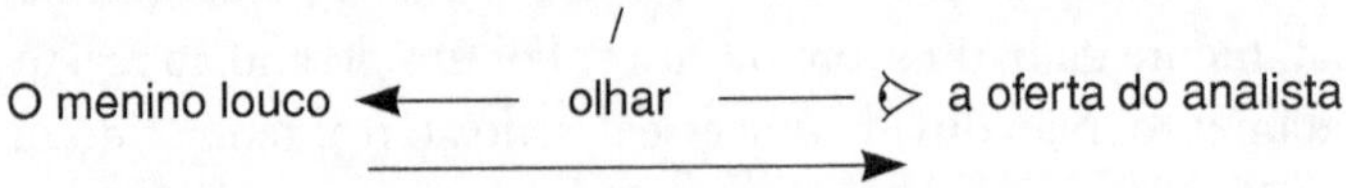

Tomemos esse olhar como uma oferta específica. Trata-se da oferta que antecede a demanda — como sempre acontece, embora isso nem sempre seja percebido. É a oferta de uma presença atenta e silenciosa. A essa oferta vemos o menino responder com brincadeiras de dar e tomar, no que Rosine chama de um esforço para chamar a atenção. Num dado momento, ela até fala em "sede do Outro". Digamos que ele responde com uma solicitação. E nossa primeira pergunta é se essa solicitação, que não é duvidosa em termos descritivos, constitui uma demanda: será que poderíamos situá-la no que Lacan chama, na "Observação sobre o relatório de Daniel Lagache", de uma relação de objeto "no real", na medida em que ela precede, pelo menos logicamente, aquilo que é a demanda em si, a demanda articulada com a qual o sujeito propriamente dito é produzido e faz "sua entrada no real"?

Nesse momento, com respeito a Robert, é muito difícil falar em entrada do sujeito no real, o que também significa a entrada na falta-a-ser. Então, se dissermos que essa solicitação obscura não é propriamente uma demanda, o que nos permitirá falar em transferência?

Podemos falar de transferência a partir do momento em que, entre Rosine Lefort e o menino louco, interpõe-se um saber suposto. Rosine diz, desde o começo, que há em toda a gesticulação desse menino um "vetor de organização", o que a setinha que vai do menino louco para Rosine Lefort representa da melhor maneira. Ora, quem diz vetor diz ordem e direção — o que não se dá sem o significante. É absolutamente certo que há um saber suposto aí, sob o significante do menino louco. Rosine o chama de um saber do real, sem dúvida para indicar o que distingue o presente caso, ou seja, que a suposição é inteiramente sustentada — de forma muito galileana — pelo Outro, pela analista. No entanto, há de fato a produção de uma significação de saber, o que nos autoriza a utilizar uma escrita análoga à do matema da transferência. Assim, completo a primeira escrita:

O menino louco ◄-------------------------------- ▷ a oferta do analista

Saber suposto no real $S_2(R)$

Um outro sem alteridade

E fica bem claro que a progressão do tratamento produz primeiro, prioritariamente, nomes do Outro — não significantes ligados ao Outro e passados para a função de significantes-mestres do sujeito, porém nomes do Outro como parceiro real. Temos a série "Madame", "mamãe" e "lobo".

Detenho-me por um instante na configuração inicial. Diz-nos Rosine que o pequeno Robert dispunha de três palavras: "Madame", "sim-não", com hífen, e "bebê". Esse "Madame", nas primeiras vezes em que Rosine entrou no aposento, ele o gritou em sua direção: "Madame!" De que Outro esse "Madame" é índice? Rosine nota que ele não é um significante do sujeito, mas um significante todo situado em exterioridade. Creio que esse "Madame" é um pouco explicitado pelo "sim-não", no qual, num primeiro momento, perguntei-me se poderíamos reconhecer um *fort-da* da simbolização do Outro.

Creio que não, por causa do hífen: eu veria nele, antes, uma holófrase do capricho do comando do Outro. O *fort-da* é uma pulsação significante que permite simbolizar a ausência materna. Aqui, no "sim-não", "sim" e "não" não se distinguem. Sim e não são uma coisa só, como se costuma dizer. Não se trata de um binário que simbolize a ausência. É um "um" que serve de índice da presença de uma ordem arbitrária. O "Madame" é o nome de um Outro que nunca está ausente. Rosine assinala: a tal ponto ele nunca está ausente, que é sempre alucinado atrás da porta. E, afinal, podemos pensar que a instituição terapêutica, com a onipresença e a constância do pessoal de atendimento, propõe-se bastante bem para encarná-lo. Portanto, não se trata, propriamente falando, de um significante que pressuponha outro. Basta ele estar sozinho para ser um significante no real. Ele consuma a confusão do um e do Outro, de um Outro compacto, sem alteridade, no qual, por causa disso, o menino Robert não pode encontrar lugar.

Resta-lhe, portanto, fazer-se o duplo dele, colocar-se numa identidade com o Outro, ou melhor, fazer-se como que o espelho desse Outro que ordena. Essa resposta do sujeito é a primeira que o livro de Robert e Rosine Lefort desenvolve.

É uma solução, uma resposta que me parece diferir da resposta schreberiana. Em Schreber, o caso de Freud, é certo que houve simbolização da ausência materna. É o que Lacan grafa como DM, o desejo da mãe, o primeiro significante sobre o qual se estabelecerá ou não a metáfora paterna. Esse significante não tem outro significado senão o enigma da falta evocado pela ausência: x. Em Schreber, a falta da metáfora paterna revela a estrutura elementar DM/x, à qual ele responde pelo tornar-se mulher: na impossibilidade de ser o falo, resta-lhe transformar-se na mulher que falta, senão aos homens — que falham —, pelo menos a Deus. Todo o esforço de Schreber é descobrir uma ficção significante — e não apenas significante — que lhe permita saturar esse x de um modo viável para ele. É essa a tese de "De uma questão preliminar...".

O problema de Robert é mais primário, mais radical. Não é tanto o de responder à pergunta "o que ser, a título de falta da mãe?", mas o de encontrar um lugar que falta. Em outras palavras, para ele não podemos escrever DM/x. A metáfora paterna não funciona como tudo ou nada. Jacques-Alain Miller havia proposto uma cadeia metafórica que me parece bastante utilizável aqui. O primeiro matema, M, escreve a mãe como objeto primordial do gozo, a mãe como figura absoluta do gozo, e só no segundo tempo é que a simbolização da ausência permite que se escreva o desejo da mãe e seu significado, x, ou, dito de outra maneira, uma incógnita. Assim, temos uma seqüência:

$$\frac{M}{J} \;/\; \frac{DM}{x} \;/\; \frac{NdP}{DM}$$

Parece-me que, no começo do tratamento, essa transformação do gozo em x, que também implica uma certa elisão, não se efetua para o pequeno Robert. E por isso, podemos duvidar que a palavra "bebê" simbolize o ser do bebê. Estamos numa fronteira difícil em que nos interrogamos sobre o poder de simbolização das palavras, o que equivale a dizer a elisão do real. Esse menino Robert parece confrontar-se com um duplo ser-aí. Ele está dividido, por assim dizer, entre um ser-aí da ordem e um ser-aí do objeto-gozo, com hífen — ou seja, o bebê. O que lhe falta completamente é o ser-não-presente, o ser-não-presente graças ao qual seja possível escrever o desejo da mãe.

No segundo tempo, vemos surgir um outro significante: "mamãe". Na diacronia do tratamento, ele aparece em segundo lugar. Mas podemos supor que, na vida do pequeno Robert, tenha sido o primeiro. Esse "mamãe" atirado ao vazio não é "Madame", porém, ao contrário, o significante da perda real da presença, bem como da perda real da satisfação das necessidades, subordinada à presença. Isso nos faz ver que esse "mamãe" é o significante exatamente inverso de "Madame": num caso, é um ser todo presente e, no outro, é um ser todo não-presente, se assim podemos dizer, é a ausência não-simbolizada.

Temos, portanto, um binário com dois significantes absolutos. Um significante absoluto é uma contradição em termos, mas é justamente para dizer do caráter real deles. De um lado a figura inteiramente dominadora, cujo único significado é a vontade de gozo. E do outro, a figura totalmente ausente daquela que, mais do que o Deus de Schreber, só foi "apropriada para esvaziar o local". Assim, entre esses dois significantes, podemos realmente dizer, se quisermos, que há uma "alienação" no sentido de Lacan, mas uma alienação sem dialética: ou o sujeito se propõe como espelho do Outro, ou cai num abandono absoluto. Por conseguinte, esses dois significantes, "mamãe" e "Madame", têm uma significação igualmente mortal. A substituição de "Madame" por "mamãe" não é uma metáfora. É, simplesmente, a vinda à luz do binário primordial, e que nos revela o que chamarei, por analogia com o "gume mortal" do estádio do espelho, evocado por Lacan quanto a Schreber, o gume mortal do binarismo significante primordial.

O nome de um furo real

Depois surge um "significante novo", produzido pelo tratamento, que nos vem confirmar, como se isso fosse preciso, que estamos de fato na transferência, ou melhor, numa elaboração da transferência. Esse novo significante, digamos, é o significante do perseguidor — o que sem dúvida nos explica o diagnóstico de paranóia. Perseguidor porque "lobo" é o significante — também ele hierático, assim como "Madame" e "mamãe" — que traz a ameaça de ver pedaços de corpo retirados, ou mesmo o corpo inteiro. O importante, ao que me parece, é a correlação desse "lobo" com o furo real. É que o menino o grita pela primeira vez diante do buraco das privadas, onde as matérias do corpo correm o risco de desaparecer. Sabemos, aliás, que não é só na criança psicótica que surge a idéia de que ela poderia passar pelo buraco da privada.

Tínhamos o nome de uma presença inteiramente gozosa, "Madame". Tínhamos o nome de uma completa ausência, "mamãe". E agora teríamos aí o nome de um buraco no real. Uma hipótese do livro de Robert e Rosine Lefort é que o buraco das privadas faz suplência — é esse o termo empregado por eles — ao buraco simbólico que não existe no Outro, e que "lobo" faz suplência ao significante desse buraco no Outro. Na impossibilidade de escrever $\frac{\not{A}}{A}$, escreve-se $\frac{\text{lobo}}{\text{buraco R}}$.

Esse seria o retorno no real não de uma positividade de gozo, mas da negação implicada pelo simbólico. Ou melhor, uma "realização" da negatividade da linguagem. Pela produção desse significante, Robert e Rosine Lefort concluem que há no menino Robert um saber do furo, um saber disso que as próprias voracidades do Outro pressupõem uma falta.

Uma dialética engajada

Se o "lobo", com efeito, é tão perseguidor quanto "Madame", significante de um Outro não perfurado nem perfurável, o fato de ele surgir diante do buraco em que os pedaços do corpo podem ser tragados assinala que há um saber operante no real, e que é o saber de uma negativização. E de fato vemos, de maneira assombrosa, devo dizer, que a partir desse instante instaura-se uma dialética, a qual os autores chamam de dialética dos objetos corporais. A partir do momento em que temos esse significante do buraco — mesmo que seja um falso buraco —, vemos um objeto, um pedaço de corpo, agir entre esse Outro e o pequeno sujeito, e se declinar de muitas maneiras no tratamento. Captamos a lógica dessa dialética: na impossibilidade da falta do Outro e do falo, significante dessa falta, são objetos reais que vêm especificar e saturar o furo real.

Essa dialética se formula num fazer-se mutilar ou mutilar o Outro, e é fantasiada como tudo ou nada. Diferentemente da castração simbólica, isso funciona como tudo ou nada, na falta, efetivamente, de um significante mediador. É uma dialética no corpo-a-corpo, que às vezes evoca, na descrição que nos é feita dela, o que Lacan convoca em "Posição do inconsciente" para falar da separação, ou seja, a cauda do lagarto "largada na aflição", o pedaço de corpo que é solto para que não se deixe nele a própria pele. Só que, aqui, não se trata de uma separação entre o sujeito e a cadeia significante, mas de uma separação entre o sujeito encarnado e um Outro que existe como perseguidor.

A retificação do outro

Agora, ressaltemos o benefício que há na promoção do significante do lobo: é que nele o gozo se acha localizado e parcializado.

Temos aí, portanto, três nomes do Outro, sucessivamente produzidos em torno da pessoa da analista: "Madame", que tem por significado o gozo encarnado pelo comando; "mamãe" e seu significado de ausência absoluta, os dois se juntando por sua significação mortal. Depois surge "lobo", que implica o buraco em que está localizado o perigo. Escrevamos os três significantes e seu significado:

Madame	Mamãe	Lobo
gozo	ausência	(buraco)

Utilizo o mesmo matema significante/significado que na metáfora, mas trata-se apenas do homólogo. Na verdade, esses significantes são antes índices que significantes. Que aconteceu para que surgisse esse "lobo"? Bem, houve a imiscuição da analista, isto é, de um Outro outro, diferente do Outro de nome tríplice. Rosine Lefort está no lugar de Outro, ela mesma o afirma do começo ao fim, e não se coloca como aquela que vai analisar o inconsciente que não existe. Ela se coloca como suporte do que chamarei de retificação do Outro.

Todas as fórmulas são invertidas em relação à neurose. No tratamento do neurótico, quando falamos de retificação, é a do sujeito. Aqui, a analista procede a uma retificação do Outro, precisamente porque, no caso de Robert, não estamos fazendo apostas sobre o além do pai.

Mas o que a analista quer ser para esse menino? Lacan formula essa pergunta no *Seminário 11*: que quer ser o analista para seu paciente? Dito de outra maneira, que encarnação ela apresenta do desejo do analista? Uma coisa é certa: Rosine não quer ser a mãe. Ela diz isso e o justifica nas páginas 173 e 399. Ela não quer ser a mãe, quer ser a sucessora do Nome-do-Pai. Isto não é uma interpretação, é o que é martelado no texto em diversas passagens. Diz Rosine Lefort: não convém o analista substituir a mãe, nem mesmo quando ela faltou por completo. Nesse sentido, ela está no extremo oposto de qualquer meta de reparação de tal ou qual abandono, isso é certo. Ela não quer ser o substituto da mãe perdida.

O texto diz o seguinte (p.398-9):

> Ao dizer a Robert que não sou sua mãe, certamente me distingo da mãe real, mas nem por isso me proponho como mãe reparadora de suas privações. É importante lembrar que o analista de

qualquer criança, particularmente de um psicótico, não tem que assumir um lugar maternal que o faça cair inevitavelmente, ele mesmo, no real, que coloque o analista, pela transferência, no lugar daquela que priva ou daquela que empanzina, sem nenhum benefício simbólico para a criança.

A construção de que se trata, no tocante à "mãe", é "não a ser", mas, diríamos nós, dando-lhe toda a oportunidade de ser o veículo do Nome-do-Pai, o qual fará toda a diferença entre devoração e incorporação, entre real e simbólico. Isso é absolutamente explícito. E nos faz ver a idéia que Rosine Lefort tem da mãe. Afinal, podemos definir a estrutura da mãe de muitas maneiras: para ela, a mãe é aquela que priva ou empanzina, ou, pior ainda, a que representa o primordial insondável.

De que maneira age a analista? Primeiro, existe aquilo que ela se proíbe, o que ela se proíbe de exigir — Rosine Lefort não exige nada. Não dá ordens. Não se torna comandante, de modo algum. No entanto, em segundo lugar, existe aquilo em que ela consente — em sustentar o corpo-a-corpo com a criança, pois fica claro que, com Robert, não se trata apenas de escutar. Trata-se de suportar muitas coisas: que lhe enfie os dedos na boca, que lhe jogue água em cima... Em suma, ela empresta seu corpo, mas sempre com o postulado da transferência, isto é, que a gesticulação fale com ela e que, portanto, seja articulada e decifrável. É nisso que ela se empenha nesse comentário. Mas acima de tudo, em terceiro lugar, ela é um Outro que fala, e que considera, inclusive, que a iniciativa da fala está do seu lado. Nesse aspecto, mais uma vez, há uma inversão em relação ao tratamento do neurótico.

Um Outro que fala

Que uso ela faz da fala? Primeiro, um uso que consiste em fazer a regra funcionar. Vemos isso em muitas ocasiões. Em certos momentos, ela é realmente o Outro do pacto. Aquele que sustenta sua fala. Podemos vê-lo, especialmente, a propósito da presença e da ausência — Rosine explica a Robert que, de fato, "ele sabe que ela sempre volta". Gosto muito dessa idéia: aquela que sempre volta. Porque partirmos daquela que estava sempre presente, com suas ordens, e que escondia uma outra que se fora para sempre. Aquela que sempre volta é, na simplicidade da expressão, precisamente uma simbolização da ausência. Faz alternar aquela que parte e aquela que retorna. Não será essa uma substituição da operação primordial de simbolização da ausência?

Sucede ainda que ela aceita impor limites, por exemplo, quando diz, a propósito do cartaz: não posso dar o que não é meu, existem objetos que não me pertencem, que são de outras crianças. Nisso, ela introduz enunciados jurídicos, introduz a idéia de que, na dialética da apropriação, não há apenas o você ou o eu do apetite que entra em jogo, mas existe o terceiro termo da regra. Não dar o que não é dela não a impede de "dar o que ela não tem" — precisamente o amor. Há uma inversão completa, portanto, do que acontece no tratamento do neurótico. É ela quem faz a oferta de amor a essa criança que sucumbiu sob o efeito de uma falta demasiadamente radical.

Por fim, parece-me que ela também se coloca como o Outro que protege: "Eu o protejo e o protegerei do lobo", ou seja, da voracidade do Outro. Ela não apenas protege, como também autoriza uma apropriação do gozo — como beber o leite, por exemplo —, já que muita coisa gira em torno da pulsão oral.

Não é só isso. A analista que supre ou tenta suprir a falta da simbolização da ausência, nós também a vemos assumir uma *Bejahung* (p.356). Na falta do significante fálico, que viria substituir o enigma do desejo materno, se houvesse a metáfora do pai, ela afirma — e é uma afirmação na existência, uma *Bejahung*, a palavra está aí — que o leite é recebido e o cocô é dado, enquanto com o xixi o sujeito se afirma. Em outras palavras, ela tenta fazer com que entre em jogo, através dos enunciados, a dimensão contratual que o significante do pai normalmente possibilita. Assumindo a simbolização primordial e a *Bejahung* de uma suplência do falo, ela também constrói uma suplência do mito da origem, no agir "comentado" da sessão do corpo-a-corpo do nascimento. Não é o sujeito, é a analista que faz essa construção. Rosine Lefort o diz, diante dessa grande cena: "Cabe a mim dizer o que ele fará."

Efeito de recalcamento

Em resumo, o que o sujeito efetua nesse tratamento é a realização da negatividade do simbólico. Ao contrário, o que a analista assume é a retificação do Outro, para introduzir um Outro em que funcione a regulação normalmente imputável ao Nome-do-Pai. E por isso o tratamento se afigura como uma grande declinação, por obra da analista, das funções do pai. A analista constrói nele uma espécie de Outro sob medida, que permitiria suprir as carências simbólicas de que essa criança sofreu.

Qual é o efeito disso? No princípio, tínhamos o binário "Madame"/"mamãe" funcionando como tudo ou nada, numa exclusão absoluta; depois, temos o "lobo" e a analista, novo binário que evoca de algum modo Ormuz e Abriman, os deuses de Schreber. Mais tarde, o menino acaba parando de dizer "o lobo". Será que o fato de "o lobo" desaparecer significa que se teve efetivamente um efeito de metáfora? Essa é uma pergunta. Em todo caso, trata-se de saber qual foi o termo que surgiu em seu lugar. Robert e Rosine Lefort tentam escrever uma espécie de metáfora em que "o pênis que dá leite" entraria no lugar do significante do pai. De minha parte, eu tenderia a achar que, se houve substituição, é o texto da analista que expulsa o lobo e que, ali onde havia o buraco ameaçador, faz entrar a significação do dom, "ter o pênis que dá leite".

Assim, caberia escrever:

$$\frac{S = \text{texto da analista}}{s = \text{pênis que dá leite}}$$

Será que essa substituição é uma verdadeira metáfora que recalca "o lobo"? E será que então se poderia escrever, com base no modelo da metáfora paterna?

$$\frac{\text{texto da analista}}{\text{lobo}} \cdot \frac{\text{lobo}}{\text{buraco}} \cdot \frac{\text{Outro}}{\text{dom}}$$

Certamente temos que completar a série dos nomes do Outro:

$$\frac{\text{Madame}}{\text{gozo}} ; \frac{\text{Mamãe}}{\text{ausência}} ; \frac{\text{lobo}}{\text{buraco}} ; \frac{\text{analista}}{\text{dom}}$$

Já não é pouca coisa, uma vez que, ao mesmo tempo e pela primeira vez, vemos o menino se chamar por seu nome.

A dor de existir

Agora, o resultado, visto que devemos fazer-nos essa pergunta num tratamento, e já que é aí que o livro termina. Há um efeito de pacificação, uma integração no vínculo social. Os autores se perguntam se isso não se dá ao preço da debilitação, isto é, da submissão ao discurso do Outro. De minha parte, quero sublinhar um aspecto. Esse menino foi apresentado à dor, ou melhor, sua dor mudou de forma. No começo era o pavor, o terror constante. No fim, sua dor tem uma imagem humana.

E por que não evocar aqui a dor de existir? É o que se nota nesse caso. Ele passa a ter sinais de depressão, sinais de tristeza; aprende a chorar em profusão. É comovente. Ele se apropria de algo do Outro amoroso, torna-se "gentil" por imitação do

Outro maternalizante, depois de ter gritado como o Outro da ordem. Ele descobre o ciúme. No começo, os gritos das crianças do Lazareto o perseguem, mas, no fim, essa perseguição não é, em absoluto, da mesma natureza. Ao contrário, ele sucumbe a um ciúme possível, isto é, outros podem tirar o seu lugar, o que parece indicar que ele adquiriu um lugar. Mas não nos entusiasmemos demais, pois vemos que a raiva pode levá-lo a estrangular uma garotinha que comete o erro de estar presente. A pacificação não é propriamente uma pastoral[2] nessa história. Um menininho de quatro anos que tenta estrangular uma menina não tem maiores conseqüências; mais tarde, isso talvez tivesse mais efeito, e é grave em ambos os casos.

Concluo: esse menino, que havia perdido tudo da mãe e só conhecia o Outro em fuga, tem agora um Outro a perder. É preciso entender isso no sentido do risco. O que ele se arrisca a perder, fica muito claro, é a analista, ou seja, o Outro retificado que lhe permitiu encontrar um lugar habitável no mundo. O Outro que — proponho-lhes sua formulação — tornou real o Outro da lei. Ora, não temos razão alguma para achar que, uma vez saído de sua análise, e especialmente quando houver crescido, o mundo e a vida continuarão a lhe oferecer um Outro pacificador. Nesse sentido, trata-se de uma criança que, em sua progressão, foi conduzida a um risco absoluto.

Diagnóstico:
Marion Milner e o caso Suzanne[1]

Por pouco que o ato vacile, é o analista que se torna o verdadeiro psicanalisado.
JACQUES LACAN, "Razão de um fracasso"[2]

A psicanálise cura a esquizofrenia? Durante algum tempo, depois de Freud, que dissera "não", e antes de Lacan, que não disse "sim", essa pergunta dividiu o movimento analítico. É dessa época que data o tratamento que Marion Milner nos apresenta em *As mãos do Deus vivo* (título original: *The Hands of the Living God*), publicado em 1969.

Vinte anos de análise de uma esquizofrênica! No começo, a paciente tem 23 anos; terá mais de 40 quando sua chamada esquizofrenia for considerada curada. Foi por "se parecer com a Vênus de Botticelli saindo das águas" que Suzanne, graças a um casal de ingleses, o sr. e a sra. X., foi retirada do hospital psiquiátrico e levada a Marion Milner. O sr. X. "interessava-se pelos problemas de saúde mental", e a sra. X., ao visitar o hospital, ficou tão impressionada com a beleza dessa moça, que os dois decidiram oferecer-lhe um lar, acolhendo-a em sua casa, e pagar uma análise. O tratamento começou em 17 de novembro de 1943.

"O que vi", diz Marion Milner, "foi uma moça alta e esbelta, com um andar como o de [Greta] Garbo em *Rainha Cristina* e um rosto de madona, ar distante e fechado" (p.32). Infelizmente, os hospitais psiquiátricos não poupavam o mistério feminino. Esse acabava de ser tratado com eletrochoque e disse: "Perdi minha alma." Aí estava o enigma.

Para nós, esse livro é um documento precioso a respeito da questão permanentemente viva do diagnóstico e do tratamento da psicose pela psicanálise.

A época desse tratamento, 1943, bem como sua duração, situam-no na história da psicanálise. Ele foi contemporâneo do grande debate que opôs os kleinianos à *Ego Psychology* quanto à questão da psicanálise possível ou impossível da esquizofrenia.

Em 1943, Marion Milner, formada sob a dupla influência de Melanie Klein e Winnicott, acabava de ser aceita como membro da Sociedade Britânica de Psicanálise. Três anos depois, em 1946, saiu o artigo de Melanie Klein que viria a ser a pedra angular da abordagem kleiniana das psicoses, "Notas sobre alguns mecanismos esquizóides", exatamente um ano antes de Rosenfeld publicar o caso Mildred, por ele considerado o primeiro caso de esquizofrenia curado pela psicanálise. O fim do tratamento situou-se depois da década de 1960. Marion Milner, portanto, poderia ter lido, em 1956, o texto de Lacan intitulado "De uma questão preliminar a todo tratamento possível da psicose". Obviamente, isso nunca aconteceu e, sem preliminares, três anos depois da publicação dos *Escritos*, ela se deteve numa tese dupla: cura da esquizofrenia? Sim — e nisso se aliou à tese kleiniana da presença e da eficácia da transferência na psicose. Pela psicanálise? De modo algum, porque a cura exigiria, a acreditarmos nela, e contrariando a tese kleiniana, uma modificação da técnica, sob a forma exata de uma renúncia às "interpretações da transferência". Pretendo pedir-lhe explicações sobre essa dupla tese.

É verdade que isso é tomar o livro pela vertente oposta, porque ele não é um estudo: trata-se mais de um relato muito tocante, no qual se inscreve o interesse apaixonado que Marion Milner dedicou a essa paciente. Por outro lado, ela insiste em se defender, como um ponto de honra, de qualquer pretensão doutrinária, em prol do depoimento sobre sua experiência. Evidentemente, isso não a impede de teorizar como *Monsieur*

Jourdain,[3] de vez em quando, mas, de fato, é impossível ficar insensível ao toque de autenticidade que marca esse trabalho. Winnicott o comenta no prefácio: ele "soa verdadeiro". Acrescento que soa verdadeiro quanto à autora. Marion Milner, num esforço de reciprocidade, para "equilibrar" a apresentação de sua paciente, como diz, pretende dar um testemunho sobre a própria analista. É uma aposta, sem dúvida, mas a ênfase do texto recai, com efeito, sobre a ligação dessa analista com essa paciente. O início do tratamento, aliás, corresponde à estréia da analista, e sua duração é coextensiva à que ela mesma apresenta como sua formação de psicanalista.

Porém há mais do que isso, e mais essencial: Suzanne encarna a pergunta de Marion Milner. É ela mesma quem no-lo anuncia, com isso revelando a chave de seu empenho. Uma pessoa se entusiasmará com essa honestidade, que lhe permite enfim encontrar um consultório "com as portas abertas"; outra talvez suspeite de ingenuidade, mas todos perceberão, deixando de lado os sentimentos, que a ausência da máscara não torna menos opaca a questão do diagnóstico, porque temos não um caso, e sim dois.

Outro obstáculo: a descoberta de Freud transforma-se, na pena de Marion Milner, numa hermenêutica... do indizível. Desde o prefácio, o leitor formado pelo ensino de Lacan na disciplina freudiana corre o risco de ficar chocado. Logo de saída (p.14-5), o inconsciente é simultaneamente definido como pensamento pré-lógico, não discursivo, não verbal, e como um querer arcaico. Assim, a "razão" freudiana é reduzida ao velho inconsciente de sempre, saco de gatos do não-consciente. Na apresentação do caso, segue-se, evidentemente, que a preocupação com o "envoltório formal" do sintoma é praticamente nula, enquanto é patente a negligência com o trabalho do inconsciente em prol da intuição da significação e do interesse pelos "estados de consciência". Uma preocupação constante em Marion Milner é a "auto-observação" dos "estados internos". Ela precedeu sua análise e obviamente sobreviveu a ela. Disso resultou um diário, primeiro, e depois, um livro: *Uma vida própria* (título original: *A Life of One's Own*).

No correr do tempo, Milner variou as técnicas — observação, desenhos automáticos, escrita livre, método zen —, mas sempre sob a égide da introspecção que é cara ao psicólogo. A associação livre, cuja finalidade freudiana é, precisamente, mandar embora a abordagem introspectiva de si mesmo, fica subordinada a ela. Donde uma pergunta: será que um tratamento iniciado sob esses auspícios ainda é da alçada da psicanálise e merece ser relido? Sim, se ilustrar o fato, enunciado por Lacan, de que uma prática não precisa ser esclarecida para funcionar. É o caso aqui. Dando-lhe crédito pelo funcionamento — pelo menos em parte —, procurarei destacar a estrutura. Não sem risco de erro, é claro, porque a releitura não pode ultrapassar os limites do relatório, só ficando a nosso alcance aquilo que é dito por Marion Milner i.e., aquilo que ela escuta o suficiente para nele fixar sua marca.

Conceituar o indizível

Primeiro, o caso Marion.

No tocante à entrada de Marion Milner no tratamento, podemos acompanhá-la no que ela assinala em primeiro lugar, e que se confirmará ao longo de todo o processo. Há duas observações. Uma, no começo do primeiro capítulo, evoca a paciente como uma imagem: é Garbo em *Rainha Cristina*, com um rosto de madona distante e fechado. Traduzo: o mistério feminino. São duas as frases que trazem a queixa da paciente: "Perdi minha alma" e "Despenquei na realidade". Nesse instante, Marion Milner encontra seu duplo. Ela insiste no efeito produzido por esses ditos, que entram em consonância com suas preocupações essenciais do momento, concernentes, no dizer dela, à "natureza da percepção interna" e ao problema correlato "de saber como o mundo vem a ser sentido como real, separado e 'lá fora'". Observa ela: "Quando minha paciente chegou ..., para me dizer que tinha 'caído na realidade', que havia perdido simultaneamente seu senso da realidade do mundo e o dela mesma no mundo, depois de sofrer eletrochoques, fui toda ouvidos" (p.23-4).

Suzanne, a partir desse momento, é seu sujeito suposto saber. "Compreendi que essa mulher sabia muitas coisas." Desse momento em diante, todos os dias Milner toma notas, para evitar, segundo esclarece, que esse saber se perca. A providência do sr. X. não terá sido tomada em vão. Foi ele, com efeito, e não Suzanne, quem tomou a iniciativa dessa análise, e ele a solicitou a título de "análise de pesquisa". O Outro não será avarento: essa madona, ao contrário da que Dora contemplava como efígie, falará durante 20 anos. Disso restarão mais de 4.000 desenhos e um enorme livro de 500 páginas, e... a alma será resgatada, ao que se acredita.

Entrementes, há no início do tratamento uma inversão da transferência, que podemos situar pela escrita do discurso analítico. O saber suposto em Suzanne faz dela o objeto, a/S2, que causa o enorme trabalho da analista: trabalho de escrita, de leitura, de reflexão e também — é esse o essencial — de fala no tratamento. Por inversão, Marion Milner dedica-se à tarefa, à tarefa analisante, a título de sujeito dividido, $\$$. Isso não deixará de surtir efeitos no começo do tratamento, como veremos, e serão necessários quatro anos para que a analista chegue a seu verdadeiro lugar na transferência.

Todavia, uma inversão dessa ordem no começo da análise tem uma incidência sobre a questão do diagnóstico. É que essa inversão da transferência também é natural na transferência delirante, na medida em que é de essência erotomaníaca. Isso é o que Freud evidencia nas premissas do caso Schreber, sob a capa, é verdade, da homossexualidade. De fato, esse posicionamento da paciente, tal como evocado por Marion Milner, a/S2, é o mesmo que Schreber nos descreve como seu em sua relação com Deus. Ele é o Saber desse Deus, sob formas diversas, mas precisadas de maneira muito clara em seu texto, e é também o objeto d'Ele, ao mesmo tempo objeto de gozo e objeto de rejeição. O opcional da demanda do neurótico, "Ah, se ele me amasse!", passa aqui à certeza que afirma: "Ele me ama." Donde uma pergunta quanto ao caso Suzanne. Terá sido uma transferência delirante, numa paciente que seria efetivamente psicótica, que induziu a analista a se colocar no processo do lado do sujeito dividido — um efeito que não é raro —, ou foi a problemática da análise que a fez constituir a dita esquizofrenia como seu Outro?

Para começar a responder a isso, esclarecerei primeiro o que chamei de pergunta de Marion Milner.

Tomo como verdade o que ela nos diz ter percebido: trata-se da mesma coisa que a motivou a fazer essa análise e que regeu a redação de seu livro. É que Marion Milner se interroga sobre o que causou esse livro e todo o trabalho pertinente. Sem conseguir formulá-lo em termos diretos, ela nos indica a incidência dessa causa no conjunto de sua história, e isso antes mesmo de entrar em análise. Sua vida é descrita como uma grande luta. Nesse texto, aliás, as pessoas não param de lutar: os terapeutas lutam com a doença mental; Suzanne, com seus sintomas; a datilógrafa, com a letra da autora; a analista, com a analisanda; e vice-versa; e Marion Milner, com a doutrina analítica. Quanto à sua vida, trata-se de um combate. Mas em torno de quê? Em torno, no dizer dela, do processo criador. Sob duas formas: aprender a pintar, "combate de sua vida inteira", e, em seu livro, chegar a uma conceituação plena.

Quanto ao objeto, ele tende mais a se furtar. No fim do livro, diz Marion Milner, ela acabou captando que "a essência de certos estados de espírito que eu queria levar em consideração consistia em sua indeterminação, em seu próprio indizível". Mas esse impossível de dizer é especificado. Concerne ao corpo e à sua "grande inteligência", bem como, com o apoio de Nietzsche, aos "grandes momentos da vida pessoal que se destacam por uma qualidade particular de alegria": esse é o objeto de seu primeiro livro; trata-se sempre de estados, portanto, sejam eles tirados do corpo ou do espírito. Do estudo do que pode palpitar no interior deles Marion Milner fez uma paixão. Conceituar o indizível, eis o anseio.

É concebível que uma vida inteira possa apoiar-se nisso. Aliás, ela evoca (discretamente, é verdade) um longo passeio pelos autores, que às vezes a leva a atravessar continentes. Leiamos, por exemplo, o parágrafo em que Milner explica que um artigo de Elton Mayo — cujo título ela esqueceu, aliás, mas que evocava os efeitos da monotonia e o papel dos estados de devaneio no pensamento deliberado — despertou-lhe tamanho interesse, que seu chefe, um certo dr. C.S. Myers, comovido, arranjou-lhe uma bolsa de estudos, e seu marido fez as malas para ir com ela para o outro lado do Atlântico, a fim de que Milner "pudesse aprender mais sobre esses assuntos". É assim que ela se descreve, numa espécie de transferência errante que só tardiamente se fixou na psicanálise. Ela percorreu os saberes articulados, movida por uma intensa curiosidade e por um amor fervoroso que evocava um saber "inédito" sobre o mais opaco. Será que o Outro sabe?

Winnicott evoca a "certeza modesta" de Marion Milner. Modesta, de fato, ela multiplica os apelos a um eventual mestre do saber. As notas de rodapé registram a riqueza de suas leituras, sua multiplicidade heteróclita; quanto ao tratamento, ele seria constantemente mesclado com um apelo sistemático e desordenado às mais diversas técnicas adventícias: massagens, fisioterapia, técnicas de grupo, hipnose, consultas paralelas com o psiquiatra, sem esquecer a hospitalização e a medicação. Uma demanda de ajuda, portanto, mas sempre vã, diante da pergunta-fênix.

Há um esquema que se repete ao longo de todo o texto: uma referência a um livro, uma homenagem "modesta" — aprendi muito — e, em seguida, uma certeza, à guisa de conclusão: o problema permanece intacto. O tom pacífico não nos deve enganar quanto ao rigor da postura.

Aliás, conviria acrescentar um terceiro traço a essa certeza modesta: a desenvoltura. Marion Milner a assume com notável liberdade. Ela diz fazer citações freqüentes de memória, por ouvir dizer, mais do que por ter lido, porque, em suas palavras, "esse não é o meu forte". Dispõe-se a admitir que suas referências sejam inexatas, vez por outra; isso não lhe importa, pois, mesmo deturpadas, elas sempre atestam o que Milner pôde apreender, ou seja, o saber transmitido.

Assim interpelado por esse nadinha indizível pelo qual ela se sente habitada, o saber do mestre permanece calado. Marion Milner certamente admitiu a supremacia de Freud, mas apenas, diz ela, em matéria do desenvolvimento infantil. Quanto ao objeto de sua paixão, durante muito tempo ela duvidou que interessasse aos psicanalistas, porque sua *vida pessoal* os havia empolgado muito pouco. Foi necessária uma conferência de Winnicott para que a transferência dela se fixasse. Winnicott não foi seu analista, mas seu supervisor, sua testemunha, e muitas outras coisas. Ele foi, ao que me parece, aquele que se dispôs a pagar "a cota exigida pela histérica". Ele nos indica seu lugar no "Prólogo", ao nos confidenciar seu demorado "espanto" diante dessas duas mulheres e sua "excitação", sublinho, diante da revelação do mistério que foi a leitura do manuscrito.

Foi nesse contexto de busca tenaz e desafio tranqüilo que Marion Milner recebeu sua paciente pela primeira vez. Logo de saída, a questão histérica aliou-se à sua suposta resposta esquizofrênica. Disso se esperou um ganho de saber, ali onde a pergunta levava a confessar sua falta na doutrina. Mas, como a histeria de uma — patente — não excluía a esquizofrenia da outra, persistia a incumbência do diagnóstico.

A despreocupação diagnóstica

É forçoso constatar que, depois de Freud e fora do ensino de Lacan, os psicanalistas, negligenciando a "preocupação com o envoltório formal do sintoma", afastaram-se cada vez mais do rigor diagnóstico, pelo qual Lacan justamente homenageou Clérambault, e que Freud transmitiu por outro viés.

A enaltecida idéia de núcleo psicótico e a tentativa de fixar novas categorias intermediárias ou de ressuscitar antigas — *borderlines*, psicopatas, personalidades narcísicas ou esquizóides etc. — implicam, da psicose à neurose, uma série contínua, sem fronteiras verdadeiras, tornando-se o diagnóstico, a partir daí, relativamente secundário.

O ensino de Lacan toma o sentido inverso. Na medida em que a causalidade significante da psicose exclui, quanto ao diagnóstico, o gênero "alhos com bugalhos", psicose não é neurose; e, se a estrutura determina a priori tanto a meta quanto a condução do tratamento, impõe-se o caráter prévio do diagnóstico.

Impregnada pela tese kleiniana de um núcleo de angústias psicóticas no cerne da neurose, como resto ou sedimento da fase esquizo-paranóide normal do desenvolvimento, Marion Milner livra-se da preocupação diagnóstica, supondo haver tratado, senão uma esquizofrênica, pelo menos a esquizofrenia de sua paciente. Ela parte da definição kleiniana da esquizofrenia, que isola um tipo específico de angústia — não uma angústia, portanto, como acreditava Freud, e sim duas — e um mecanismo particular que atua em diversos níveis: a clivagem. Depois que Marion Milner se serve dele, a esquizofrenia transforma-se numa clivagem, que se distingue por ser "perniciosa", entre o amor e o ódio, a ternura e a agressão!

E o que sabemos da paciente?

Ela sai do hospital psiquiátrico em que, três semanas antes, tinha sido submetida a eletrochoques. Fora hospitalizada por "distúrbios funcionais e nervosos", e um de seus arquivos trazia a referência "neurose de angústia"; esperava-se dos eletrochoques um efeito sobre sua "depressão". Nada que fundamente sequer o esboço de uma presunção.

Pode-se estabelecer a lista do que falta no diagnóstico: nada de alucinações, nada de vozes, nada de palavras impostas, nada de comentários sobre os atos; nada que evoque a emergência de uma significação enigmática: nem dissociação nem corpo sem órgão. Nenhum vestígio, portanto, de fenômenos elementares ou distúrbios da linguagem, e sim, ao contrário, numerosas manifestações que podemos qualificar de sintomas, no sentido descritivo psiquiátrico do termo.

Estes se distribuem em duas vertentes principais. Por um lado, Suzanne se queixa de seu corpo (ruborização patológica, ligada a uma obsessão, sensação de mãos frias, cólicas intensas, dores na nuca, desvio dito incoercível da cabeça); por outro, ela atesta, desde antes da análise, sintomas de tipo obsessivo (rituais, dúvidas intermináveis, higiene imperativa e minuciosa, impressão de estar dormindo), aos quais se soma, durante o tratamento, toda uma gama de fobias impulsivas (atirar-se pela janela, jogar-se embaixo do metrô, matar, destruir), bem como idéias obsedantes de ser vítima de violências sexuais e uma impossibilidade de aceitar remuneração por seu trabalho.

Todos esses sintomas poderiam ser neuróticos, mas nenhum deles exclui a psicose nem tampouco a comprova, por outro lado. Descritivamente considerados, eles não bastam para formular o diagnóstico. Lacan mostrou que uma construção sintomática, em especial de tipo obsessivo, pode funcionar como compensação da foraclusão. Essa forma de equilibração de uma psicose latente, ele a trouxe à luz no caso de Joyce, no qual ela é um efeito da arte; em outros casos, ela se impõe como espontânea. É no nível de sua função, portanto, que essas manifestações devem ser avaliadas.

Mas não são esses os sintomas que parecem determinantes para Marion Milner. Ela se detém eletivamente em algumas expressões de sua paciente, ao evocar os primórdios da doença, antes dos eletrochoques. Tudo começou com dores cardíacas e vômitos, que impossibilitaram a Suzanne qualquer trabalho. Depois veio o que ela chamou de “despencar na realidade”, e que fascinou Marion Milner. Pela primeira vez, em suas palavras, a moça se sentiu no mundo e em seu corpo. Foi agitada por sentimentos intensos, maravilhosos e torturantes, e também perpassada por emoções terríveis de ódio, bem como de êxtase, resultantes de um movimento interno de abandono total.

Essas evocações, que Marion Milner toma por uma confissão, aliás esperada durante muito tempo, lhe parecem ser o testemunho da doença, mas também um sinal de transposição na análise. Será que devemos ver nelas um abalo psicótico das bases do sujeito e a intromissão do gozo anômalo de que Schreber dá testemunho, e que, assim como os fenômenos de linguagem, podem assinalar a entrada na psicose? Ou devemos ver aí uma complacência histérica numa jovem apaixonada, que diz ter barrado a desorientação do momento concentrando-se em suas sensações, embora não sem preservar uma lucidez suficiente para assinalar, de passagem, o efeito produzido no ambiente pela irradiação de sua beleza em seus momentos de exaltação?

O outro traço em que Marion Milner se apóia é uma idéia de tonalidade efetivamente delirante e reivindicatória. Suzanne esclarece desde logo que, com os eletrochoques, sofreu um prejuízo irreparável. Ela "perdeu sua alma". Seu último pensamento antes do choque, aliás, foi: "Aqui se vai toda a beleza." Esse seria o leitmotiv de sua queixa e de seu tormento: falta alguma coisa nela. A análise enumeraria as formulações disso: falta de sentimentos, de presença, e também de sangue, de ar, de alguma coisa no cérebro. Não se trata do corpo invencível sem órgãos, mas de um corpo e um espírito danificados, desenvolvendo-se a síndrome persecutória mais pela vertente hipocondríaca. Também aí há uma alternativa: assassinato da alma ou reivindicação neurótica? Ela diz: "Devolva-me minha preocupação."

Quando da primeira entrevista — que Suzanne não solicitou, relembro —, ela expõe, de maneira calma e fácil, primeiro o prejuízo sofrido, depois o *pathos* de sua história, e observa que pode dizer tudo, porque, doravante, "nada mais tem importância". Certamente poderíamos evocar Dora e o "O que o senhor pode fazer com isso, doutor?" que dirige a Freud, após a exposição dos fatos que ela estigmatiza; porém é preciso mais que isso para concluir. O mesmo acontece com outro tema da queixa de Suzanne, seu: "não entendo, só faço 'me comportar'." Isolado, esse traço nos deixa na hesitação, pois tanto admitiria ser lido como indicador do "como se" psicótico, quanto como manifestação da relação neurótica com o faz-de-conta. O "senti-mento" não serve de prova. Resta, pois, refazer o diagnóstico.

A rememoração

Parto da conjuntura de desencadeamento da chamada esquizofrenia. A primeira entrevista desenha o quadro de uma infância patética e, muitas vezes, assustadora, num contexto de extrema pobreza. Por um lado, Suzanne pinta o retrato de uma mãe que não poderia encarnar melhor o que Lacan chama de "o capricho do Outro e seu pisotear de elefante", oscilando entre a superestimação e o desprezo, a idealização e o denegrimento, a adoração e o desejo de morte, a hiperexigência e o abandono efetivo; por outro lado, fala de um pai que poderíamos qualificar, na melhor das hipóteses, de "duvidoso". Suzanne evoca um discurso falsificado sobre sua origem, que atribui seu nascimento não ao homem que mora na casa, o chamado Jack, apresentado como o locatário, mas ao primeiro marido de sua mãe, que mora em Londres. Mentira transmitida por uma, fantasia da outra, ou as duas coisas?

O certo é que Suzanne, que alega ter aderido a essa ficção até os 16 anos, desmente-se pelas recordações de sua infância. Portanto, há que supor que o "romance familiar" encontrou um apoio particularmente sólido na realidade. Destacam-se aí duas figuras de pai, ambos sedutores. Um, o genitor dela, é o pai decaído, o trapo ridículo, reformado e alcoólatra, desprezado e odiado, que morre no hospital. O outro, primeiro marido de sua mãe e pai de sua irmã mais velha, tem o prestígio da distância, do dinheiro e da profissão.

No que lhe diz respeito, Suzanne se rememora dividida em dois períodos, recortados em função do aparecimento ou do desaparecimento de grandes rituais de tipo obsessivo. Antes dos rituais, até os 10 anos, ela era chamada de insaciável, exigente, odiando os meninos a ponto de bater nos menores, imprestável, desajustada na escola e sem amigos; também maliciosa, durante muito tempo freqüentou a casa de um vizinho, um velho que se exibia e se masturbava encostado nela, em troca de bombons, doces e brinquedos. O aparecimento do sintoma, evocado como um enorme trabalho cotidiano que a livrou da angústia, transformou-a. Ela se tornou ótima aluna na escola, alegre, espirituosa, engraçada e despreocupada, o que lhe granjeou muitos amigos. Essa configuração se sustentou até a puberdade, quando o sintoma tornou a ser eclipsado.

Essas indicações ainda são vagas demais, sem dúvida, porém atestam claramente que Suzanne afirmava duas séries: por um lado, insociabilidade-erotismo-angústia; por outro, socialização-abstinência-sintoma. Nada aí evoca a infância do psicótico, amiúde "sem problemas", prelúdio da adaptação "como se" que precede o desencadeamento. Pois bem, Suzanne faz esse relato na primeira entrevista, para apresentar sua doença a Marion Milner, e é impossível não nos impressionarmos ao ver claramente articulada nele a questão do pai e do simbólico. O início da doença iria confirmá-lo ainda mais.

Aos 16 anos, Suzanne, muito bonita, era *show girl* numa trupe conhecida em Londres. Ali conheceu a outra mulher, uma moça "talentosa e sofisticada" com quem conseguiu, quando da eclosão da guerra, ir morar no interior. A questão do pai não estava ausente. Em primeiro lugar, Suzanne acabara de romper com o pretenso pai — e, ao mesmo tempo, com Deus, para quem deixara de rezar —, depois de ele tentar seduzi-la. Em segundo, sua amiga tinha o prenome de seu pai verdadeiro, Jackie (Marion Milner esclarece que foi ela mesma quem batizou o pai de "Jack", para evitar confusão!). Por fim, em terceiro lugar, essa Jackie, por sua vez, era filha de um pai, o sr. Dick, que pelo menos estava presente e acabara de comprar a fazenda para onde as duas foram, a Beverly Court. Jackie fez então o que a mãe da paciente não fizera: educá-la.

"Tutelada", Suzanne dedicou-se a ser governada e notou que, nessa situação, sentiu-se "desperta" pela primeira vez. Como foi que, a partir daí, veio a se descobrir presa ao leito e, depois, hospitalizada? Por sorte, Marion Milner registrou o relato de sua paciente. Três elementos destacam-se nele: primeiro, existe a sra. Dick, mãe de Jackie e mulher do sr. Dick, que nos dizem ser meio inválida e que, paranóide, não teria parado de supor que Suzanne estava "correndo atrás de seu marido". "Que aconteceu?" não entra em questão.

Mas a idéia estava presente, quando Suzanne encontrou a sra. Dick morta em sua cama, por causa de um ataque cardíaco. Aí começaram suas próprias dores cardíacas e seus vômitos. Na mesma ocasião, Jackie, que tinha ficado noiva, desinteressou-se de sua protegida, a qual, justamente, acabara de se apaixonar por um jovem escultor. Esse não é o único amor evocado por Suzanne, é o terceiro. Em todos os casos houve algum empecilho: o primeiro era casado; o segundo, um pintor que queria casar com ela e fazê-la continuar os estudos, Suzanne o rejeitou, tal como fizera com o primeiro, porque não queria se separar de Jackie. O último, enfim, embora fosse "gentil" com ela, não a amava. Não foi isso que a transtornou, mas sim o fato de a louca de sua mãe, ao visitar a fazenda, fazer "claras investidas" sobre esse rapaz.

Nessas três situações, seja qual for o papel do imaginário, encontra-se uma mesma configuração, a de um trio: duas mulheres e um homem. São três casos: uma mulher sacrifica um homem por outra mulher — é o caso dela mesma, dedicando-se a Jackie. Ou então, uma mulher prefere um homem a Suzanne: é Jackie, ao abandoná-la. Ou ainda, e isso é o mais importante, uma mulher sedutora e de outra geração intervém num casal: é ela se insinuando entre o pai de sua amiga, o sr. Dick, e a mulher dele, e é também sua mãe a disputar com ela o jovem escultor.

Nesse contexto em que as gerações se cruzam, a morte repentina da sra. Dick traz uma conclusão súbita para o roteiro. A formulação disso poderia ser: eu o seduzo, ela morre; ou então, dito em termos mais gerais, uma seduz, a outra morre. É uma frase implícita, que faz eco a outra efetivamente formulada pela mãe, a qual, quando Suzanne lhe confessara as visitas ao velho, tinha dito: "Cale a boca, você vai me matar." A morte da sra. Dick desencadeou de fato o dito "desmoronamento". Haveria um segundo, aliás, no decorrer da análise, numa configuração idêntica, quando seu casal de protetores, o sr. e a sra. X., se desfez — e por causa dela, como acreditou Suzanne.

Foi nesse dispositivo, no qual ela era ao mesmo tempo abandonada por uma mulher, enamorada sem retribuição e sedutora assassina, que Suzanne veio a ser perpassada pela efervescência de sentimentos evocada no começo, e tratou, sem dúvida para responder a seu encontro com o significante-mestre e com a discordância de suas identificações, de "se tornar ela mesma". Um sonho patognomônico.

No hospital, Suzanne conheceu mais uma mulher, a dra. F., por quem se tomou de amores. Esta não lhe impôs os eletrochoques, mas lhe pediu que os aceitasse. Durante dias, isso foi um dilema torturante para Suzanne, um dilema que se encerrou com sua submissão. Em seus ditos a respeito dos eletrochoques impõe-se uma significação: morte e castigo. "Você é uma assassina", diziam-lhe em sonho; "Sim, mas sou favorável à pena capital." A demanda da dra. F. funcionou como uma ordem, cuja formulação aproximada seria: "Pague!"

Ao acordar, aliás, Suzanne teve dois pensamentos: sobre o sr. Dick e o velho. Ela indicou não ter conseguido resistir ao fascínio do sacrifício pessoal. Saiu disso clamando sua mortificação e se interrogando obsessivamente sobre o porquê de sua aceitação. O mais notável é isto: ela procurou alguém que assumisse a recusa em seu lugar, que criasse um obstáculo. Dirigiu-se a homens — o sr. X., um padre, o sr. Dick —, sempre em vão. O apelo a uma função de limite fica claro aí. Depois dos eletrochoques, Suzanne repetiu: "De agora em diante, nada mais pode me impedir"; e, no hospital, esculpiu o rosto do escravo agonizante de Michelangelo, de quem depois retirou a boca, decerto tornada supérflua pelo apelo inútil.

Mais tarde, insistiria longamente com Marion Milner: "Ah, se alguém tivesse sabido dizer não!" Seria essa a formulação clínica da foraclusão? Muito pelo contrário. A configuração é precisamente o inverso da que Lacan descreve como característica do desencadeamento da psicose, ou seja, um pai real que intervém como terceiro num casal imaginário, e ao qual corresponde uma falta de significante. Aqui, ao contrário, tem-se a falta de "Um pai" que encarne tal função, esta efetivamente formulada por aproximação como "dizer não", no casal imaginário constituído por Suzanne e a dra. F. Procurar o "pelo menos um" que encarne a função — aqui apreendida em sua vertente limitante —, eis uma configuração típica, que decide o diagnóstico e exclui a psicose.

A feminilidade

Assegurado esse ponto, muitos elementos do tratamento, que não foram decisivos em si, ordenaram-se; outros, evocados sem ênfase por Marion Milner, ganharam relevo, antes de mais nada o fim da análise. Foi por meio do homem que Suzanne se curou. Trata-se de um *happy end* através do casamento, tal como o caso Mildred, de Rosenfeld. O papel do marido é claramente indicado no fim do livro. É o de "Tommy Trout,[4] que a salva do poço-armadilha". Ela acabou encontrando, portanto, um que sabia dizer não. Além disso, este teve a paciência de fazê-lo curvando-se aos cenários de Suzanne, como quando no metrô, por exemplo, ela o interpelou repetidamente com um "Me segura, senão eu me jogo embaixo do trem" e ele lhe atestou constantemente que tinha mesmo o muque necessário! A experiência "desses braços que a agarravam", como diz Marion Milner, pôs um ponto final no que Suzanne havia afirmado durante 20 anos: "De agora em diante, nada mais pode me impedir." Mas impedir-lhe o quê, exatamente?

Ao longo da análise, vemos construir-se a lista das eventualidades. Primeiro e principalmente, há o "destruir-se", atirando-se de janelas, pelas portas dos trens, embaixo deles. Antes dos eletrochoques, tinha sido uma brincadeira para ela, nos trens, abrir a porta com o trem em movimento e ficar parada ali, certa de que não pularia; ou então, quando era pequena, por ocasião desses rituais, atravessar diariamente a nado a foz do rio na hora da maré alta, também então convicta de que não seria carregada.

Depois dos eletrochoques, veio a obsessão com o ato possível que a realizaria como objeto. Seu pendor em relação ao outro era a idéia de matar, especialmente bebês, outros objetos, ou de cometer atos que desafiassem as conveniências, como urinar ou gritar em público etc., ou então — isolo esse traço — saquear tabernáculos. Que seria isso senão atacar, pelo sacrilégio, o corpo de Cristo e o silêncio de Deus, um silêncio que a deixara entregue ao gozo masoquista do sacrifício e que fornecera o paradigma de todos os silêncios que ela interpelou depois dos eletrochoques? Ela própria, aliás, estigmatizaria sua doença em termos de uma falta contra Deus. Convém acrescentar que, durante 20 anos, nunca houve nem mesmo o esboço de uma atuação. Tudo isso foram apenas pensamentos dirigidos ao Outro, primeiro à analista, depois ao marido, ao mesmo tempo como desafio e apelo, num movimento demonstrativo que permite classificá-los na série do *acting out*. O outro do sujeito, aqui, é realmente o significante-mestre, intimado a dizer os limites de seu poder.

Soma-se a isso que uma grande interrogação perpassa esse tratamento, nas margens do que Marion Milner acentua. Ela concerne à questão da feminilidade. Da sua, é claro que Suzanne duvida; o mais engraçado é que Marion Milner duvida com ela, a ponto de considerar um indicador resolutivo o momento em que, pela primeira vez, diz ela, "eu a vi como mulher". Suzanne, em todo caso, era habitada pela preocupação constante com sua sedução e pela inquietação de não agradar, por mais que ela se visse, nas palavras da analista, "emocionalmente envolvida, e com facilidade, por qualquer homem por quem sentisse respeito".

A mulher, que a psicose faz existir, só é evocada aqui por sua ausência, dando espaço à significação fálica. Isso é bem indicado pelo seguinte traço, colhido entre outros: Suzanne temia não agradar, mas seus sucessos não a tranqüilizavam. Notava que, quando agradava, não só o homem seduzido perdia o interesse, como também, curiosamente, ela começava a ficar obcecada com a possível homossexualidade desse parceiro. Bela maneira de dizer que media seu encanto pelo padrão fálico, que a ligação do *agalma* com a castração imaginária estava em questão, e que, em matéria de empuxo-ao-falo, as dificuldades são infindáveis.

Esse mesmo contexto também situa sua relação com as outras mulheres. "Ela estava sempre atenta ao menor sinal do que chamava de 'ser homossexual' nas numerosas mulheres que, na verdade, tentaram ajudá-la", e muitas vezes sentia-se tomada de angústia à idéia de ser tocada por mulheres. Isolado, esse traço seria problemático quanto ao diagnóstico. A perseguição pela suposta homossexualidade de uma mulher, inicialmente erigida em Outro aparentemente absoluto — Jackie, a dra. F., a sra. Dick e, é claro, a analista —, poderia ser uma versão da posição erotomaníaca da transferência psicótica, ou, pelo menos, um prelúdio de sua instauração. Logo percebemos que não é nada disso. A afirmação não estava presente; havia uma questão, uma dúvida, uma expectativa, que aliás desapareceu quando Marion Milner interpretou essa imputação de homossexualidade como equivalente ao interesse, de fato bastante manifesto, que a própria paciente nutria pelas mulheres. É lícito vermos nisso não a certeza erotomaníaca, mas uma efetivação da questão do desejo do Outro: *Che vuoi?*

A falha

Os sintomas se esclarecem da mesma maneira. Marion Milner não deixa de se aproximar disso, embora o faça em termos que não podemos subscrever inteiramente. Todos esses sintomas, diz ela, serão analisados freudianamente. Eu diria, antes, que serão esclarecidos e providos de significações. Significações que convergem, segundo Milner, para uma só grande significação, que ela chama de "mito existencial completo" de Suzanne.

A culpa é apresentada aí como o motor dos sintomas. No final, Suzanne subscreve essa tese, que Marion Milner nos diz ser uma "verdadeira criação mútua". Decerto não temos que recusá-la; preferimos reconhecer nela uma abordagem imaginária do que quer dizer significação fálica: "castração". Mas não deixa de ser interessante destacar os pontos em que analista e paciente divergem. Marion Milner enuncia três termos: a falha, uma necessidade muito reikiana de confissão, que impele à ação, e o apelo ao castigo. Por si mesmos, esses termos parecem bastar para situar a paciente no campo da lei edipiana. Ela mesma situa nesse registro o conjunto de sua doença, aliás. Ao evocar a posteriori seus "anos negros", aqueles em que imperava o sintoma do adormecimento, de um não "estar presente", ela escreveu: nesse estado, "a gente se comporta como bem entende, sem consideração seja pelo que for ... . Não só violamos o sentimento que concerne a terceiros, como vamos de encontro a todos os deveres perante nós mesmos e nossa própria integridade — e, quando a pessoa acredita em Deus, é intensamente contra Ele que ela se volta ... . Foi o que eu fiz, Deus me perdoe".

Assim, a própria doença é enunciada, conforme o que foi mostrado pela conjuntura do desencadeamento, como visando a Deus, e a cura, como um momento de reconciliação. Ora, o Deus de Suzanne é, sem a menor dúvida, Deus Pai. É ele que, em suas orações, ela convoca como terceiro no casal primitivo, aquele a quem diz "Meu Deus, socorro!", aquele a quem sonha explicitamente abandonar-se no horizonte do homem amado;

por isso, é também aquele para quem Suzanne pára de rezar, no dia em que seu pretenso pai tenta violentá-la, aos 16 anos — o pai que ela acusa e desafia em seus *acting out.*

É notável ver que Marion Milner não entende a coisa dessa maneira. Para ela, a falha não está referida ao pai, nem mesmo sob forma imaginarizada. A Falha é a inveja, a avidez, "a sucção secreta de toda a vida externa à mãe". É uma falha contra a mãe, portanto. A idéia de inveja, retomada por Melanie Klein, decerto conota bem a idéia de uma falta de gozo; mas a falta de gozo aí não é correlacionada com a castração e deixa intacto o que Lacan chama de o "gozar" materno. Marion Milner deixa que os kleinianos lhe sugiram um Deus Mãe onipotente, que se parece muito com o Deus de Schreber, justamente.

O erro quanto a Deus não deixa de se relacionar com o erro quanto à estrutura, nem é isento de conseqüências no tocante à interpretação. Podemos captá-lo em muitas ocasiões e, vez por outra, sob uma forma divertida. Assim, quando Suzanne, para responder à pergunta que se havia formulado ironicamente sobre o que ela poderia querer, monta uma série humorística — cigarros, álcool, ir à casa da analista —, antes de encadear com a excitação que se apodera dela ao pensar num certo rapaz, Marion Milner retruca, em síntese, sem dúvida em nome da interpretação da transferência: é a "mim-mãe" que você está procurando! Confusão entre a causa e o objeto do desejo, que se conjuga com a redução da significação fálica à inveja.

Nem por isso Marion Milner se livra do pai. Depois de sair pela porta, ele volta pela janela; uma janela aberta para uma paisagem mais pitoresca que o natural. No antro materno, ela se dispõe a admitir, também nisso seguindo os kleinianos, que um objeto se distingue, um objeto que é o falo do pai, mas Milner só conserva dele uma particularidade: trata-se de um bom falo, um falo medicinal. A saúde, que para ela significa maturidade, criatividade, pressupõe, afirma-nos a analista, a fantasia de pais que se amam "num ato de alegria e regozijo".

Assim, o coito dos pais, sob a condição expressa de ser "alegre" (!), é promovido à eminente função de resolver o complexo de Édipo, assim como os conflitos da bissexualidade, diz Milner. Em matéria de clivagem, essa é sintomática e visa claramente salvar o amor do pai. A operação é suficientemente simples para ficar ao alcance de quem pretende não se preocupar com a doutrina: da Lei, somente o efeito pacificador é imputado ao pai, enquanto o efeito castrador é reduzido à inveja, essa "maldade fundamental".

Às vezes, portanto, a sugestão assume nesse tratamento a forma de uma defesa do pai. Por exemplo, diante de Suzanne, que num dado momento multiplica símbolos de dualidade e privação em seus ditos e seus desenhos, nos quais se presentifica bem a divisão significante do sujeito, Marion Milner contesta — não há outro termo — essa "cisão rígida" dos opostos, e defende "a descoberta do outro" como "fonte de deleite". Não se trata, é claro, de que ela desconheça toda e qualquer função da falta, porém faz dela uma precondição, uma mediação em favor de uma comunhão prometida mais adiante. Assim, a problemática do desejo e da castração é clivada entre a inveja sem saída da rainha-mãe e uma incorporação idílica do falo paterno.

Jogada para lá e para cá entre uma sugestão e outra, Suzanne resiste, em especial a essa interpretação mensageira de um encontro fortuito. Ela resiste através da insistência de seus sintomas, ou até do agravamento destes, quando a analista acredita num momento resolutivo, e o faz mais pontualmente nas sessões e, durante todo um período, adormecendo sob a enxurrada de injunções reconciliadoras. De um desses cochilos eloqüentes, que se segue à denúncia de uma suposta incapacidade de Suzanne para a fusão dos opostos, emerge certa vez um sonho: "É a propósito de Hitler, com soldados marchando em passo de ganso, e depois há cocô e ela diz: 'É assim que você limpa isso?'" É uma pena que Marion Milner não escute nisso, pelo menos, que o romance água-com-açúcar não basta, de modo algum, para fazer a assepsia do significante que faz marchar ordeiramente.

O tratamento

Assim, Marion Milner não curou uma esquizofrênica. Mas essa neurótica, será que ela ao menos a levou a fazer uma análise? Depois da pergunta "que estrutura?" vem outra: "que tratamento?"

Nesses cerca de 20 anos de tratamento, 4.000 desenhos e uma massa de anotações, Marion Milner discerniu uma ordem, etapas e resultados, e essa decodificação nos permite distinguir seus referenciais.

As datas que ela assinala podem servir-nos de apoio. 1943-47: bloqueio. Analista e paciente perdem a esperança de um acordo. 1947: primeira virada, imputada a uma mudança da técnica; seguem-se dois anos ditos "de progresso", que esbarram, em 1949, num "segundo desmoronamento", simétrico ao primeiro. 1950 inaugura o período dos desenhos, até 1959; surge aí um momento supostamente "resolutivo", datado com precisão de 8 de janeiro, e depois vem "a continuação" em mais alguns anos. Então, refaçamos esse percurso.

Durante quatro anos, o tratamento não pára de começar, e só é mantido, conforme nos é dito, por insistência daquele que o havia patrocinado, o sr. X. Entre as quatro paredes do consultório, há o cara a cara. Suzanne, depois de desenhar em linhas gerais o quadro de seus males, instala-se em sua queixa e sua reivindicação; sua demanda se instaura, logo de saída, à maneira de um desafio, vizinho ao de Dora: o que você pode fazer com isso? Marion o experimenta como tal e, aceitando-o, esforça-se por prestar bons serviços a seu sujeito suposto saber. "A angústia exagerada de ser uma boa analista me levava a fazer um excesso de interpretações", diria ela, mais tarde. Acima de tudo, porém, ela maneja a interpretação típica, de tipo kleiniano. Diz ela:

> Eu tinha discussões clínicas semanais com Melanie Klein .... Assim, tentava utilizar seus conceitos .... Por exemplo, por que não conceber a "cambalhota" de Suzanne "na realidade", na fazenda, como um acesso à "posição depressiva", e considerar que, depois dos eletrochoques, ela a perdera outra vez, tinha voltado a um estágio em que existia unicamente em estado fragmentário, no qual os pedaços eram constantemente projetados em outros? Assim, quando ela falava com freqüência, obsessivamente, das pessoas de seu meio atual, eu tentava fazê-la perceber que elas representavam pedaços dela mesma, cindidos e projetados, mais particularmente suas atitudes em relação a mim. (p.55)
>
> Esse simulacro de saber traz apenas uma mudança: Suzanne torna-se cada vez mais "crítica e arrogante". Denuncia a falta de verdade: não estamos nessa, nem uma nem a outra; ela avalia o saber: você está ultrapassada e eu sei mais que você; lamenta a "dureza viril" da dra. F. e de sua amiga Jackie. Correlativamente a essa ofensiva, ela se deprime. Falência das "pulsões de desejo", diz Marion Milner. Não há como indicarmos com mais clareza que, nesse ponto, a analista não funciona a partir do sujeito suposto nem como causa do desejo. A interpelação histérica do sujeito, $\$ \rightarrow S1$, não chega à instauração de um trabalho de transferência $a/S2 \rightarrow \$$.

O fato de Suzanne ter sido conduzida ao consultório da analista como quem vai a um psiquiatra talvez tenha alguma coisa a ver com isso; de fato, ela reclama, protesta, desafia, mas não associa. Há uma demanda sem trabalho de transferência, ao passo que a analista, num discurso tão ininterrupto quanto deveria ser o de sua paciente, dispara a clivagem e a projeção do amor e do ódio, sem outro resultado senão o esgotamento... da analista. De maneira muito exemplar, essa falta do vínculo analítico mostra-se correlata de um aumento e uma exacerbação da polaridade imaginária.

Como saldo positivo desses quatro anos de análise, uma única mudança: um breve surto de ódio de Suzanne pela mãe, ao passo que, na análise, seus sentimentos ordenam-se cada vez mais em torno do eixo das angústias paranóides em relação a uma figura imaginária e perigosa, bem como dos medos do abandono. Há aí um efeito tangível de paranoização. Marion Milner o atribui, é claro, à suposta estrutura de Suzanne, tanto assim que as errâncias da analista se projetam numa imputação de sintomas. À paciente recalcitrante, que rejeita suas interpretações ininterruptas, ela retruca: "Você não quer saber de nada", e evoca uma pretensa denegação do inconsciente, referida a uma falta esquizofrênica de acesso ao símbolo. É uma hipótese perfeitamente inútil e, aliás, prontamente desmentida pela fase seguinte da análise.

Mas há uma virada.

Um fato aparentemente contingente tem uma incidência nessa virada: Suzanne leu *A Life of One's Own*, o primeiro livro de sua analista. Esta observa: "Seu comentário foi que o livro era tão próximo dela, que eu devia ter achado, pensou, que ela o lera antes. Depois disso, sentiu que talvez eu soubesse um pouquinho daquilo de que ela falava, e sua arrogância flagrante declinou."

Pode ser que Suzanne também tenha encontrado nisso seu duplo, no tocante ao saber virtual, mas o essencial não é isso. A sorte desse tratamento foi que Marion Milner, sem dúvida em decorrência de sua própria relação com o sujeito suposto saber, pôde não se obstinar em sua posição. Trata-se de um belo exemplo, autêntico e tocante, de uma analista que, apesar de seu desnorteamento e a despeito dos referenciais simultaneamente oscilantes, confusos e contestáveis, atesta um movimento que lhe permitiu encontrar seu lugar correto na estrutura da transferência.

Ela dá conta desse movimento por uma formulação dupla. Por um lado, descreve-o como resultado de uma autocrítica que a levou a apreender que a interpretação a torto e a direito não passava de uma "defesa contra [seu] próprio não saber". Por outro lado, Milner tenta justificá-lo em termos doutrinais como a mudança de técnica exigida pela esquizofrenia de Suzanne, comportando duas partes: renúncia às interpretações ineficazes da transferência e criações substitutas de um "ambiente" benévolo.

Ora, as descrições de Marion Milner não deixam nenhuma dúvida: ela simplesmente aprende a se calar diante do que chama de "uma enorme intensidade de demanda". Assim, pára de trabalhar no lugar da paciente, a quem incita, a partir daí, a encontrar suas próprias palavras. Com isso ela descobre a parcela de silêncio necessária. E diz:

> Aos poucos, descobri que era preciso renunciar a tentar tão avidamente supri-la de explicações, renúncia que foi difícil para mim, dado que ela estava sempre reclamando. Em vez disso, senti que eu precisava aprender a esperar e a velar, e a fazê-la saber que eu estava ali, vigilante, e a não me deixar induzir a fazer esse trabalho duríssimo para ela, suas preocupações inconscientes; pois passei a desconfiar que, se eu me deixasse seduzir dessa maneira, o que fazia constantemente, isso só poderia adiar, talvez de maneira desastrosa, o momento de ela descobrir aonde ela mesma havia chegado. (p.77)

A partir daí, a analista se impõe como disciplina guardar em si "um branco, um círculo vazio, uma vacuidade de idéias" (p.313). Vigília e vazio: maneira figurada de dizer, ao mesmo tempo, presença e silêncio do analista. Marion Milner, numa espécie de introspecção técnica, subjetiviza nisso a função designada por Lacan como o "eu não penso" do analista, seu ser-aí, ao passo que, correlativamente, devolve a sua analisanda a incumbência de se engajar na alienação significante. Com isso, depois de quatro anos, consegue corrigir a inversão inicial da transferência, em benefício do que reconhecemos como sendo... uma entrada em análise.

O retorno da mensagem

Resta ainda distinguir entre o que Marion Milner faz, e descreve com precisão, e o que elabora como doutrina. As duas idéias que ela formula — mudança de técnica e criação de um ambiente — são... supérfluas. A pretensa renúncia à técnica clássica é apenas a instauração do mínimo que permite ao analisando entrar no processo de associação livre.

Em termos freudianos, com efeito, que faz ela senão substituir a atenção angustiada e produtivista do começo por um pouco da "atenção flutuante", que é a única que dá uma oportunidade à particularidade do caso? Só um pouco, aliás, porque o abuso das interpretações persistiria ao longo do tratamento e, em especial, a propósito dos desenhos. Percebemos a dificuldade de Marion Milner. Ela constata a importância analítica de um certo silêncio, que ela mesma liga à insistência da demanda de Suzanne, mas não dispõe de um instrumento conceitual para situá-la, e essa importância lhe parece contradizer a técnica que ela aceitou, na qual a função do analista reduz-se à interpretação, esta reduzida a sua dimensão significativa.

É para responder a essa contradição que Milner propõe a idéia de criar um "ambiente que saiba acolher". Postula-o como precondição do emprego possível dos mecanismos kleinianos da identificação projetiva, os quais já pressupõem a distinção entre o interno e o externo, o bom e o mau. A imaginação espacializadora combina-se com o postulado da gênese, projetando em direção à origem do sujeito a condição primordial "das mãos do Deus vivo": são elas que o esquizofrênico teria perdido e que o analista deve reconstituir... por seu silêncio. Se perguntarmos que relação existe entre um silêncio e um continente, sempre se poderá responder que o primeiro nos "envolve", como a neblina, aliás, na língua que os contém a ambos. A teorização analítica, escoando aqui pelas veias das metáforas comuns, só faz prolongar o imaginário coletivo. Quando muito, podemos reconhecer nessas "mãos do Deus vivo" uma vaga apreensão e uma transposição imaginária do lugar do Outro, "em sua anterioridade" em relação ao sujeito, assim como a intuição de uma questão concernente às condições necessárias para que, a partir do Outro, o sujeito, como dizia Lacan já em 1960, "faça sua entrada no real".

Dando seqüência a essa virada de 1947, Marion Milner situa dois anos de "progresso". Aí se vê o efeito terapêutico imediato da transferência. Mal a analista volta ao lugar de onde causa o desejo, é-nos anunciado que, do lado de fora, a paciente começa a recobrar a vida: ela constata que sua beleza retorna com a iniciativa, ao passo que, apaziguando-se os efeitos imaginários, o ódio consciente pela mãe diminui. Paralelamente, no tratamento, os sintomas, em especial o do desvio compulsivo da cabeça, começam a se elaborar.

Por que, então, um segundo "desmoronamento"? O que dá ensejo a esse episódio é a ruptura entre o sr. e a sra. X, que haviam acolhido Suzanne. Esse contexto reproduz a conjuntura do aparente desencadear da doença da paciente, com um efeito incontestável de angústia e de culpa. Todavia, cabe dizer, contrariando Marion Milner e segundo suas próprias indicações, que não há realmente um desmoronamento. Por mais que Suzanne tivesse advertido sua analista, até esse momento, que desde pequena ela soubera que, na demanda de seus pais, a maneira como ela se mostrava transtornada pelas situações a três era, precisamente, um "teatro" (o termo é dela), Marion Milner, quebrando a rotina, deixa de referir esse dito ao quadro da transferência, e combina com Suzanne sua internação no hospital, o qual, por sorte, manda-a embora no mesmo dia. Resultado concreto: ela é acolhida por uma outra senhora idosa, a sra. Brown; o sr. X. pára de pagar sua análise, e ela obtém uma pensão por invalidez.

Pouco depois, Suzanne começa a desenhar, e não pára mais durante dez anos. Portanto, uma pergunta: para a analista, o desenho equivale à fala? Do ponto de vista teórico, é em nome da suposta esquizofrenia da paciente que a analista justifica essa variação técnica. Mais subjetivamente, contudo, a questão das produções gráficas a apaixona. Por coincidência, diz ela, foi no momento em que ela própria começava a redigir um livro sobre os desenhos automáticos que Suzanne propôs seu primeiro desenho. O interesse de Marion Milner foi tamanho, sem dúvida, que, a partir daí, foi pelos desenhos que Suzanne fez a mediação de sua demanda. A superabundância — 4.000 desenhos, todos guardados — não tardou a criar dificuldades para a analista. Mas não diferiu sensivelmente da profusão de ditos, ou mesmo de sonhos, que também pode sufocar o analista, como lembrou Freud, e que deciframos melhor referindo-a, na transferência, à função que tem para o neurótico a demanda do Outro.

Logo, não há nenhuma razão para defender a estereotipia da técnica. Marion Milner realmente parece ter sabido fazer esses desenhos servirem ao trabalho associativo. Ela assinalou sua convicção de que "todos tinham uma significação potencial" e, por conseguinte, supôs neles uma função, muito embora "eles não fossem interpretados ou sequer vistos" por ela. O que equivale a dizer que eles presentificavam, a seus olhos, o saber suposto no inconsciente, e que eram o suporte da produção significante da análise. De fato, como atesta essa narrativa, eles foram, entre Suzanne e Marion Milner, pretextos para a fala. A única objeção é que tanto foram causa de associações para a analista quanto para a paciente. Como suporte ideal da sugestão, eles sequer ofereceram à deriva interpretativa da analista a resistência da frase articulada, e deixaram o campo livre para a imaginação.

Para evocá-lo sucintamente, o desenhinho acima, que tomo como paradigma, foi assim comentado:

> No dia 11 de junho, ela fez um desenho em que suas habituais formas curvilíneas contrastaram com uma forma negra e muito dura, que lembrava um longo espinho perfurante. Minha primeira idéia a esse respeito foi que se tratava de uma tentativa de exprimir em termos visuais a sensação de haver mordido a língua; minha segunda idéia foi que aquilo evocava o lactente que, depois de mamar pacificamente, de repente morde o mamilo; minha terceira idéia foi que aquilo realmente concernia às aflições dos sentimentos subitamente feridos. (p.390)

Não é de admirar que, nas sessões seguintes, a paciente girasse em torno da idéia de ser ferida, mas espanta-nos que Marion Milner tenha visto nisso uma confirmação de sua interpretação, e não um retorno da mensagem.

Um ambiente divino

É muito difícil, portanto, demarcar o que se elaborou no tratamento durante esses nove anos, até 1959. Marion Milner, como que hipnotizada pelos desenhos, compraz-se com decodificações prolixas, nas quais se manifesta uma pululação inextricável de significações, e o próprio recorte de seus capítulos não corresponde a nenhuma escansão real. O deslizar incessante dessa produção significativa, na qual a autora convida o leitor a acompanhá-la, tem um efeito muito marcante de confusão, e é lícito supor que não tenha poupado Suzanne. Talvez isso não deixe de se relacionar com seus pedidos repetidos de sair do processo, mediante o apelo a outras técnicas mais tangíveis. Assim, a análise viu-se misturada com fisioterapia, hipnose, grupos terapêuticos etc., tudo sem o menor efeito de deslocamento do sintoma.

Nessa confusão, no entanto, captamos o indício de uma elaboração das identificações ideais, a qual, indo da incerteza para a esperança, faz com que ela passe da miragem de um destino de artista extraordinária para a vida "simples e tranqüila" que era tão cara a Verlaine, enquanto sua interrogação sobre a feminilidade vem a se fixar no desejo enfim decisivo do casamento e da maternidade, ao passo que, durante todo o tempo, insistem sua busca de um pai e suas preocupações com a legitimidade de seu nascimento. Marion Milner registra isso, mas, o que é impressionante, não lhe dá importância: a pressão de sua sugestão está voltada para outro lugar. O que a cativa é um certo tipo de estado. Não apenas ela só retém da articulação significante o efeito de significação, como também, esquecendo a tese freudiana do deslocamento do afeto, faz deste último, ao mesmo tempo, seu referencial e sua meta.

O chamado momento resolutivo de 8 de janeiro de 1959, por exemplo, é apreendido como uma modificação do estado... da analista. Diz ela: "Uma mudança notável em meu próprio sentimento se produzira durante a sessão: senti-me em contato com ela de um modo que nunca ocorrera antes, e não experimentei nenhuma necessidade de fumar" (p.450).

Assim, o desaparecimento de sua própria angústia, que ela chama também de mudança de "sabor" da analista, e que aliás se seguiu a uma primeira vez em que, no dizer de Marion Milner, de repente ela a viu "como uma mulher", esse deslocamento de sentimentos é tomado por ela como indicador de uma modificação estrutural essencial: a cura da esquizofrenia. Chegamos prontamente a um paradoxo: a maioria dos sintomas de Suzanne era estável, e isso, antes de 8 de janeiro, era tomado por uma manifestação esquizofrênica; a partir de 8 de janeiro, porém, é tido como decorrente da neurose e, portanto, acessível às interpretações da transferência!

Não se trata, é claro, de contestar a percepção de Marion Milner, mas de repensá-la. Ora, que vemos aí? Essa mudança de estado é ratificada pela paciente, já que, no mesmo dia em que Marion Milner a experimenta, ela própria escreve: "Estou no mundo pela primeira vez desde os 16 anos." Certamente podemos supor um efeito de sugestão, mas, além disso, reconhecemos, pura e simplesmente, uma suspensão do sintoma. Em diversas formulações, a paciente não cansou de se queixar de uma falta de presença no mundo, de uma sensação de estar "adormecida", ausente, distante da realidade. É uma impressão que, descritivamente falando, tanto evoca a ausência histérica quanto o véu obsessivo. Aliás, pelo próprio punho de Marion Milner, revela-se que muitos outros momentos de reencontro da presença antecederam o 8 de janeiro.

O raciocínio dela é simples: o esquizofrênico não habita mais no corpo nem na realidade, por ter caído "das mãos do Deus vivo". Assim, basta ele atestar o sentimento de "estar presente" para que a analista conclua que, havendo reintegrado seu lugar, ele está curado. Falta aí uma distinção: a que marcaria a diferença entre a deriva esquizofrênica e a divisão significante do sujeito, $\$$, correlacionada com o recalcamento original.

Para apreender que Suzanne se situa desse lado, não é indiferente apontar que essa análise produziu dois efeitos tangíveis: um certo aplacamento da reivindicação e um mínimo de deslocamento dos sintomas. O que foi evocado há pouco não foi o único, houve alguns outros; em especial, Suzanne recuperou a capacidade de aceitar remuneração por seu trabalho.

Porém é mais importante estudar os temas — já que só temos acesso às significações — que precedem ou acompanham essa suspensão do sintoma. Longe de se tratar de reencontros com "o regaço do eterno", eles são temas de desilusão, representações de perda, de luto, de apelo a uma complementação; paralelamente, o par culpa-castigo, introduzido desde o começo, junta-se a evocações de misericórdia e de perdão possível; tudo isso são notações muito difíceis de reduzir à idealização de um continente perfeito e à exaltação correlata de um sentimento mútuo de comunhão na sessão.

A sugestão incide maciçamente, ao contrário, nas elaborações de Suzanne. Eis um exemplo entre outros: a paciente evoca o empecilho que seus sintomas constituem para ela na vida social. "Sem comunhão?", diz Marion Milner. Suzanne consente e resiste ao mesmo tempo. Convidada a comungar, ela aquiesce, depois esclarece que odeia a comunhão, antes de encontrar uma escapatória divertida. No momento em que a analista, depois desse memorável 8 de janeiro, felicita-se por sessões em que elas enfim se comunicam, nas quais suas interpretações recebem uma acolhida que as transforma em "criações mútuas", Suzanne inaugura um novo uso para suas sessões. Mal chega, ela adormece, notando que é só nelas que dorme de verdade. A tal ponto, diz Marion Milner, que a paciente parece só comparecer às sessões para esse fim. Bela maneira de se eclipsar e, ao mesmo tempo, de apontar no corpo inerte, depositado no divã, o conteúdo sobre o qual se fecham as mãos de Deus. A analista se felicita, então, por haver enfim identificado a análise com um ambiente divino.

Mas há um senão: como sair desse ambiente? Muito embaraçada, Marion Milner sugere que a separação poderia ser "um ato amoroso" que as tornaria "livres", todas as duas (!). Mais uma vez, Suzanne caminha sozinha. É justamente esse o momento que ela escolhe para identificar a analista com um excremento e a separação com uma defecação, retornando assim, como que por "um fechamento do círculo", no dizer de Marion Milner, a suas primeiras fantasias. Assim, a analista esbarra no enigma de um "cagar ou não cagar, eis a questão", que a paciente lhe dirige, jocosamente, antes de trocar... de mãos. Não é Marion Milner quem diz que o marido desempenhou o papel de Tommy Trout, salvando Suzanne do poço que era uma armadilha?

A nuvem de desconhecimento

Resta avaliar o saber produzido, já que Marion Milner pensa haver penetrado numa terra incógnita e ali ter feito uma descoberta. Ela consigna isso num capítulo intitulado "Uma cristalização da teoria". Seu objetivo é explícito: obter, no tratamento, efeitos que não passem pelo "cristal da língua".

O chamado envoltório com que ela faz um casulo para o psicanalisando, através de seu silêncio na transferência, teria como correlato, do lado do sujeito, a pretensa construção de um "âmago", de uma linha basal. Esse âmago seria experimentado e construído no próprio corpo, através de uma técnica de atenção às sensações internas.

Ela sem dúvida tem uma certa apreensão de que o corpo serve de "cama do Outro", pois observa que a relação com o próprio corpo é homóloga à relação primária com a mãe, e que a imagem construída do corpo indica "o único local seguro em que habitar". Ao mesmo tempo, entretanto, recorrendo à "voz do corpo", ela age como se não fosse a partir do simbólico, como diz Lacan, que o corpo ganha voz. Eis os seus termos:

Para "encontrar a realidade ..., ela deve deixar que escoe a forma organizada, articulada, de suas percepções externas e ir ao interior dela mesma, para o mar indiferenciado" (p.388). Mediante a "atenção a essas mudanças internas e sutis das sensações corporais" (p.463), ela pode "conscientizar-se do âmago interior", "do fundo divino do ser ..., como algo com que ela [pode] relacionar-se diretamente" (p.762), e com isso atingir, aquém do auto-erotismo e do narcisismo, um "gozo primário" consigo, que tem "uma qualidade extática e divina" (p.460).

E assim vemos Marion Milner descrever-nos, com deslumbrada complacência, o sentimento de "ser uma poça quente, escura e aveludada", que ela pôde atingir mediante a atenção à sua respiração, enquanto, paralelamente, convida sua paciente a ter a experiência sensorial, além das zonas erógenas, do interior de seu corpo. E quando Suzanne, sem dúvida mais consciente "da falta de acesso do sujeito à realidade desse corpo, que ele perde em seu íntimo" (p.676), indica-lhe ter tido justamente a sensação de uma falta de sensação, Marion Milner traduz: alucinação negativa (!). O relaxamento, como verdade da psicanálise, reconduz Marion Milner à sua paixão inicial e entrava o desejo da analista.

Mas há uma questão que inspira benevolência.

Marion Milner promove uma espécie de "pensar em não pensar" — uma disciplina inversa, como vemos, à de Schreber, que é condenado a pensar o tempo todo. Ela pretende tratar através de algo que seria não só indizível, por estar fora do significante, mas que, além disso, não seria atingido, não seria delimitado pela via significante: algo de não sabido, portanto, no Outro. Será que podemos reconhecer aí uma aproximação do que Lacan chamou de "outro gozo", aquele que é supostamente feminino, sem recurso à esquizofrenia, o gozo também exemplificado pelos místicos, sem que seja preciso supor a psicose? Talvez, com efeito, Marion Milner tenha tido a intuição do ponto de continência de um gozo em que se torna duvidoso que o Outro saiba. Aliás, ela faz disso — a convergência é impressionante — uma condição do que chama de "criatividade", ou, em outras palavras, sublimação, com respeito à qual se refere justamente aos místicos.

Infelizmente, esse ponto visado lhe serve de álibi. A escapatória consiste em se esquivar da ética do bem-dizer implicada pelo discurso analítico. Nem tudo pode ser dito, é claro, mas o acesso que a psicanálise proporciona ao impossível de dizer, ela que funciona através da fala no campo da linguagem, nunca é senão o estreitamento do dito em torno de seus limites. Ética que os místicos, ao escreverem sobre seu Deus e sobre seu gozo, além de o experimentarem, infringem menos do que Marion Milner, quando pretende renunciar a falar. O "não é isso", o "vagido do apelo ao real" em que se empenha a busca de Marion Milner, desemboca, nesse ponto, na "nuvem de desconhecimento". Esse título de um místico, que ela cita a partir de Suzanne, torna-se aqui a tinta preta com que o polvo nos cega. Mais obscurantismo.

A psicose em ação

O trabalho da psicose[1]

Ao decifrar Schreber, Freud reconheceu no delírio uma tentativa de cura, a qual confundimos, no dizer dele, com a doença. Daí a necessidade de distinguir, no próprio seio da psicose, os fenômenos primários da doença e as elaborações que se acrescentam a eles, e pelas quais o sujeito reage aos fenômenos de que padece.

Dizer "trabalho da psicose", tal como se diz "trabalho da transferência" no caso da neurose, é também marcar uma diferença fundamental entre neurose e psicose. Essa diferença é conseqüência de uma outra, entre o recalcamento, mecanismo linguageiro que Freud reconheceu na base do sintoma neurótico, e a foraclusão, promovida por Lacan como a causa significante da psicose. Se o trabalho da transferência supõe a ligação libidinal com um Outro feito objeto, no trabalho do delírio é o próprio sujeito que se encarrega, solitariamente, não do retorno do recalcado, mas dos "retornos no real" que o abatem. Se não existe auto-análise do neurótico, o delírio, por sua vez, é de fato uma auto-elaboração, na qual se manifesta de maneira evidente o que Lacan chama de "eficácia do sujeito". O delírio, é claro, não constitui a única manifestação: o fato de falarmos de pré-psicose, antes do desencadeamento, e de eventuais estabilizações, depois dele, indica bem que a foraclusão é passível de ser compensada em seus efeitos, sob formas que não se reduzem unicamente à elaboração delirante.

Para o psicanalista, a questão é saber se esse trabalho da psicose pode inserir-se no discurso analítico e, em caso afirmativo, de que modo. Certamente, estamos seguros da pertinência de nossos referenciais estruturais concernentes à psicose — os próprios psiquiatras começam a se aperceber disso, às vezes —, e sabemos que os psicanalistas formados no ensino de Lacan não se recusam a enfrentar a psicose, mas resta saber por qual operação. Mais exatamente, será que o ato psicanalítico é suscetível de ter uma incidência causal no autotratamento do real, como a tem no trabalho da transferência? E será que existe pelo menos uma afinidade entre o foco, os efeitos dele e os próprios objetivos do tratamento analítico? Em outras palavras, haverá ao menos uma simpatia entre a ética do bem-dizer e a ética do sujeito psicótico?

Primeiro preciso atravessar a fronteira entre a doença propriamente dita e as tentativas de solução, entre o psicótico que é "mártir do inconsciente", como diz Lacan, e o psicótico eventualmente trabalhador. Dizê-lo "mártir do inconsciente" é outra maneira de designar o retorno no real daquilo que foi foracluído do simbólico, e que se impõe ao sujeito, para seu tormento e sua perplexidade, em fenômenos que os psiquiatras clássicos já haviam reconhecido, muitas vezes, mas sem apreenderem sua estrutura.

Captamos a lógica desse retorno no real quando percebemos que há uma solidariedade entre a eficácia do Nome-do-Pai, a constituição do simbólico, no sentido da cadeia significante, e uma limitação de gozo que Freud discerniu com as idéias de objeto perdido e, em especial, de castração. Do mesmo modo, a foraclusão é solidária do significante no real — o que não quer dizer apenas o significante no percepto alucinatório, porém, em termos mais gerais, o significante que surge sozinho, fora da cadeia do sentido — e de emergências correlatas de gozo. Nesse sentido, o fato de Lacan haver postulado, com a idéia de foraclusão, a causalidade significante da psicose — a qual, aliás, não deixa de implicar uma responsabilidade do sujeito — não impede que ela continue a ser para nós o que já era para Freud: uma doença da libido.

O trabalho da psicose será sempre, portanto, uma maneira de o sujeito tratar os retornos no real, de efetuar conversões que civilizem o gozo até torná-lo suportável. Do mesmo modo que podemos fazer a clínica diferencial dos retornos no real, conforme se trate de paranóia, esquizofrenia ou mania, podemos diferenciar as referidas soluções.

As mais identificáveis são as que se servem de um simbólico de suplência, que consiste em construir uma ficção diferente da ficção edipiana e em levá-la a um ponto de estabilização, obtido pelo que Lacan situou, em certa época, como uma metáfora de suplência: a metáfora delirante. Que faz Schreber senão construir uma versão do casal original diferente da versão paterna, na qual o gozo excessivo encontra um sentido e uma legitimação na fantasia de procriação de uma humanidade futura? Ele inventa e sustenta, por sua simples resolução, uma "ordem do universo" que é curativa das desordens do gozo cuja experiência ele sofreu, e, ali onde o Nome-do-Pai foracluído não promove a significação fálica, advém uma significação da suplência: ser a mulher de Deus, com a vantagem de que o gozo desde então consentido localiza-se na imagem do corpo, e com a diferença de que a significação de castração do gozo é excluída, em prol de um gozo da relação com Deus que ruma para a infinitude. Há uma única restrição: essa infinitude não é atualizada — ainda não —, mas adiada para o infinito.

A mesma solução, que consiste em cobrir a coisa com uma ficção apensa a um significante ideal, funciona em muitos casos, mas não exige forçosamente a inventividade delirante do sujeito. Creio que ela fornece, por exemplo, a chave de muitas concessões ou de muitas das chamadas frases soltas da melancolia. Elas são apresentadas como enigmas, na maioria das vezes, por sua subitaneidade e também por sua reversibilidade. Mas uma abordagem metódica revela quase sempre que essas guinadas inesperadas são efeitos da regência inesperada de uma significação ideal, que permite novamente ao sujeito deslizar sob o significante que fazia seu mundo sustentar-se. Só que, nesse caso, em geral isso não resulta de um trabalho do sujeito — faz muito tempo que os psiquiatras assinalaram a resistência do sujeito melancólico à elaboração —, porém é efeito, mais freqüentemente, de uma *tikhê*, de um encontro que vem corrigir o da perda desencadeadora. Ali, o sujeito não inventa, mas toma emprestado do Outro, quase sempre materno, um significante que lhe permite, pelo menos por algum tempo, cobrir com um ser de pura conformidade o ser imundo que ele tem a certeza de ser.

Civilizar a coisa pelo simbólico é também a via de algumas sublimações criacionistas. A promoção do pai é uma delas, aliás, como dizia Lacan em seu seminário sobre *A ética*... Assim, é concebível que essas sublimações sejam particularmente convocadas na psicose, como provam tantos nomes conhecidos: Joyce, Hölderlin, Nerval, Rousseau, Van Gogh etc. Nem todas as sublimações são do mesmo tipo, mas as que provêm da construção de um novo simbólico têm uma função homogênea ao que é o delírio para Schreber. Vejam Jean-Jacques Rousseau, por exemplo, ao forjar suas ficções sucessivas. Primeiro ele é pensador político — desde o *Discurso sobre a origem* até *O contrato social* —; depois, romancista do amor, com *A nova Heloísa*;[2] depois educador, com *Emílio*; e até Pigmalião de si mesmo, por fim, com suas *Confissões*. Na totalidade dos casos, a um tempo crítico e inovador, ele retificou os ideais e os renovou, tratou da desordem do mundo — da sociedade, dos costumes, do indivíduo —, e se encarregou da retidão da ordem social, do casal sexual e do indivíduo para barrar o gozo nocivo e pervertido do homem civilizado. Essa empreitada culminou em *Emílio*, que quase o tornou pai do novo homem e que, sem dúvida por isso, precipitou-o no delírio efetivo.

Há outros tipos de solução que não usam o simbólico, mas procedem a uma operação real sobre o real do gozo não aprisionado na rede da linguagem. Assim é a obra — pictórica, por exemplo —, quando ela não joga com o verbo, mas parteja *ex nihilo* um objeto novo, sem precedentes — razão por que a obra é sempre datada —, no qual se deposita um gozo que é transformado até se tornar "estético", como se diz, enquanto o objeto produzido impõe-se ao real.

É aí que encontramos o paradoxo Joyce: ele logra fazer a mesma operação com a própria literatura. Essa arte, que dentre todas é a mais incluída no registro do simbólico, ele consegue fazer passar para o real, isto é, para o fora-do-sentido. É uma grande proeza, sem dúvida. Vemos sua diferença em relação a toda a literatura. O Outro do sentido, Joyce não o retifica, como faz Rousseau, por exemplo, mas o assassina. Suas *Epifanias* são paradigmáticas nesse aspecto. Essas frases curtas, retiradas do contexto que lhes daria alguma significação, esses restos de discurso que brilham de não-senso, atestam uma operação que não deixa de ter afinidade com a de um Wolfson. Essa operação funciona com a linguagem de tal maneira que o Outro se descobre evacuado dela, além de proceder a uma verdadeira foraclusão do sentido, que é, ao mesmo tempo, uma letrificação do significante pela qual ele se transforma em átomo de gozo... real.

Na mesma via do tratamento do real pelo real, encontramos as passagens ao ato automutiladoras e heteromutiladoras. Elas são totalmente antinômicas da sublimação criacionista, mas nem por isso a excluem. Vejam Van Gogh, que, prestes a parir uma de suas obras-primas que nos deslumbram, cortou na carne viva seu corpo e sua imagem, a qual tornou dissimétrica, para se fazer o homem da orelha cortada. Essa orelha a menos, como em muitos outros atentados da psicose — cf. neste volume capítulo sobre o menino lobo de Rosine e Robert Lefort —, realiza em ato, quase a título de suplência, o efeito maior do simbólico, isto é, seu efeito de negativização do vivo. Do ataque posto em ato no próprio corpo, ou também na imagem do semelhante, da agressão mutiladora até o suicídio ou o assassinato, a mutilação real emerge à proporção da falta de eficácia da castração, a um ponto em que às vezes adquire importância diagnóstica.

Ilustrarei isso com um caso exemplar, que tive a oportunidade de conhecer antes que surgissem, de maneira evidente para todos, os sinais patognomônicos de sua psicose. Trata-se de uma mulher. Durante quase dez anos, ela estivera nas mãos dos médicos por causa de uma doença grave, chamada saturnismo, que a fizera beirar a morte em várias ocasiões e lhe deixara seqüelas importantes. Interrogada durante anos, ela nunca tinha dito uma palavra sobre a causa, a qual revelou, um dia, para sua própria surpresa, durante uma nova consulta: ela ingeria chumbo, que obtinha roendo fios elétricos.

Sobre seus auto-atentados, conseguiu dizer apenas uma coisa, repetida como um leitmotiv: eu queria morrer. Desde quando? Desde os dez anos de idade, ou seja, desde a morte de sua mãe, que sofrera de um câncer desde que a filha tinha cinco anos. Antes dos cinco anos, no dizer dela, era o paraíso, e só lhe restara dessa época uma única lembrança, na qual ela se via enroscada no colo da mãe. A reação melancólica poderia ser evocada, é claro, se não faltasse radicalmente no discurso dessa pessoa qualquer toque de tristeza, qualquer sentimento de perda, e mais ainda de culpa, em prol da afirmação repetida, sem o menor afeto aparente, de uma pura vontade de morte. Depois se descobriu, além das situações em que ela pusera a vida em jogo, as quais tinham sido reais, porém fracassadas, um impulso para o assassinato, o qual, no cômputo geral, tinha sido mais eficaz.

Desde os oito anos, ocorrera-lhe a idéia de fazer a mãe doente ingerir algum medicamento definitivo. Muitos anos depois, casada, ela colocava soníferos sub-repticiamente no café do marido. Enfermeira por profissão, esteve na origem da morte de um doente idoso, a quem — deliberadamente — havia administrado uma dose excessiva. No momento da entrevista, ela disse saber que seu filho estava ameaçado, e um dia, matou por envenenamento o gato de estimação dele. Esclareceu que se tratara de um impulso súbito e inexplicável, porque, em suas palavras, "eu gostava daquele gato". Então, por quê? Ela só pôde responder: "Eu o vi." E depois: "Era ele ou eu." Mais tarde, disse ainda: "Era ele ou meu filho." Aí vemos funcionar em ato uma espécie de *fort-da* da vida e da morte, tanto do sujeito quanto de seus objetos. O que importa aqui não é tanto o caráter irreprimível do ato, que também seria encontrado em algumas passagens ao ato da neurose, sobretudo a obsessiva, mas o fato de que o sujeito não apenas não consegue se dar conta do ato, como também sequer se considera responsável. Como que indiferente à gravidade desses atos, ela só conseguia enumerá-los, sem jamais problematizá-los, e tomando-os por alheios a si mesma. Essa pessoa era habitada por uma necessidade quase pré-subjetiva de negativizar o ser-aí e, mais precisamente, de perder um objeto que era como que excessivo. É que, quando o objeto não é chamado como complementação da falta fálica, quando é apenas o duplo especular do sujeito, ele funciona por exclusão e se torna, para o sujeito, sinônimo de morte. Compreende-se que um objeto assim, que, longe de fundar um vínculo social, ataca-o, deixa pouca margem para o psicanalista.

Os diversos tratamentos do real que acabo de evocar, seja pelo simbólico, seja pelo real da obra ou do ato, evidentemente não se equivalem aos olhos do psicanalista: o último deles quase o exclui, e o segundo o torna supérfluo.

Com efeito, o ato negativizador encalha, ao mesmo tempo, nos limites da legalidade, como tratamento impossível de ser sustentado pelo Outro social, e em seus próprios limites, não tendo outro futuro senão sua repetição. Quanto às produções artísticas, quando atingem um bem-inventar, não contradizem o imperativo de elaboração da análise, mas, ao inverso do bem-dizer que se desenrola no dizer entre-dois do analisando e do intérprete, e que é como que produto do vínculo analítico, são feitas solitariamente e tornam a análise supérflua. Resta o bem-pensar das elaborações simbólicas, quando conseguem compensar a carência da significação fálica, e em relação às quais a questão é saber que papel causal o analista pode desempenhar.

Uma coisa é certa, em todo caso: se o analista acolhe a singularidade do sujeito psicótico, como a de qualquer outro sujeito, não é como agente da ordem, e a sugestão não é o instrumento que ele usa. Entretanto, quando ele se dispõe a escutar e a suportar aquele que não é escravo da lei fálica, resta-lhe ainda medir os riscos que ele assume em cada caso, tanto para si mesmo quanto para outras pessoas.

Estabilização da psicose[1]

"Estabilização" é um termo difundido, um termo de uso corrente. Nos chamados serviços de saúde, com efeito, diz-se "estabilização" porque ninguém ousaria dizer "cura", e nem sequer se atreve a dizer "efeito terapêutico", como acontece em relação à neurose. Ao se dizer "estabilização", todas as pessoas (pelo menos as de língua francesa) intuem a idéia de que se pressagia algo como uma recaída, que isso pode recomeçar. Não se trata, portanto, de um termo do vocabulário psicanalítico, mas de uma palavra que constitui uma imagem e que, convém dizer, presta-se a todas as confusões e também a todas as imprecisões. Sobre Schreber — o caso que Freud estudou em 1911, em suas "Notas psicanalíticas sobre um relato autobiográfico de um caso de paranóia" —, diríamos, no final, que ele se estabilizou, com certeza; mas será que não diríamos o mesmo de quem voltasse à inércia do apragmatismo e da abulia (não há nada mais estável que o sujeito que permanece confinado ao leito)? Isto é para dizer que o termo não é um conceito e que é preciso introduzir um certo rigor. Quando falamos em metáfora e suplência, estamos no vocabulário psicanalítico, e até num vocabulário estritamente lacaniano. Esses são termos de Lacan, definidos por ele, introduzidos por ele e utilizados pelos que seguem sua orientação. É com esses dois termos que tentamos dar um sentido preciso ao termo "estabilização". De fato, quando se fala de "estabilização", é preciso poder dizer, em primeiro lugar, o que foi que se desestabilizou, e em segundo, correlativamente, o que é que volta a se estabilizar. Além disso, é preciso poder dizer também qual é o fator causal da desestabilização ou da reestabilização.

O que está em jogo nessa questão é importante: é, simultaneamente, um desafio de saber e um desafio pragmático. Que ele é pragmático se percebe de imediato, uma vez que é preciso poder formular o diagnóstico de uma psicose não desencadeada e, além disso, é preciso ter algumas orientações sobre o que seria uma remissão dirigida, para um eventual tratamento. Há um desafio de saber por que toda pessoa que trabalha um pouco com sujeitos psicóticos, seja ela psiquiatra, psicóloga ou qualquer tipo de clínico, sabe que os fenômenos da psicose se apresentam de uma forma muito mais descontínua do que os fenômenos da neurose. A neurose passa por oscilações sintomáticas, é claro, mas a modalidade subjetiva da neurose é relativamente estável e constante. Falei em modalidade da subjetividade, e também poderia dizer modo de enunciação neurótico. A psicose, ao contrário, apresenta-nos desencadeamentos repentinos, inesperados, desencadeamentos-surpresa, assim como remissões às vezes enigmáticas. A questão, portanto, é apreender qual é o móbil das peripécias descontínuas da psicose, se quisermos ter alguma chance de saber onde e como podemos dirigir o tratamento, talvez. Trata-se de um grande desafio.

Assim, é preciso entrar na definição psicanalítica da psicose, que teve início com Freud. Ela consiste em considerar a psicose como uma vicissitude do sujeito, na medida em que o sujeito é um efeito de linguagem. Em 1966, em sua apresentação da tradução das *Memórias* do presidente Schreber, o caso comentado por Freud em 1911, Lacan rendeu homenagem a Freud por ele haver introduzido o sujeito na consideração da loucura, em vez de pensar essa loucura em termos de déficit e de dissociação das funções. O ponto de partida do assunto no ensino de Lacan, ou, pelo menos, o grande ponto de partida, foi o texto intitulado "De uma questão preliminar a todo tratamento possível da psicose".[2] Foi nesse texto que ele construiu sua primeira doutrina da estrutura da psicose. Essa doutrina inscreveu a psicose em sua tese do inconsciente estruturado como uma linguagem. Ela implicou, cito, que "o estado do sujeito [neurose ou psicose] depende do que se desenrola no Outro" (555).

O que Lacan construiu nesse texto sobre a estrutura da psicose deve ser compreendido contra o pano de fundo dos conhecimentos adquiridos no texto imediatamente anterior, "A instância da letra no inconsciente",[3] redigido por Lacan em maio de 1957, seis meses antes da "Questão preliminar", escrito em dezembro de 1957-janeiro de 1958. Nesse texto, Lacan reconsiderou a clínica freudiana. Essa clínica, Freud a construiu a partir de sua prática da associação livre, e Lacan demonstrou que ela se ordenou na estrutura da linguagem, a partir do algoritmo que se escreve S/s, para dizer que o significante (grafado como S) determina, induz (esse é o termo de Lacan: indução) os efeitos de significado. O texto de "A instância da letra..." termina numa tese extremamente simples, que é a tese de que o sintoma é uma metáfora. Convém dizer que, uma vez formulada, essa tese realmente se afigura a mais simples e mais convincente para dar conta do fato de que a psicanálise funciona decifrando a significação do sintoma. Ora, a metáfora é uma função do significante que, vindo substituir um outro significante que ela recalca, gera um nível do significado, um efeito de significação, que é inédito.

Partindo da definição do sintoma como metáfora, passamos facilmente para a definição diferencial da psicose. A psicose e seus fenômenos, assim como os da neurose, têm uma estrutura de linguagem, mas o sintoma psicótico não é uma metáfora. Aí está a grande e simples diferença que será comentada num primeiro momento, e que fornece a chave da clínica diferencial: num caso, a metáfora, e no outro, a ausência da metáfora.

Um comentário concernente ao procedimento de Lacan e sua lógica implícita (a lógica da construção de uma doutrina não é, aliás, necessariamente superponível às vias da descoberta): ele é extremamente decisivo nesse aspecto. Com efeito, para todo mundo, e primeiro para o chamado senso comum, que deve ser levado em conta nesses campos, o louco, em sua definição popular, é presa de fenômenos que contrariam o senso comum, o conjunto das significações que todas as chamadas pessoas sãs partilham: sua idéia da realidade não parece corresponder à de todos os "mentalmente sãos". Em outras palavras, para todo mundo, o louco é um sujeito que adere a significações anômalas, e o procedimento lógico de Lacan consiste em inferir que, se as significações da loucura são anômalas, a causa deve encontrar-se no nível do que motiva a estrutura da significação. Essa expressão encontra-se na página 579: "A única organicidade que está essencialmente implicada nesse processo [é] a que motiva a estrutura da significação." Essa é a mesma lógica que Lacan aplicou, em seu texto "Função e campo da fala e da linguagem",[4] à prática analítica: a lógica do "se..., então". Se a psicanálise obtém efeitos pela fala, que pressupõe a linguagem, o sintoma deve ter uma estrutura de linguagem. Isso é inevitável como construção.

Outro comentário acerca da metáfora. A metáfora é um princípio de estabilização. Ela cria um ponto de parada no deslizamento do significado sob o significante. Foi esse efeito que Lacan chamou de "ponto de basta". O ponto de basta é uma estabilização do significante e do significado sem a qual o deslizamento do significado deixa em suspenso, deixa na indeterminação, o "que quer dizer isso?" que podemos dirigir a toda cadeia de linguagem. A metáfora é justamente o que permite fixar, "reter" a significação. Cabe acrescentar desde logo que não é qualquer metáfora que nos interessa na clínica do sujeito. Não fazemos literatura quando nos ocupamos da clínica, não fazemos poesia, mesmo que a psicanálise tenha todos os motivos para dar grande importância à poesia, à metáfora poética. Na clínica, portanto, não é qualquer metáfora que nos interessa, mas uma metáfora especial, aquela que é passível de metaforizar um "significável" [*signifiable*] especial. Lacan emprega ocasionalmente o termo "significável", que se distingue do significante e do significado e que designa aquilo que há para expressar.

Na clínica do sujeito, o que há para expressar quanto ao ser que fala pode ser designado por diferentes termos. Em "Uma questão preliminar...", Lacan o chama de "o ser de vivente" do sujeito. Ele diz ainda "ser do ente", ou, numa formulação mais simples, "sua inefável e estúpida existência", e além disso, seu sexo. Todas essas expressões existem para nos dizer que o significável, efetivamente, é o ser-aí do vivente. E, no fundo, a clínica da criança mostra de maneira realmente límpida que, para a criança, é um problema, é uma questão conseguir fazer sua existência e seu sexo passarem para o discurso. Isso equivale a dizer que a pergunta que a significação metafórica deve responder é: "Que sou eu aqui?".

Lacan distinguiu uma metáfora que não é qualquer uma, a metáfora paterna, que é justamente a que dá significação ao ser de vivente do sujeito. Colocando o Nome-do-Pai, o significante do pai, em substituição ao significante do desejo da mãe — é essa a substituição metafórica —, ela faz surgir uma significação: a significação fálica, que dá sentido ao ser do sujeito, ao ser do vivente. Podemos escrever isso de forma muito simples e abreviada: o Nome-do-Pai que substitui o Desejo da Mãe faz surgir no lugar do significado a significação do falo.

Também poderíamos escrevê-lo no grafo referente à fala. Essa metáfora, ao estabilizar o significante e o significado, basteia[5] o conjunto do discurso como veículo da questão do sujeito, e ela tem repercussões no nível das identificações imaginárias do sujeito, porque introduz a dialética fálica no imaginário, que sem isso se reduziria ao par especular do estádio do espelho.

Seu primeiro efeito, portanto, é um remanejamento do imaginário, que habitualmente se manifesta por efeitos de pacificação da relação narcísica. Esta é, em si mesma, uma relação que Lacan estigmatiza bastante bem com a expressão "relação de agressão erótica". A metáfora paterna tem por efeito separar o sujeito não tanto da mãe, como se costuma dizer, mas da vacilação inerente à relação especular com a mãe. Uma vacilação que faz com que o sujeito possa oscilar entre uma identificação transitiva com a própria mãe e uma identificação com o objeto do desejo da mãe. Esse efeito de basta tem conseqüências clínicas observáveis. Ele dá ao sujeito sua base, seu alicerce, e tem por correlato a impulsão do que chamamos de processo de historicização, o qual introduz coerência, continuidade na história. Muitas vezes me impressionei ao ouvir ou ler em exposições psiquiátricas a expressão "vida caótica" para qualificar o itinerário de uma dada pessoa psicótica. Afinal, que é uma vida caótica? Para um psicanalista, pelo menos, isso não se avalia pela multiplicidade dos acontecimentos. Não se avalia nem pela multiplicidade nem pela variedade das mudanças, das viradas da vida. Uma existência caótica se avalia no nível do discurso sustentado: será caótica a vida que o discurso não historicizar, seja essa vida pobre ou rica em acontecimentos.

A psicose, portanto, nós a especificamos, com Lacan, como uma falta de metáfora.

Observe-se que essa falta de metáfora apresenta-se nela em todos os níveis: no nível dos fenômenos, mas também no nível da causação da psicose. Essa é a tese de Lacan: fenômeno e causação da psicose têm a mesma estrutura.

Dos fenômenos, do que se pode observar, do que os psiquiatras podem recensear, e que eles aliás descreveram na psiquiatria clássica, sem passar pela psicanálise, dos fenômenos Lacan diz o seguinte: em parte alguma "o sintoma, se soubermos lê-lo, está mais claramente articulado na estrutura da linguagem" do que na psicose. Lacan o demonstra, no capítulo chamado "Rumo a Freud", a propósito da alucinação verbal, que não é uma metáfora, mas o "significante no real". É essa a expressão que ele emprega nesse momento. "Significante no real" não quer dizer significante no percepto — o significante no percepto não é o único gênero do significante no real. O significante está no real quando é rompida a cadeia significante, que concatena os significantes para produzir significação. Observe-se que essa definição do fenômeno psicótico como significante no real já implica que o significante não basta para definir o simbólico. O simbólico é definido pela cadeia significante, da qual a metáfora é uma das formas.

O paradigma fornecido por Lacan para o significante no real é a alucinação "porca". No caso Schreber, encontramos igualmente o momento em que Deus lhe diz "*Luder*". O "porca" é um significante externo à cadeia, que surge erraticamente e no qual podemos colocar um pequeno expoente 1, S^1. Utilizei essa escrita, expoente 1, para designar o significante fora da cadeia, que não deve ser confundido com um significante que tenha na cadeia uma função de exceção: existem na cadeia do discurso significantes que têm um lugar de exceção — o Nome-do-Pai e o falo estão entre estes. O falo ímpar, diz Lacan. Todavia, esses significantes, mesmo que estejam numa posição específica, estão ligados à cadeia. Já o significante no real está fora da cadeia.

Conhecemos as experiências enigmáticas do sujeito psicótico. A experiência enigmática é inteiramente centrada em que, quando um significante aparece sozinho no real, ele produz, no nível da significação, um vazio enigmático. É esse vazio enigmático que se converte em certeza de significação.

Terceira observação sobre a alucinação em causa: "porca" é um termo que se impõe ao sujeito como um nome de seu ser de gozo. Isso quer dizer que, na alucinação verbal, se o significante tem um efeito de déficit na significação, ele tem também um efeito positivo quanto à designação do ser de gozo, e, no fundo, efetua um encontro, uma convergência do significante e do real.

Assim, no nível do fenômeno que é chamado de "fenômeno elementar", para retomar a expressão de Clérambault, ilustramos de maneira absolutamente convincente que se trata de um significante no real, desconectado dos outros significantes e conectado ao gozo.

Passemos para o nível da causação da psicose. A psicose encontra sua "condição" essencial na foraclusão do Nome-do-Pai. Essa foraclusão, que escrevemos com um zerinho, ND_0, é um elemento de causação supostamente constante, enquanto os fenômenos, por sua vez, são descontínuos. Logo, é preciso concluir que a foraclusão não é a causa suficiente da psicose. Aliás, é por isso que Lacan não diz "causa", e sim "condição essencial". É preciso uma causa adjunta para que se desencadeie a psicose, é preciso uma causa complementar, a qual, esta sim, é ocasional. A expressão "causa ocasional", aliás, é utilizada por Freud em seu texto sobre Schreber. A causa ocasional é uma causa que varia conforme os acidentes da vida, conforme as circunstâncias. A tese de Lacan é que, seja qual for a causa ocasional, é ela que produz um apelo ao Nome-do-Pai e, portanto, torna sua falta eficiente; às vezes, essa falta pode não ter surtido suas conseqüências durante uma vida inteira, como acontece com Schreber, que surta em idade tardia. Esse apelo se produz pelo encontro de Um pai real, expressão na qual é preciso escrever o Um com letra maiúscula, como faz o próprio Lacan: o Um que aparece no real e que não tem correspondente no simbólico.

Lacan convida o clínico a se guiar pelas conjunturas dramáticas, ou seja, pelo lado romanesco da vida, para sempre encontrar nele a presença de Um pai. Quando ele enumera essas conjunturas dramáticas, é muito interessante, pois evoca a mocinha apaixonada, a penitente que confessa seu erro, a mãe que acaba de dar à luz. Trata-se, afinal, de circunstâncias cruciais da vida e da morte: a procriação, o amor e, além disso, a falta,[6] que é sempre falta de gozo. Em outras palavras, trata-se de conjunturas dramáticas que evocam, todas elas, a significação de gozo. Por isso, Lacan situa de forma muito precisa a desestabilização com referência à falta do Nome-do-Pai, que, eu o cito, "pelo furo que abre no significado, dá início à cascata de remanejamentos do significante de onde provém o desastre crescente do imaginário" (584). Aí está uma descrição muito simples da desestabilização como fracasso do ponto de basta, e que tem como efeito abalar os alicerces imaginários do sujeito. Poderíamos ilustrá-la com o caso Schreber, é claro, com a conseqüência de uma regressão às identificações do estádio do espelho.

Pela definição da desestabilização, quase poderíamos induzir a priori a solução, a única pensável, que é encontrar uma metáfora de compensação. Com efeito, é isso que Schreber ilustra, ele que começa seu delírio e sua doença como um perseguido por Deus e que termina "restabelecido", com um delírio que a psiquiatria qualificaria de parcial, no qual já não é o perseguido por Deus, mas a mulher de Deus. Essa idéia da metáfora delirante está na linha da tese freudiana de que o delírio não é doença, mas tentativa de cura. Dito de outra maneira, o delírio ocupa na psicose um lugar homólogo ao do trabalho da transferência na neurose, que é também um remanejamento significante. Aqui, a solução é trazida por uma metáfora de substituição, uma metáfora de suplência. O termo "suprir", "preencher o vazio", encontra-se no texto de Lacan, na página 588, quando ele evoca o encontro de Flechsig e Schreber. Diz Lacan: "Não há dúvida de que a figura do prof. Flechsig, em sua gravidade de pesquisador (o livro da sra. Macalpine oferece-nos uma foto dele que o mostra perfilando-se acima da ampliação colossal de um hemisfério cerebral), não conseguiu preencher o vazio subitamente vislumbrado da *Verwerfung* inaugural."

Podemos escrever a metáfora delirante de Schreber e seus efeitos no imaginário. Ali onde faltava o Nome-do-Pai vem o I maiúsculo do ideal, que o próprio Schreber designa pela expressão "ordem do universo", e, em seu delírio, Schreber torna-se o esteio, o derradeiro esteio da ordem do universo, I/NdP. No imaginário, na significação, ali onde faltava o falo vem uma significação de suplência que é ser a mulher de Deus = M. de Deus/Φ_0. Assim, é perfeitamente possível escrevermos, de maneira homóloga àquela como se escreve a metáfora paterna com o algoritmo significante/significado, a metáfora delirante de Schreber. No fundo, essa metáfora tem uma função manifesta de limite. Ela faz o delírio entrar nas fronteiras precisas que o parcializam.

Também poderíamos, com a mesma construção simplíssima, situar a pré-psicose, isto é, a estabilidade de Schreber antes do desencadeamento: Lacan supõe uma identificação que teria permitido a Schreber assumir o desejo da mãe — é uma indução. Ele supõe uma identificação com o desejo da mãe, "seja ela qual for", ou seja, uma identificação que não conhecemos, mas que seria preciso conhecer para suturar a significação. Nós a inferimos pelo fato de que, para "ter que ser o falo", Schreber, em razão da foraclusão, primeiro precisou apoiar-se numa identificação de suplência, para assumir o desejo da mãe. No momento terminal de seu delírio, o trabalho do delírio obtém o mesmo resultado de suplência, por sua transformação na mulher de Deus, ao fazer o Ideal entrar no lugar do Nome-do-Pai e no lugar da significação fálica, a significação da feminização de Schreber. Foi isso que Freud abordou ao falar da homossexualidade do psicótico, e que Lacan corrigiu, re-situou e repensou de maneira um pouco diferente.

Fico impressionada com o rigor, a simplicidade e a elegância dessa construção. E também com sua eficiência e seu domínio sobre os fenômenos clínicos. Esta, portanto, é a primeira tese: uma metáfora pode substituir outra como princípio de estabilização.

Alguns comentários sobre a problemática do texto. A psicose é pensada ali numa problemática que se situa no nível do Simbólico e do Imaginário, consistindo toda a questão no acolchetamento do Simbólico com o Imaginário. A categoria do Real não é prevalente nesse texto, em absoluto, e podemos até dizer que há um certo apagamento da dimensão pulsional da psicose. De certa maneira, a ênfase é inversa à dada por Freud, que havia acentuado muito a pulsão homossexual. É claro que Freud constrói também uma doutrina mais complexa, na qual prevalece a questão do mecanismo e que o leva a esta frase admirável para nós: "O que foi abolido de dentro volta do lado de fora" — frase que Lacan quase decalcou, embora conceituando-a de outra maneira, ao dizer: "O que é foracluído do simbólico retorna no real." Não se pode dizer que Lacan ignore o componente pulsional, mas, de certa maneira, ao contrário de

Freud, não o acentua, e isso se vê com muita nitidez no nível do empuxo-à-mulher. Na transformação de Schreber em mulher, a ênfase não é colocada no gozo que isso implica, ainda que ele seja evocado! O que interessa é a problemática do ponto de basta em seus efeitos estabilizadores. A questão é saber como é possível restaurar aquilo que é desatrelado na perseguição e no desastre do imaginário pelo deslocamento das identificações, de tal sorte que o gozo entre na dialética do discurso. Fazer o gozo entrar nos limites do discurso e do vínculo social, essa é a questão, com efeito.

Lacan corrigiu essa parcialidade de sua primeira abordagem da psicose, ou seja, o fato de haver privilegiado a problemática da sutura Simbólico-Imaginário. Como eu disse, ele a corrigiu, explicitamente, no texto de 1966 intitulado "Apresentação das *Memórias de um doente dos nervos*",[7] em que fez uma reformulação, uma releitura de Schreber, que de modo algum invalidou a anterior, mas a complementou e resumiu os tormentos de Schreber em sua relação com Deus.

É nesse texto que Lacan corrige sua primeira perspectiva pela consideração do que chama de "o sujeito do gozo", dizendo: a paranóia identifica "o gozo no lugar do Outro como tal". Essa formulação qualifica muitos fenômenos descritos por Schreber. O Outro, aqui, é encarnado por Deus, um Deus que o próprio Schreber nos descreve como o lugar do significante, uma vez que faz dele a soma dos pensamentos de todos os pensamentos das almas mortas desde a origem dos tempos. Isso é realmente dizer-nos que Deus é o lugar morto do significante. E ele trata de esclarecer que, de fato, Deus não sabe nada da vida e dos vivos. Ora, o que Schreber nos mostra em seu delírio é que esse deus morto do significante o absorve como seu objeto de gozo. É ele, Schreber, o objeto vivo com que Deus goza. Ele é usufruído por Deus, e é ele mesmo que identifica o gozo do Outro. O delírio descreve uma operação rigorosamente inversa à da metáfora paterna em relação ao gozo. Esta é solidária de um esvaziamento do gozo do lugar do Outro. Quando impera o Nome-do-Pai, o gozo não é inscrito no Outro, mas ejetado dele. E por isso, o sujeito identifica pelo Φ o seu ser de vivente no imaginário, para responder à pergunta "Que sou eu aqui?" como vivente para o Outro. Schreber descreve a estruturação inversa: graças a ele, em seu delírio, o Outro existe como um lugar em que o gozo é reintegrado. Isso faz de Schreber o objeto de Deus. É até mais preciso do que isso, e é muito engraçado o traço clínico indicado por Schreber. Como "mártir do inconsciente", ele nos esclarece que gênero de mártir ele é: Schreber é o supliciado pelo pensamento forçado, como que condenado a pensar permanentemente, para a volúpia de Deus. Isso quer dizer que, em seu ser, não de vivente, mas de sujeitado ao pensamento, Schreber não é outra coisa senão um texto como que adjacente ao texto divino, e portanto, "disperso no infinito do delírio". Schreber como texto não é um Schreber identificado, mas um Schreber que é suporte do gozo como objeto do Outro, Deus. Temos aí uma conexão direta do texto com o gozo, assim como o "porca" da alucinação é uma conexão direta da palavra com o gozo. É claro que essa conexão direta deixa em suspenso a questão de saber como se coloca o Imaginário nisso.

Em 1966, a perspectiva adotada não é a da articulação Simbólico-Imaginário, mas Simbólico-Real, se aqui chamarmos de real o gozo. O primeiro tempo da elaboração acentua nos fenômenos da psicose as anomalias da significação e da identificação imaginária, ao passo que o segundo tempo, que complementa o primeiro, deposita a ênfase nos fenômenos de gozo diretamente ligados ao significante, num curto-circuito sobre o Imaginário. Isso nos mostra que, no fundo, a consideração dos fenômenos da psicose, desde o começo, poderia ter-se encaminhado para uma outra definição do sintoma que não a desse sintoma-metáfora, e é a ela que Lacan chega em 1975, em seu seminário *RSI*, quando define o sintoma não como uma função do significante, mas como uma função do gozo com a letra.

Isso me leva à estabilização de Joyce, bem superior à de Schreber. Observe-se que, a partir do momento em que evocamos, no texto "De uma questão preliminar...", que a falta do Nome-do-Pai pode ser compensada, isto é, pode encontrar um substituto que tenha uma função análoga, isso implicou a relativização do Nome-do-Pai. Foi um caminho aberto para o que Lacan desenvolveu muito depois — a colocação dos Nomes-do-Pai no plural, que pressupõe uma distinção entre a função e o termo que sustenta a função. A função do Nome-do-Pai é uma função de basteamento[8] do imaginário e do símbolo. Mas o termo que efetua esse basteamento e que funciona como uma variável da função pode, por sua vez, ser diverso.

Portanto, há que fazer uma clínica dos substitutos do Nome-do-Pai, dos diferentes termos que a clínica nos apresenta e que exercem a função de estabilizadores.

A suplência pela metáfora delirante está longe de ser perfeita, e poderíamos até dizer que a metáfora delirante é uma pseudometáfora. O significante do ideal que faz suplência ao Nome-do-Pai não é o que induz a transformação de Schreber em mulher, em absoluto. Entre a ordem do universo e a feminização de Schreber, não há uma relação de determinação do significante para o significado. Além disso, há um acordo, isto é, esse significante da ordem não contradiz a feminização de Schreber. Ao contrário, o que impele para a feminização, a determinação necessária, estrutural, da feminização, é a foraclusão do significante fálico, que faz com que, "para ser o falo, ele esteja fadado a se tornar mulher". Essa exigência é vivida como uma imposição. Logo, entre a ordem do universo e a feminização há apenas um acordo possível; é isso que Lacan evoca ao falar da "defasagem", na estabilização de Schreber, entre o que está do lado do Simbólico e o que está do lado do Imaginário. Trata-se de uma pseudometáfora, tão pseudo quanto instável, aliás, e sabemos que Schreber teve uma recaída. Nesse sentido, Joyce nos interessa não apenas como escritor, não apenas por seu talento e sua genialidade, mas também por uma estabilização que lhe evitou o próprio desencadeamento.

Lacan colocou a atividade literária de Joyce por conta do sintoma. Sintoma definido não como uma função de metáfora pertencente ao campo do Simbólico, mas como uma função da letra, real, como um gozo com a letra. O gozo com o sintoma, assim definido, é um gozo autista, fechado em si mesmo. E, evidentemente, é um paradoxo desenvolver um sintoma que comporte o gozo autista no nível da coisa literária, a qual, por sua vez, implica o contrário do autismo, o laço social. A proeza de Joyce, a seguirmos as elaborações de Lacan, está em que ele conseguiu conciliar o gozo autista com a letra com a instauração ou a manutenção num laço social. Ele o conseguiu por ter chegado a se impor ao mundo como o Artista, ou seja, por ter conseguido fazer com que existisse seu nome de gozo. Poderíamos dizer que ele se fez o promotor de seu nome de gozo. Em geral, os artistas são mais ou menos condenados a se fazerem promotores de si próprios, de suas obras. Joyce fez-se promotor de sua obra, é claro, mas, ao fazê-lo, fez-se promotor de seu nome. A julgar pelos títulos, ele como que hesitou quanto ao nome: *Retrato do artista quando jovem* ou *Stephen, o herói*. Herói, artista, há aí uma pequena hesitação, mas o que é comum aos dois casos é que Joyce não pensa em "um" artista, nem tampouco em "um" herói, mas no artista, no herói. Ele é tão pouco um artista quanto Schreber é uma mulher, uma vez que este é A mulher de Deus. Joyce nos dá o exemplo da promoção de um faz-de-conta que substitui o pai. E Lacan dá certa importância ao fato de o próprio Joyce denominar-se de "filho necessário", com isso indicando bem que a função paterna deve ser sustentada, mesmo quando a foraclusão está presente.

O impressionante em Joyce é que ele promoveu seu nome antes mesmo de haver promovido sua obra. Apresentou-se como o Artista antes de ter produzido o menor testemunho da coisa. Alguém testemunhou isso: foi Yeats, que foi visitado por Joyce e notou que era espantoso e ímpar encontrar alguém que se apresentasse com tamanha certeza de seu talento literário, apesar de ainda não ter escrito nada. Fica muito claro que Joyce, antes mesmo de ter produzido sua obra, por "ter que ser o falo", não se tornou a mulher, mas o Artista. Essa suplência particular substituiu o Nome-do-Pai por algo que tem muito a ver com o pai, e que é ser o Pai do Nome. Joyce fez-se pai de seu próprio nome. Trata-se de um ponto de basta que não é uma metáfora, mas, mesmo assim, é um ponto de basta que faz um curto-circuito no Édipo, porém faz suplência a ele. É exatamente isso que diz Lacan ao esclarecer que Joyce, com sua identidade de artista, conseguiu suprir a falta do imaginário nele, consolidar seu ego por um remendo do imaginário. Joyce conseguiu produzir um basteamento de suplência, que reengata o Imaginário no Simbólico e complementa a junção entre Real e Simbólico assegurada por sua literatura-sintoma. Ele se oferece como texto com que se gozar, exatamente como Schreber, e com menos tormentos que Schreber. Texto com que não Deus, mas o público, pode gozar. Ele logrou êxito onde outros fracassaram (Raymond Roussel, por exemplo), com o resultado, como diz Lacan lindamente, de haver tirado o fôlego do sonho. Não apenas o sonho do devaneio noturno, mas o sonho do romance, o sonho literário, pois ele se oferece como um texto com que gozar que é desprovido de sentido.

Jung testou muito cedo esse fora-do-sentido, pelo fracasso de suas tentativas de interpretar o texto de Joyce (ele parece ter sido o primeiro, aliás, a fazer o diagnóstico de psicose). O teste pode ser repetido. Li no *TLS*[9] de novembro de 1992 uma resenha sobre uma das novas biografias de Joyce, *The Years of Growth (1882-1915)*, de John Coggrave, criticada, em oposição à de Ellman, por só encontrar restos de lembranças, o material de uma história, mas sem um fio de Ariadne que permita a identificação. O que prova, pelo menos, que esse John Coggrave não inventa a significação que falta.

Há no ensino de Lacan, portanto, uma definição muito precisa do que é uma estabilização.

E, sem dúvida, há uma distância entre a perspectiva psiquiátrica e a perspectiva psicanalítica. Decerto é preciso distinguir uma estabilização, no sentido estrito do termo, de uma organização dos distúrbios da psicose. Evidentemente, para o psiquiatra, o que é urgente é conseguir tornar compatíveis com o laço social os distúrbios do gozo próprios da psicose. Quanto a esse ponto, há que reconhecer alguns méritos na diminuição dos fenômenos pelos medicamentos, em seu eventual enquistamento durante o trabalho de manutenção, ou em sua restrição por métodos mais coercitivos. Ainda podemos até considerar um progresso em que o sujeito psicótico consiga se reinserir numa vida "comum", mesmo que seja ao preço da redução às vezes completa de suas ambições, e podemos admitir que ele se previne, que ele se protege dos encontros com a *tikhê*, pois proibir o risco não assume, neste caso, o mesmo sentido que em relação ao sujeito neurótico. Todas essas formas de intervenção — medicamentos, organização do círculo de relações e dos locais de vida, restrição das exigências da vida —, como sabemos, são operantes no sentido pragmático. Talvez conviesse acrescentar à série, além disso, como se constata, às vezes, a estabilidade do casal. Esses são outros tantos tratamentos do gozo que podemos qualificar de práticos. Mas é preciso que os distingamos com clareza do que é a estrutura de uma estabilização.

Um olhar sobre o paranóico[1]

Olhemos o paranóico. Ele nos convida a isso, fazendo ele mesmo um apelo. Vejamos Schreber: ele oferece sua feminilidade ao olhar dos cientistas do futuro, para uma verificação dos prodígios que sofreu. Vejamos também Rousseau, Jean-Jacques, que se esforça... bem, que finge deplorar ter deixado a venturosa obscuridade de seu nascimento, mas que, ao mesmo tempo, pavoneia-se em seu século como ninguém antes dele, e que se faz de difícil para seduzir o olhar da posteridade — sempre certa, no dizer dele; e não se enganou.

Agora, olhemos o paranóico a partir da tese feita por Lacan sobre ele em 1975, em sua lição de 8 de abril, no seminário *RSI*, no qual definiu a paranóia de um modo que talvez parecesse inesperado. Disse ele: "A paranóia ... é uma enviscação imaginária. É uma voz que sonoriza o olhar que é prevalente nela, é uma história de congelamento do desejo." Essa tese, como vocês vêem, é uma tese sobre a paranóia, mas implica uma outra sobre os objetos que chamamos *a*. A tese surpreendeu tanto, que alguns quiseram contestá-la.

Digamos, para começar, que ela afirma a prioridade do olhar sobre a voz na paranóia. É como se, de certo modo, o olhar fornecesse a verdade das vozes do paranóico — isto quando ele as escuta, porque, note-se, esse nem sempre é o caso: o paranóico puro não é forçosamente alucinado.

Então, prevalência do olhar sobre a voz, o que também quer dizer prevalência, na paranóia, do imaginário escópico sobre o simbólico. Aproximamo-nos aí da primeira tese de Lacan, que, nesse texto de 1975, também revela ter sido a última, embora meio complementada. Talvez não a houvéssemos reconhecido na primeira leitura, e talvez isso tenha ocorrido por não avaliarmos a heterogeneidade dos dois objetos que são o olhar e a voz. Ambos convocam a presença, mas essa frase de Lacan pressupõe que consideremos, que admitamos que o olhar está mais ligado ao imaginário — especialmente em sua definição visual como campo das imagens, que não esgota, entretanto, o campo do imaginário —, enquanto a voz, por sua vez, está mais ligada ao simbólico da cadeia significante articulada.

Sobre esse ponto, temos referências muito precisas de Lacan. Primeiro, seu grafo apresentado em "Subversão do sujeito...", no qual o único objeto que ele escreve é a voz. Escreve-a na linha inferior do grafo, para lá do Outro, como um resto da articulação da cadeia significante: está na página 831 dos *Escritos*. Acrescentemos a isso, com respeito ao objeto olhar e seu vínculo com o imaginário, o complemento oferecido por Lacan em 1966, em seus *Escritos*, a seu "estádio do espelho". Ele esclarece ali, como vocês sabem, que a assunção primária da imagem narcísica é sustentada pela manipulação dos olhares, pela troca de olhares, e que, portanto, o próprio Narciso, que acredita mirar-se em seu reflexo, na verdade se pavoneia, como Rousseau, sob o olhar do Outro, sem o qual não poderia sustentar-se. Se levarmos isso em conta, não haverá razão para nos surpreendermos com sua tese.

Mas há algo de surpreendente na expressão "uma voz que sonoriza o olhar". Para Lacan, com efeito, a voz é essencialmente áfona. A esquize do órgão e do objeto, que ele ilustrou no campo escópico como esquize do olho e do olhar, também é válida no campo invocante. Como conviria formulá-lo: esquize da boca e da voz? Ou esquize do som e da voz?

Em 1975, no início da "Troisième",[2] Lacan insistiu em dizer que era preciso "tornar a esvaziar [a voz] da substância que possa haver no barulho feito por ela", ou seja, "imputá-la novamente à operação significante que especifiquei dos chamados efeitos de metonímia". Isso é muito explícito. Na realidade, já estava em "De uma questão preliminar...", se o lermos com atenção, uma vez que, nesse texto, Lacan dissocia explicitamente, na página 538, o sensório e a voz, dizendo haver fenômenos de vozes silenciosas que podem ser evocados no surdo-mudo ou "em algum registro não auditivo do soletrar alucinatório". Em outras palavras, o que a voz faz não é a modulação, mas o texto. Há, portanto, uma oposição entre a música e a voz, que poderíamos desenvolver longamente. O gesto, o grafite, tanto quanto a voz fônica ou aquilo que é ouvido, podem servir de voz, assim como o ruído, a fenda ou a mancha servem de olhar.

Se é assim, que significa a afirmação "a voz sonoriza o olhar"? Caberá pensar, já que estou tentando compreender essa frase, caberá dizer que a voz do paranóico, que sonoriza o olhar, não é uma voz de verdade, mas apenas uma espécie de trilha incidental do olhar? Um olhar que faz barulho? Creio que seria meio simples demais. Para dar uma idéia disso, eu gostaria de me voltar para as metonímias da linguagem em que se deposita tudo o que acontece com os objetos pulsionais.

A língua sabe desde sempre — coisa em que os psicanalistas insistem maciçamente — que a voz alimenta, que ela também irrita, tanto ou mais que o excremento, e que ela contempla, exatamente como o olho. A língua sabe do mesmo modo que um olhar é algo que fala, devora, dissemina o azar, avalia. A língua sabe disso, até no discurso comum. Havia uma canção, antes da guerra, que falava "das doces palavras de amor, quando são ditas com os olhos"...

Esses deslizamentos metonímicos das palavras da pulsão mostram-nos que os objetos pulsionais fazem a ronda por quatro. Por quatro, ou seja: dois mais dois (2 + 2), dois vezes dois (2 x 2) e dois ao quadrado (2^2), como diz Lacan. Eles fazem a ronda por quatro porque a demanda e o desejo são dois, e, para cada um desses dois, os expoentes são dois: seio e excremento, de um lado, voz e olhar, do Outro, os dois objetos não apoiados numa necessidade.

Também o discurso sabe que a voz e o olhar podem se equivaler. Sabe-o porque fala indiferentemente do olhar do mestre e da voz da consciência. Procurem na literatura, inclusive nos contos infantis. Pensem no grilo de Pinóquio, nas fábulas de La Fontaine e em Victor Hugo, "o olho estava no túmulo e fitava Caim": esse olho é também uma voz. Em outras palavras, os expoentes do Outro — do Outro que traz a proibição, do Outro que ordena a renúncia, do Outro que julga o erro, e também do Outro que goza — são intercambiáveis no discurso comum.

No nível pulsional, ou, em termos mais latos, no nível do amor, encontramos a mesma equivalência: o epitalâmio amoroso tanto é obra da troca de palavras de paixão quanto da troca de olhares. Portanto, não nos apressemos demais a opor a voz e o olhar.

Mas eu gostaria de assinalar a heterogeneidade entre eles, tendo por fundo esses deslizamentos metonímicos e essas equivalências. A esquize do olho e do olhar nos permite opor qualquer objeto de contemplação — o que significa qualquer objeto que atraia o olho ou com que o olho se compraza — às aparições do olhar que, por sua vez, dilaceram a superfície escópica. A superfície escópica que elide o olhar, que funciona como véu. Eu diria que, do mesmo modo, no nível da voz, encontramos uma oposição não idêntica, mas análoga. Ou seja, o dinamismo da metonímia vetorializa o que se diz de significações, e esse dinamismo, de certa maneira, não vela a voz, porém a dissimula.

Eis como eu definiria uma voz que sonoriza o olhar: eu não diria, conforme a hipótese que levantei, que talvez fosse apenas um ruído, um olhar-ruído. Diria: é realmente uma voz [*voix*], mas uma voz para a qual o caminho [*voie*], *v-o-i-e*, da metonímia não está livre. Uma voz grudada nas inércias escópicas, em sua fixidez siderante e, antes de mais nada, presa na armadilha do que sustenta a imagem fixa do narcisismo. Eis que volto a Narciso, portanto, e, com ele, a Jean-Jacques Rousseau, com quem eu gostaria de tentar fazer uma pequena ilustração.

A primeira obra de Rousseau é um Narciso.[3] É um livro esquecido, mas foi o que ele escreveu primeiro. Alain Grosrichard já escreveu sobre esse assunto, acho. Quanto a mim, gostaria de me servir dele para ilustrar em três níveis a prevalência do olhar sobre a voz e a voz que sonoriza o olhar, começando por um nível semântico, depois passando ao nível da utilização que Rousseau faz do escópico e, por fim, ao nível dos retornos no real de que ele é vítima.

No nível semântico, sem dúvida, Rousseau subscrevia as metáforas escópicas. Não foi preciso esperar pela psicanálise para percebê-lo. Vocês decerto conhecem um livro de Starobinski publicado em 1957, *A transparência e o obstáculo*.[4] Foram esses os termos que lhe ocorreram para como que estigmatizar a produção de Rousseau. Por sua vez, Georges Poulet escreveu um livro chamado *Les métamorphoses du cercle* ["As metamorfoses do círculo"]. Nele se evocou o perímetro do visível. E, na riqueza do vocabulário da visão, há em Rousseau um grande binário semântico que se isola. Não o do claro-escuro, longe disso, mas o da transparência e das trevas.

"Meu coração transparente como cristal", ele não se cansa de repetir, totalmente tomado por uma louca exigência de transparência, de infinita esperança de um outro que leia seu coração "como um livro aberto". Mas, em contraste com a transparência, são negativos a opacidade, as trevas, o silêncio — trata-se de um leitmotiv e, se ele não o escreveu cem vezes, não escreveu nenhuma: "Sempre odiei as trevas", diz Rousseau, "um rosto sob um véu me deixa angustiado" etc. É que há nele uma espécie de amálgama meio simplista, mas que a língua sugere, entre a inocência e o dia: "a inocência gosta de se mostrar às claras", diz ele, ao passo que o vício é amigo da sombra.

Captamos aquilo de que se trata: é a tradução, no vocabulário da visão, do que Freud chamou de *Unglauben*, ou seja, a recusa, a foraclusão da Coisa em que o paranóico não quer acreditar, em sua rejeição do erro e sua certeza da inocência. Correlativamente, os retornos no real daquilo que ele foraclui apresentam-se para ele como algo que barra o campo do visível.

A Coisa, quando se mostra, não é tanto uma coisa que fala, mas uma coisa que olha ou que dissimula.

Essa imagística elementar, não dialética, binária, insiste em Rousseau de uma forma absolutamente reiterativa, como um estribilho, e, no fundo (desenvolvi esse ponto em outro texto), o estilista genial, o grande músico da língua, peca por inércias semânticas absolutamente impressionantes. Pelo menos para um psicanalista.

No segundo nível — não mais o das metáforas visuais, porém o do espetáculo —, há em Jean-Jacques Rousseau muitas cenas em que o vemos, ele ou seus duplos, pois que há muitos duplos de Jean-Jacques na obra de Rousseau, pavonear-se (não encontro palavra melhor que essa, já utilizada). Pavonear-se sob o olhar do Outro. É algo bastante análogo ao Schreber restabelecido, que, todo enfeitado, contempla-se como mulher e se exibe em seu espelho para extasiar os olhos de Deus. Pois bem, em Rousseau, há muitas dessas cenas de sedução do olho. Eu gostaria de ler uma para vocês, uma só, deliciosa, porém não inteira, porque ela é longa demais. Na época, Rousseau era lacaio. Vocês podem imaginar o quanto isso lhe custava, embora ele ainda fosse jovem. Trabalhava na casa do conde de Gouvon, escudeiro-mor da rainha e chefe da Casa de Solar. Na casa havia uma moça, a srta. Breil, e Rousseau sempre gostou das jovens aristocratas. Deixo de lado a descrição da jovem, pois quero preservar apenas a cena da sedução. Cito o volume das *Confissões* na edição da Pléiade, páginas 95-6:

> Que não faria eu [Rousseau servia à mesa, o que tinha sido a única função meio servil que havia concordado em assumir] para que ela se dignasse ordenar-me alguma coisa, olhar-me, dizer-me uma só palavra; mas nada; senti a mortificação de ser nulo para ela, que sequer se apercebia da minha presença. Entretanto, como seu irmão, que às vezes me dirigia a palavra à mesa, me houvesse dito não sei que de indelicado, dei-lhe uma resposta tão fina e bem formulada, que ela prestou atenção e voltou os olhos para mim.

Essa olhadela, que foi curta, não deixou de me arrebatar. No dia seguinte, surgiu a oportunidade de obter um segundo olhar e eu a aproveitei ... . Nesse dia, ofereceu-se um grande jantar, no qual, pela primeira vez e com grande assombro, vi o mordomo servir de espada na cinta e chapéu na cabeça. Por acaso, começou-se a falar na divisa da Casa de Solar, que estava na tapeçaria com os brasões. *Tel fiert qui ne tue pas.* Posto que de hábito os piemonteses não são mestres consumados na língua francesa, alguém encontrou nessa divisa um erro de ortografia e disse que a palavra *fier* não deveria ter *t*.

O velho conde de Gouvon ia responder, mas, havendo lançado um olhar para mim [novamente os olhos], viu que eu sorria, sem nada ousar dizer: ordenou-me que falasse. Eu disse então não acreditar que o *t* estivesse sobrando; que *fiert* era uma antiga palavra do francês que não vinha do substantivo *ferus*, feroz, ameaçador, mas do verbo *ferit*, atingir, ferir. E, portanto, o lema não me parecia dizer que alguém ameaçava, mas sim *fere aquele que não mata.*

Todos me olharam e se entreolharam, sem dizer palavra. Nunca na vida se viu tamanho espanto. Porém o que mais me envaideceu foi ver claramente, no rosto da srta. Breil, um ar de satisfação. Essa pessoa, tão desdenhosa, dignou-se lançar-me um segundo olhar, pelo menos equivalente ao primeiro; depois, voltando os olhos para o avô, pareceu esperar com uma espécie de impaciência o elogio que ele me devia, e que de fato me deu, tão pleno e completo, e com um ar tão satisfeito, que a mesa inteira apressou-se a fazer coro. Foi um momento breve, mas delicioso sob todos os aspectos.

Contudo, a coisa terminou muito depressa, já que, instantes depois:

A srta. Breil, mais uma vez erguendo os olhos para mim [é o terceiro olhar], pediu-me, num tom de voz tão tímido quanto afável, que lhe servisse uma bebida.

Podemos imaginar a seqüência. Rousseau treme com tamanha intensidade, que

> O irmão dela me perguntou, aturdido, por que eu estava tremendo tanto. A pergunta não serviu para me acalmar. E a srta. Breil enrubesceu até o branco dos olhos.
> Assim terminou o romance...

São as cenas mais paradigmáticas que pode haver. Há muitas outras no texto de Rousseau, no qual, enfim, que é que vemos? É o Rousseau "você me viu?", que, não apenas na imaginação, logra manobrar a realidade pouco favorável — ele era um lacaio — para mostrar a imagem narcísica como uma jóia fascinante. É do cristal da imagem narcísica que se trata aí. O cristal não em seu efeito de transparência, mas, ao contrário, em seu enfeito inverso, que cega o outro com seu brilho.

O desejo congelado não é a holófrase. A holófrase me parece ser um passo a mais na sutura do intervalo significante em que jaz o desejo. A obturação é obra de um objeto, o olhar, que se instala no vazio e sustenta a consistência do envoltório, a imagem narcísica ou também a imagem erótica. Então, quando o véu se rasga, por razões que, por sua vez, não são imaginárias, tornamos a constatar que é no visível que a resposta do percepto — como diz Lacan, para evocar o automatismo mental — se manifesta, e que aparecem as epifanias da Coisa foracluída.

Temos diversos exemplos disso. Exemplos discretos, anteriores ao desencadear da psicose em Rousseau, de quando ele ainda era bem jovem. Em Veneza, de repente ele foi olhado pelo seio sem mamilo da mais bela prostituta da cidade, a quem tinha ido visitar. Pânico. Pânico que durou três meses. Em Turim, ainda na Itália, deparou num relance com a máscara contorcida do homossexual, por trás da máscara inocente do amigo que julgava ter encontrado. Depois do desencadeamento da psicose, tomarei um único exemplo. Rousseau o evocou várias vezes: ele havia deparado com uma "alegria maligna" que brilhava no olhar sombrio de Hume. David Hume, o bom Hume que tivera a gentileza de acolher na Inglaterra o fugitivo da Suíça, perseguido por seus inimigos. Rousseau evocou em diversas ocasiões esse olhar sombrio, que se avizinhou da única voz articulada que conhecemos nele. Teria ouvido de Hume um "peguei Jean-Jacques Rousseau!". Eu gostaria apenas de evocar esse olhar segundo a longa carta de julho de 1766 que ele escreveu a Hume, a pedido deste, para lhe explicar suas queixas. Carta delirante, escrita várias vezes, muito difícil de decifrar em sua redação e na qual, não obstante, Rousseau nos explica de maneira admirável como, acreditando haver encontrado a proteção de um amigo, tinha percebido o pior, primeiro por alguns indícios nos quais não quisera acreditar, e depois, de indício em indício, a demonstração se impusera. E Rousseau escreveu tudo isso ao próprio Hume.

Depois de haver discernido todos os supostos truques de Hume e de, uma noite, na casa dele, haver percebido as manobras do filósofo para ler uma de suas cartas, Rousseau escreveu: "Depois da ceia, ambos guardando Silêncio junto à sua Lareira ..." — o texto foi escrito com as maiúsculas paradigmáticas da carta paranóica, *Silêncio* com maiúscula, *Lareira* com maiúscula, enfim, há maiúsculas ao longo de todo o texto.

> Ambos guardando Silêncio junto à sua Lareira, percebi que ele me olhava fixo, como muitas vezes lhe sucedia, e de uma forma da qual é difícil dar uma idéia. Dessa vez, seu olhar Seco, Ardente, Zombeteiro e Prolongado tornou-se mais que inquietante. Para me livrar dele, tentei fitá-lo, por minha vez, mas, ao pousar Meus Olhos nos Seus, Senti um frêmito inexplicável e logo Fui obrigado a baixá-los. A fisionomia e o tom do bom David São de um bonachão, mas de onde, meu bom Deus, esse bonachão tira os olhos com que fixa seus amigos? A impressão desse olhar continuou mágica para mim, minha perturbação aumentou.

Em seguida a tudo isso, Rousseau atirou-se no pescoço de Hume, "gritando com a voz entrecortada, Não! Não! David

Hume não é um traidor, se ele não fosse o melhor dos homens, teria que ser o mais maléfico".

E o bom David deu-lhe tapinhas nas costas.

Assim, portanto, o "você me viu?" que se oferecia ao olhar deparou com a Coisa, na qual não queria acreditar, sob a forma de um olhar que podemos dizer que estourava a tela, segundo uma expressão que Lacan empregou, e então veio o pânico. Um pânico que ele descreveu muito bem, do qual se alimentou o delírio, patente até sua relativa estabilização e de tom muito schreberiano, que foi indicado no último dos grandes textos de Rousseau, *Devaneios de um caminhante solitário*.[5]

Tomo o começo do primeiro Passeio e o fim do segundo, onde vocês reconhecerão um tom schreberiano de fim do mundo: "Eis-me, pois, sozinho na terra, já não tendo irmão, semelhante, amigo ou sociedade senão eu mesmo. O mais sociável e mais amoroso dos seres humanos foi proscrito dela por um acordo unânime. Eles buscaram no refinamento de seu ódio o tormento que pudesse ser o mais cruel ..." etc.

No entanto, esse perseguido por todos, cercado por um complô universal que, "por um acordo unânime, quer enterrá-lo vivo", explica-nos os doces gozos que extrai de sua solidão — a palavra francesa *jouissance* é um termo do século XVIII —, de seus passeios herborizantes, de suas flutuações no lago etc. Mas... o olho está presente: "esses êxtases, eu os devo a meus perseguidores", já que grande parte dos êxtases prende-se ao fato de fugir deles.

E então, finalmente, percebemos que, para além dos perseguidores de quem escapou, Rousseau conseguiu, como Schreber, encontrar um Outro, um Deus-Outro, e é no fim do segundo Passeio, também este muito schreberiano, que, depois de um parágrafo que estigmatiza a unicidade dos tormentos que lhe foram infligidos, ele diz ter sido obrigado a concluir — já que o complô era tão universal que não havia nem mesmo um único homem que escapasse dele — que isso estava escrito nos decretos eternos, e que, doravante, ele deveria encarar tudo isso como um dos segredos do céu, impenetráveis pela razão humana. "Tudo isso me acalmou", diz então. E acrescenta, falando de sua resignação: "Deus é justo. Ele quer que eu sofra. Ele sabe que sou inocente."

Assim, portanto, o "você me viu?", transformado em alvo do olhar desatrelado no real, acaba numa solidão... envolta pelo olhar do Deus justo.

E, por ter sido um escritor de gênio, Rousseau conseguiu nos olhar para sempre.

A constelação familiar de um paranóico de gênio[1]

O gênio em questão é Jean-Jacques Rousseau. Quem o cercou durante seus primeiros anos de vida? O pai e a tia, Suzanne Rousseau, uma vez que sua mãe, também chamada Suzanne Rousseau, havia morrido no nascimento do filho. Pela evidência dos fatos, conclui-se daí que faltou a mãe a Rousseau. Isso é correto, mas, será verdadeiro?

É certo que, ao começar a escrever suas *Confissões*, já velho e perseguido, Rousseau proclamou: "Custei à vida a minha mãe e meu nascimento foi o primeiro dos meus infortúnios."[2] Mas, será que dessa aposição sintática se deve concluir pela existência de um elo de causalidade, como fizeram muitos comentaristas, notadamente René Laforgue? Nesse caso, será preciso encontrar outra ligação entre essa primeira ausência da mãe — supostamente traumática — e o desenvolvimento posterior do delírio paranóico, que aponta para uma ausência totalmente diversa: a do Nome-do-Pai. Que responde, a propósito desse ponto, o texto do próprio Rousseau? Ele pinta o quadro de uma infância sem conflitos, idílica e idealizada, que só tropeça no momento das aprendizagens educativas e sociais, mais tardias:

> Os filhos dos reis não poderiam ter sido cuidados com mais zelo do que fui durante meus primeiros anos, idolatrado por tudo o que me cercava e sempre, o que é bem mais raro, tratado como uma criança querida, porém jamais mimada. ... Meu pai, minha tia, minha babá, meus parentes, nossos amigos, nossos vizinhos, tudo o que me circundava não me obedecia, na verdade, porém me amava; e eu os amava também.[3]

Esse menino-rei certamente não deve ser psicologizado, pois aquele que escreveu "Odeio os grandes homens" anunciou ao mundo, na passagem acima, que não era necessário ser um grande homem para ter uma infância de homem. Todavia, persiste o depoimento da felicidade, seja qual for o toque de idealização acrescentado a ele. Não se trata da lembrança das dilacerações e renúncias subjetivas próprias do neurótico, mas, ao contrário, de uma lembrança em que só se depositam as imagens do contentamento pacífico da primeira infância. Dos genitores e dos primeiros anos de vida, Rousseau não se queixa nunca, e, se quisermos encontrar nesse contexto familiar um indicador que traduza, no nível dos fenômenos, uma deficiência do simbólico, será preciso proceder a uma decodificação.

Qual é a cronologia dos fatos?

Até os dez anos, o pequeno Jean-Jacques foi criado pelo pai e por uma tia. Em outubro de 1722, como o pai tivesse que deixar Genebra precipitadamente, ele foi posto sob a tutela de seu tio Bernard, que o pôs num internato no interior com seu primo. Assim, ei-lo em Bossey, na casa do pastor Lambercier, "para ali aprender, junto com o latim, a miscelânea de miudezas de que ele é acompanhado, sob o nome de educação".[4] Nesse local se situaram os dois episódios cruciais da deliciosa surra aplicada nas nádegas pela srta. Lambercier e do corretivo injusto, este infligido pelo tio Bernard. Em seguida, após dois anos passados em Bossey, Jean-Jacques voltou para junto do tio e da tia em Genebra.

Se falta alguma coisa nesse contexto, não é uma mãe. Rousseau encontrou mãe das mais ternas na pessoa de sua tia, e, se esta não foi sua genitora, ao menos ele acreditava, tendo nascido quase morto, dever a vida aos cuidados dela. Pouco sabemos dessa tia, mas sabemos o seguinte: ela dedicou seu celibato a cuidar do sobrinho, e dedicou seus últimos anos a cuidar de um jovem marido alcoólatra, com quem se casara em idade avançada. Sabemos por Rousseau do amor que ele lhe dedicava, nunca desmentido, da marca que ele guardou da tia em sua paixão pela música, da saudade essencial que nunca deixou de se ligar à lembrança dela e, por fim, da reatualização de sua imagem quando da ligação amorosa com aquela a quem Rousseau chamava "mamãe":

> Excetuado o tempo que eu passava lendo ou escrevendo junto a meu pai, e aquele em que minha babá me levava para passear, eu estava sempre perto de minha tia, vendo-a bordar, ouvindo-a cantar, sentado ou de pé ao lado dela, e ficava contente. Seu bom humor, sua meiguice e seu rosto agradável deixaram-me impressões tão fortes, que ainda vejo sua fisionomia, seu olhar, sua postura; lembro-me de suas palavrinhas carinhosas; direi como ela se vestia e penteava, sem esquecer as duas vírgulas que seus cabelos negros faziam em suas têmporas, segundo a moda daquela época.[5]

Para evocar a felicidade dos anos posteriores com a sra. de Warens, Rousseau retomaria as mesmas construções: "Eu passeava, e era feliz; via mamãe, e era feliz"[6] etc.

Nada permite duvidar que, nessa imagem de devotamento tranqüilo e satisfeito de sua tia, Rousseau não tenha encontrado a "mãe suficientemente boa" tão cara a Winnicott, a qual, por sua presença incondicional, sustenta as primeiras satisfações narcísicas da criança. A srta. Lambercier, que sucedeu a essa tia, também exibia as insígnias maternas, mas, estando encarregada de zelar pela aprendizagem, acrescentou às do amor as da exigência educacional: "Ela nutria por nós a afeição de uma mãe, e tinha também a autoridade desta",[7] e "Eu a amava como a uma mãe, talvez mais."

Se há aí alguma carência, não é a da mãe, mas a do homem que faltava a essas duas mulheres, totalmente dedicadas a cuidar do menino. O fato, em todo caso, é que ambas eram celibatárias e ambas viviam sob o teto de um irmão. Eram mães — adotivas — e irmãs, porém não eram esposas. Ora, temos uma indicação muito clara, desde as primeiras páginas das *Confissões*, do fato de que, para Rousseau, o par irmão-irmã se superpunha ao par conjugal. A conjuntura familiar, ademais, prestava-se a isso, já que o tio Bernard, irmão da mãe, tinha-se casado com uma senhorita Rousseau, irmã do pai. "Meu tio era também o marido de minha tia",[8] diz Rousseau, e, ao evocar o casamento das duas irmãs com os dois irmãos, cria uma fábula estranha: "Gabriel Bernard, irmão de minha mãe, apaixonou-se por uma das irmãs de meu pai; mas ela só consentiu em se casar com o irmão sob a condição de que seu irmão desposasse a irmã. O amor providenciou tudo e os dois casamentos se realizaram no mesmo dia."[9]

Se foi assim, o casamento de seus pais, como vemos, teria sido resultado de uma solidariedade fraterna. Mas isso não passou de uma invenção, que contrariou os fatos em pelo menos um ponto, pois o casamento do tio ocorreu cinco anos antes do dos pais de Rousseau. Nesse mesmo sentido, como não evocar a longa coabitação com Thérèse, que Rousseau só desposou muito tardiamente, a quem sempre chamou de tia e que, em algumas ocasiões, fez passar por sua irmã? Trata-se de um punhado de estigmas da perpetuação de um modelo feminino, que elide a categoria da esposa em prol de um ideal de abnegação assexuada. Inversamente, o retrato de Isaac Rousseau, pai de Jean-Jacques, parece absolutizar a dimensão do amor conjugal. As primeiras linhas que Rousseau dedicou à lembrança do pai situam-no sob o signo de um luto interminável: "Eu nunca soube como papai suportou essa perda, mas sei que nunca se conformou. ... 'Ah!', dizia ele, gemendo, 'devolve-a a mim, consola-me por ela, preenche o vazio que ela deixou em minha alma.'"[10]

Seriam essas as palavras de um homem viúvo há mais de cinco anos (já que foi dessa época que Rousseau datou sua lembrança)? Não busquemos uma exatidão improvável. Os fatos nos dizem apenas que Isaac Rousseau não tinha tanto ardor para desfrutar da presença de sua mulher: tendo-se casado com Suzanne Bernard em 2 de junho de 1704, um ano depois, no fim de junho de 1705, ele embarcou para Constantinopla, embora seu primeiro filho tivesse nascido em março. Só retornou seis anos depois, em novembro de 1911, exatamente pelo prazo de uma gestação, e perdeu a mulher no início de julho do ano seguinte. Mas Rousseau construiu a imagem de um pai inconsolável e lhe atribuiu um discurso em que ele próprio era chamado, na ambivalência, a ocupar o lugar vago da mãe. René Laforgue fez derivar dessa conjuntura tanto o "caráter efeminado" que Rousseau reconhecia ter quanto a culpa que supôs nele. Só uma coisa é certa: a mulher do pai faltou, e todo o problema é saber a título de que ela faltou. Não é somente a lógica que leva a concluir, a partir desse "consola-me por ela", que Rousseau foi convocado para um lugar feminilizante. Seria igualmente possível ler aí a confissão de que a mulher estava no lugar do filho. Mas, na verdade, não se trata de uma palavra do desejo, que evoque um lugar sexuado, e sim de uma demanda de preenchimento da falta-a-ser, ou, dito de outra maneira, de um apelo ao amor que, justamente, elide a dimensão sexuada do objeto. Por outro lado, não só os fatos — que Rousseau não ignorava — mostram um homem pouco premido a partilhar a vida com sua mulher, como o discurso que evoca esta última a idealiza demais, para tornar presente a dimensão propriamente sexuada do desejo. Para Rousseau, o casal original formado por seus pais certamente estava situado sob o signo do amor, porém de um amor que falava a mesma língua do amor pelo filho ou do amor fraterno.

Que pai foi esse Isaac Rousseau?

O filho enterneceu-se à sua lembrança, mas os traços que isolou foram os da deficiência: pela negligência e brutalidade de Isaac em relação ao filho mais velho, por ele abandonado com a mãe desde o nascimento, e que Rousseau lembrou-se de ter tido que proteger das pancadas com o próprio corpo, e também por seu companheirismo totalmente parcial com Jean-Jacques. A propósito das noites passadas na leitura de romances, quando ele mal havia completado seis anos, Rousseau observou: "Nunca conseguíamos parar antes do fim do livro. Às vezes, ao ouvir o chilrear matinal das andorinhas, meu pai dizia, todo envergonhado: vamos deitar; sou mais infantil que você."[11]

Esse personagem, sentimental demais, estava muito longe, sem dúvida, das figuras de grandes homens ilustres que, exultante, Rousseau não tardou a descobrir em Plutarco. Aliás, depois de uma briga e com o álibi da questão de honra, Isaac não tardaria a abandonar definitivamente não apenas sua vida e sua casa, mas também... seu filho. Não é difícil conceber que, em busca de seus modelos, o menino Rousseau os tenha encontrado em outro lugar que não nesse pai, a um tempo infantil e inconseqüente. O principal mérito de Isaac foi, sem dúvida, a biblioteca que ele havia herdado, que os ocupou a ambos com os romances e na qual Rousseau parece ter acreditado encontrar o Homem com agá maiúsculo:

> Incessantemente ocupado com Roma e Atenas, vivendo, por assim dizer, com os grandes homens ..., eu me acreditava grego ou romano; transformava-me no personagem cuja vida lia; a descrição dos traços de constância e intrepidez que me impressionavam deixava-me com os olhos faiscantes e a voz forte. Num dia em que contei à mesa a aventura de Scevola, as pessoas se assustaram ao me ver estender a mão para um *réchaud*, para encenar o ato praticado por ele.[12]

Concluo, portanto: não foi a mãe que faltou a Rousseau. Por um lado, ele ficou entregue a essas mulheres que eram irmãs e mães, inteiramente dedicadas aos cuidados da maternagem. Por outro, o modelo paterno lhe transmitiu — numa veia muito mitomaníaca, convém dizer — a imagem de uma esposa transfigurada, condensando uma saudade assexuada, e ideais exaltados do Homem. Desenhou-se aí uma clivagem: para as mulheres, as crianças, e sem compartilhamento; para os homens, as poses da aparência imponente. O que faltou, muito precisamente, foi o semidizer da *père-version*,[13] da versão sexuada do pai.

Entretanto, com isso não se resolve o problema da causalidade da foraclusão. Com efeito, a constelação familiar que Rousseau nos apresenta é, evidentemente, uma construção, decerto apoiada em fatos, mas, mesmo assim, uma construção, mais causada que causal, e que diz da posição de Rousseau. No entanto, se fosse preciso atribuir um papel à morte efetiva da mãe, eu diria que a falta da presença materna encarnada sem dúvida contribuiu para deixar o campo livre para sua presença exagerada como significante ideal do amor, enquanto a presença encarnada do pai, com os traços de insuficiência que o caracterizavam, deve ter tornado sensível o demérito de seu personagem em relação a seu nome de pai.

Jean-Jacques Rousseau e as mulheres[1]

Ser tratado como um caso era exatamente o que queria Jean-Jacques Rousseau, porém um caso singular, passível de instruir a posteridade sobre o homem que ele foi e, através dele, sobre o homem em geral. Uma pequena anotação na abertura das *Confissões* anuncia: "Eis o único retrato de homem, pintado exatamente segundo o modelo natural e em toda a sua verdade, que existe e provavelmente jamais existirá."

E vem o primeiro parágrafo: "Tomo uma iniciativa sem nenhum exemplo prévio e cuja execução não terá imitador. Quero mostrar a meus semelhantes um homem em toda a verdade da natureza; e esse homem serei eu. Somente eu. Sinto meu coração e conheço os homens ... ."

Por menor experiência clínica que se tenha, reconhece-se aí a nota tipicamente paranóica do tom. "Paranóico de gênio", disse Lacan no fim de sua tese sobre o caso Aimée. Com efeito, genial e incomparável, e monumental, mas, mesmo assim, paranóico. Não temos nenhuma razão para pensar, como postulou Michel Foucault, que a obra e a loucura se excluam. Antes, a experiência indica o contrário, e essa tese, de resto, contrariando as aparências, é desagradavelmente segregadora no tocante à psicose. Formulo uma pergunta ao caso Jean-Jacques Rousseau para que, segundo seu desejo, possamos instruir-nos com seu exemplo, e interrogo mais particularmente o Rousseau apaixonado.

A questão da sexuação

Essa questão se impõe em razão de nossa tese sobre a foraclusão e seus efeitos sobre o acesso do sujeito psicótico ao sexo oposto. Há aí um problema que, evidentemente, ultrapassa o caso Jean-Jacques Rousseau. A questão se introduz de maneira inevitável e lógica a partir do momento em que, por um lado, reconhecemos na castração, no que Lacan chamou, num dado momento, de sua assunção, aquilo que "regula o desejo sexual no normal e no patológico", e, por outro lado, supomos haver na psicose uma foraclusão da castração, que, segundo Lacan, produz o amor do psicótico, ou "amor morto".

Lacan situou seu efeito principal quanto à sexuação. Qualificou-o de "sardônico" e lhe deu um nome: empuxo-à-mulher. Essa expressão não foi feita simplesmente para enunciar com outras palavras a tese freudiana sobre a homossexualidade do paranóico, mas, ao contrário, para corrigir a ambigüidade dessa tese. Freud teve o mérito de insistir na função do pai na psicose. Todavia, não isolou com clareza, no problema da relação com o sexo, o registro classicamente chamado de identidade sexual e o da escolha do objeto. Ora, embora estejam ligados, eles não se confundem. É o que mostram claramente os casos de homossexualidade masculina em que o sujeito, apesar de inscrito do lado do homem, não escolhe o objeto feminino. Já a noção de empuxo-à-mulher situa-se claramente no nível da sexuação do sujeito: implica uma modalidade de gozo, mas deixa em suspenso a escolha de objeto. Que o paranóico seja impelido a *ser* mulher, na impossibilidade de se inscrever na função fálica, ainda não nos diz quais serão seus objetos e se ele gostará das mulheres ou dos homens, ou até dos dois, indiferentemente. Que ele se sinta impelido a ser mulher, vá lá, mas, será uma mulher homo ou heterossexual? Portanto, como aquele de quem dizemos não que ele é mulher, mas que é impelido a sê-lo, que está em vias de se tornar mulher, como ele enfrenta o encontro de amor, de desejo ou de gozo com as mulheres? Em outras palavras, como pode aquele que é empuxado a ser mulher sentir-se convocado a tê-las, no sentido de possuí-las? Com respeito a essa pergunta, apelo para Rousseau.

Evidentemente, ele só me poderá responder por seu texto, e surge a questão de saber como tomá-lo, esse texto das *Confissões*, no que tange à nossa pergunta. Não basta tomá-lo pelas bordas, isto é, com prudência: resta saber que uso fazer dele. De minha parte, sem maior justificação, considero que a paranóia de Rousseau estava desencadeada e ativa quando ele começou a escrever suas *Confissões*. É claro que há diferenças conforme os livros, mas o conjunto do texto foi escrito na perspectiva da perseguição e do arrazoado que responde a ela. A elaboração justificadora está presente em toda parte, e não podemos esperar que o relato nos forneça uma exatidão biográfica, ali onde o que ressoa é a verdade paranóica. A demonstração disso já nem precisa ser feita: sabemos, por exemplo, que desde as primeiras páginas, nas quais Rousseau conta coisas sobre sua família, seus pais, o casamento deles, seu nascimento etc., ele nos apresenta uma história quase mítica em que nada é exato, mas na qual podemos reconhecer a verdade de sua ficção paranóica.

O empuxo-à-mulher

Tomando o texto dessa maneira, poderemos identificar sem dificuldade alguns indícios claros de um discreto empuxo-à-mulher.

Rousseau evocou a ligação do menino que ele foi com seu pai. (No que concerne à mãe, sabemos que ela morreu no nascimento do filho.) Disse ele:

> Eu nunca soube como meu pai suportou essa perda, mas sei que nunca se conformou com ela. Acreditava revê-la em mim, sem conseguir esquecer que eu a tirara dele; ele nunca me deu um beijo sem que eu sentisse seus suspiros, seus abraços convulsivos, sem que um pesar amargo se misturasse a seus carinhos, que não poderiam ser mais ternos. Quando ele me dizia "Jean-Jacques, vamos falar de tua mãe", eu lhe dizia "está bem, meu pai, então

> vamos chorar", e essa simples palavra já lhe arrancava lágrimas. "Ah!", dizia ele, gemendo, "devolve-a a mim, consola-me por ela, preenche o vazio que ela deixou em minh'alma. Acaso eu te amaria assim, se fosses apenas meu filho?" Quarenta anos depois de tê-la perdido, ele morreu nos braços de uma segunda mulher, mas com o nome da primeira na boca e com sua imagem no fundo do corpo.[2]

Como vemos desde essas primeiras linhas, diante do Outro barrado, evocado precisamente pela expressão "o vazio da alma", Rousseau sente-se convocado ao lugar do objeto. De maneira muito explícita, é ele, o menino vivo, no lugar de uma mulher perdida, morta. Não há dúvida de que essa substituição pode ser lida com um duplo sentido, como elaborei em outro texto: é o menino que se feminiza ou é a mulher que se desfeminiza? Contudo, não podemos duvidar da certeza de Rousseau: o Outro o quer como objeto. É a própria posição schreberiana, e daí podemos concluir que, com toda probabilidade, Rousseau também tinha sido "avisado pela adivinhação do inconsciente" de "que, na impossibilidade de ser o falo que falta a mãe, [restava-lhe] a solução de ser a mulher que falta aos homens". Mas isso ainda não nos diz nada sobre as pulsões do sujeito e sobre sua maneira de assumi-las. É exatamente isso que está em questão.

Rousseau, por sua vez, nunca deixou de afirmar seu "caráter efeminado". Com isso parecia designar sua recusa das restrições e do esforço, sua moleza, seu gosto pela liberdade de fazer o que lhe aprouvesse, a seu tempo, sem relógio e sem obrigações provenientes do Outro. O que Rousseau abominava acima de tudo era o imperativo, era dançar conforme a música de todos, como todos os homens. Eis o que ele diz sobre ser afeminado, contando-nos uma história.[3] Ele tinha 16 anos e estava diante de um homem que tentava convertê-lo ao catolicismo, ao passo que ele era protestante. E explica como pensa ter reagido como mulher, o que consistia, para ele, em não dizer sim, porém sem dizer não, e em deixar esperar, mas sem dar coisa alguma. É muito divertido, e compreendemos que ser categórico não seria feminino, mas que a tenacidade não estaria excluída disso.

Rousseau não se contenta em saber que tem inclinações femininas: é nelas que se reconhece. Já se interrogou muito sobre seu próprio ser — "Mas, e eu, desligado deles e de tudo, que sou eu?", pergunta-se no começo dos *Devaneios*... E, quando se reconhece como "ele mesmo", expressão que tem muito peso em Rousseau, nunca é por meio das identificações heróicas ou viris que são dadas a conhecer ao mundo. O cidadão de Genebra que enaltece as virtudes da cidade é aquele de quem ele dirá: "eu era outro." Inversamente, ele se reconhece e gosta de si mesmo no bom Jean-Jacques que sonha com o amor como uma mulher, que flana pelos campos, que experimenta prazeres requintados ao se entregar à natureza, ou que trança fitas com as mulheres na soleira da porta. Diferentemente de Schreber, Rousseau nunca defende sua virilidade. Longe de protestar ou de lutar contra a feminilidade, espanta-se, antes, por ter-lhe sucedido assumir a estatura do Homem. E ele comenta isso com um "não era eu", preferindo reconhecer aí o artifício de uma capa identificatória, tomada de empréstimo das leituras de sua infância sobre a Roma antiga.

Afirmando-se feminino, Rousseau também diz ter sempre preferido a companhia das mulheres. De fato amou homens com paixão, muitos homens até, e teve grandes amigos e não se defende disso, mas sempre protestou que, efetivamente, entre a companhia de um homem e a de uma mulher, havia nesta última uma coisinha qualquer que não era o amor, mas que estava ligada ao sexo e superava os encantos da amizade. Esse traço certamente pode receber interpretações diversas, mas, de qualquer modo, sabemos que, no fim da vida, Rousseau adotou a indumentária dos armênios. Usava a túnica — dizendo-a mais cômoda, em razão dos cuidados exigidos por sua doença na bexiga! — e, em companhia de mulheres, exercia uma ocupação de mulher, trançando fitas. Nessa ocasião, escreveu a uma mulher e lhe disse, em síntese: eis-me um pouco do seu sexo, e nele me sinto melhor que no meu.

Podemos ir mais longe. Eu gostaria de evocar um texto que nos permite ultrapassar as declarações explícitas de Rousseau e discernir um pouco de sua postura em relação ao reconhecimento da diferença entre os sexos, ao que eram os homens e mulheres, sexualmente falando. O texto encontra-se no *Emílio*. Rousseau medita sobre como deveria ser a educação sexual ideal. Como deve o preceptor responder à pergunta "de onde vêm os bebês?"? Essa resposta é importante para nós porque, a partir de Freud, aprendemos que essa pergunta esconde outra, a da diferença sexuada. E eis o que diz Rousseau: conheço uma resposta admirável, dada por uma mãe. Ao filho que a interrogava, ela respondeu: meu filho, as mulheres os urinam como pedras, em meio a dores atrozes. E Rousseau se deslumbra com essa resposta tão apropriada! Ora, o que é que nós sabemos? Se havia alguém que urinava pedras em meio a dores atrozes, era justamente ele, que sofreu da bexiga a vida inteira e acabou não mais podendo urinar sem a ajuda de sondas. Como que por acaso, foi a função orgânica destinada a simbolizar a potência fálica que ficou prejudicada na doença de Rousseau. Agressividade uretral, dizia Freud, alegria fálica, retomaria Lacan, para designar esse alcance simbólico do ato de urinar. Pois bem, em outro de seus textos, Rousseau nos indica que este não lhe era estranho. No início das *Confissões*, ele se enternece com sua inocência e sua bondade infantis e, procurando rememorar um malfeito seu, só encontra um, diante de cuja evocação, diz ele, ainda não consegue deixar de rir, passados cinqüenta anos: lembra-se de uma vez ter urinado na panela de uma vizinha, uma dona-de-casa velha e rabugenta. Então, como não concluir da aproximação desses textos que, para Rousseau, sua doença realizava a fantasia de uma mulher no parto e funcionava no real como uma mortificação fálica? Deixo de lado o fato de o filho vivo ser colocado, nessa situação, como equivalente à pedra inanimada.

Três mulheres

Como podia esse homem, para quem as mulheres eram quase irmãs, amar como homem?

Três delas foram importantes. Três encontros mudaram o rumo de sua vida. Houve alguns outros, é claro, que vocês encontrarão ao longo das *Confissões*, mas apenas três assumiram para ele a imagem do destino. O que nos dá ensejo a interrogar, na escolha de objeto, o papel respectivo do *automaton* e da *tikhê*, a combinação da repetição do mesmo com aquilo que sucede a alguém por acaso. Procuremos ler de que modo essa oferta do real que é o acaso entra em consonância com a insistência da fantasia. Conhecemos a tese lacaniana de que "A mulher não existe". Mas Lacan acrescenta, em "Televisão": "Com o que O homem, enganando-se, encontra *uma* mulher com quem tudo dá certo: ou seja, comumente, o fiasco em que consiste o sucesso do ato sexual."[4] Pois bem, quando Rousseau encontra uma mulher, nem tudo dá certo.

Essas três mulheres são a sra. de Warens, Thérèse e, principalmente, a sra. d'Houdetot. Rousseau se reconhece em dívida para com cada uma delas, e já não é uma postura comum o reconhecer-se em dívida para com as mulheres, porque, habitualmente, é perante o pai que o homem fica em dívida — nem que seja na denegação.

A sra. de Warens ele conheceu em 1728. Rousseau tinha 16 anos. Esse foi, em suas palavras, o encontro que "decidiu sobre meu caráter". Muito suscetível quanto a seu próprio ser, sempre pronto a se rebelar contra a influência e a se insurgir contra os abusos dela, Rousseau colocou-se como obra — o termo é repetido muitas vezes — da sra. de Warens. É o quanto basta dizer sobre a dívida.

A segunda mulher foi Thérèse. Rousseau a conheceu em 1745, quando já não era muito jovem: tinha 32 anos. Observou ele: "O dia que me uniu a Thérèse fixou meu ser moral." Ele permaneceria com ela até sua morte e a desposaria no fim da vida.

E depois, em 1757, veio a terceira, a sra. d'Houdetot. Ela foi também a primeira, pois Rousseau lhe deveu ter conhecido o amor, aquilo que considerou o verdadeiro amor, e que ocorreu em sua vida, conviria dizer, como uma catástrofe. Durou uma estação, primavera-verão, e no outono já veio o desastre.

Por sorte, Rousseau fez um esforço extraordinário para nos dizer o que essas três mulheres foram para ele. E aí nos apercebemos de que ele menos procurava fazer das mulheres uma série do que distingui-las. Não se contentava em contá-las, mas tentava transformá-las numa unidade, tanto quanto ele mesmo queria ser único, e em relação a cada uma se perguntou: o que ela foi para mim?

O encontro com a sra. de Warens passou-se no instante de um olhar. Aliás, como eu disse, há na obra de Rousseau muitas cenas extraordinárias de troca de olhares — com a sra. Basile, com uma certa srta. Debray etc. —, e numerosos comentadores sublinharam a importância do registro escópico na ligação que uniu o escritor a seus semelhantes. Mas o que eu gostaria de destacar inicialmente, nesse primeiro encontro, é sua dimensão narcísica. Remetamo-nos às páginas 48, 53 e seguintes das *Confissões*, e depois às páginas 194 e 197, no que concerne ao encontro propriamente sexual.

Rousseau chegou a Chambéry. Convém apreendermos bem o contexto. Ele acabava de fugir de Genebra, por não conseguir suportar a posição servil que o esperava, desde que fora colocado como aprendiz no estúdio de um artesão. Portanto, era um jovem vagabundo, faminto e sem recursos. Caiu na casa de um padre bondoso que o encaminhou a uma boa devota, e chegou a Chambéry com uma carta de recomendação. Esperava encontrar uma devota que fizesse da caridade sua profissão. Ora, o jovem Jean-Jacques conhecia as devotas e não gostava delas; tinha três tias, dentre elas tia Suson, aquela que o havia criado, a quem ele dizia dever a vida e por quem sempre preservou um amor inalterável; quanto às outras duas, Rousseau nunca fez outra coisa senão denunciar sua carolice. E, como sabia que não era bom para falar, havia preparado uma cartinha muito bem formulada, no dizer dele.

Eis o começo do texto: "Enfim cheguei; vi a sra. de Warens. Essa época de minha vida decidiu meu caráter; não pude resolver-me a passá-la com leviandade. Estava com 16 anos e meio."

É cativante a construção que passa da imagem recém-avistada da sra. de Warens para o retrato bastante favorável do jovem visto pela dama. Só na página seguinte é que o projetor torna a se voltar para ela. Sem dúvida há nisso uma certa retórica, feita para criar um suspense, porém há mais ainda. O fenômeno do espelho fica patente aí, como que pronto para se traduzir num movimento da câmera. A sra. de Warens caminhava à sua frente e ele a chamou:

> A sra. de Warens voltou-se ao ouvir minha voz. Como me transformei ante aquela visão! Eu havia imaginado uma velha devota carrancuda ... Vi um rosto repleto de encantos, lindos olhos azuis cheios de doçura, uma tez deslumbrante, o contorno de um pescoço encantador. Nada escapou ao rápido olhar do jovem prosélito, porque, no mesmo instante, transformei-me no dela.

No instante de ver, a figura feminina repleta de encantos — os olhos, a tez, o pescoço — aparece em oposição à máscara da beata. Caberia concluirmos que ela ressuscitou — escolha anaclítica — atrativos que tinham sido os de tia Suson? Ao ler a descrição desta nas primeiras páginas das *Confissões*, podemos estimar que sim. Mas os traços de identificação narcísica são ainda mais legíveis na seqüência do texto.

Diz Rousseau sobre seu novo ídolo: "Ela havia abandonado o marido, a família e a terra natal, por uma irreflexão parecida com a minha." Também como ele, a sra. de Warens havia perdido a mãe ao nascer e era vítima de charlatães, por causa de seu bom coração, é claro. Por último — traço raramente sublinhado —, havia também nela um pequeno toque de virilidade: "Não era de intrigas de mulheres que ela precisava, mas de projetos a criar e a dirigir. Todos os dias, novos sistemas germinavam em sua cabeça, ela precisava de liberdade para se entregar a eles" etc. Foi, portanto, uma escolha compósita de objeto, ao mesmo tempo narcísica e anaclítica, que investiu a sra. de Warens da potência tutelar da mulher protetora. Diz Rousseau: "Vi-me prontamente vivendo sob a orientação dela."

Desse momento em diante, passou a chamá-la de "mamãe", ela o tratava por "filhote" e, tempos depois, ele viria a esclarecer: "De tanto chamá-la mamãe, de tanto usar com ela a familiaridade de um filho, acostumei-me a me encarar como tal."[5]

Rousseau tenta precisar seus sentimentos, para dizer que não se trata de desejo sexual. Também não se trata de amizade, e sim de algo "mais voluptuoso e mais terno", que não implica "desejo nem arrebatamento", e que ele imagina que não se possa experimentar por uma pessoa do mesmo sexo. Há um paradoxo, portanto, e Rousseau se surpreende com o fato de que um sentimento tão pacífico, que evoca a tranqüilidade do filho junto à mãe, leve-o a fazer toda sorte de loucuras e extravagâncias, como, por exemplo, beijar a cama da sra. de Warens, imaginando que ela se deitara ali... Até na presença dela, às vezes, diz Rousseau, escapavam-lhe "extravagâncias que só o mais violento amor pareceria capaz de inspirar. Um dia, à mesa, no momento em que ela pusera uma garfada na boca, eu gritei ter visto um fio de cabelo; ela cuspiu a garfada no prato e eu me apoderei dela avidamente e a engoli". E há toda sorte de provocações coquetes, apertos, abraços, ela lhe enfia os dedos na boca para fazê-lo engolir remédios, para implicar com ele, e os dois riem como maluquinhos. É o bastante para compreendermos que a relação não deixa de implicar um certo corpo-a-corpo, porém um corpo-a-corpo que elide a dimensão do ato sexual e evoca, antes, o erotismo atuante entre um filho pequeno e uma "mãe terna".

Quanto à posição subjetiva de Rousseau em relação à sra. de Warens, é notável: dessa mulher é possível suportar tudo, em especial o que em geral é insuportável para ele. Todas as restrições, todas as exigências lhe passam a ser leves, e ele, o rebelde, descobre-se o mais submisso dos homens. Afirma isso com sua precisão habitual: "Eu estava a serviço da melhor das mães." Não tardamos a descobrir, entretanto, que é como se não lhe conviesse ficar inteiramente a serviço dela. A coisa se detém num ponto muito preciso: aquele em que se transformaria em "serviço sexual". Mas chega o momento em que a sra. de Warens julga que deve iniciar o jovem Rousseau, oferecendo-se a ele, não sem ter-lhe dado um aviso com duas semanas de antecedência.

É aí que tudo se modifica. Ele adora essa mulher, nutre por ela uma confiança absoluta, mas não a deseja. Ao longo de várias páginas, explica seu pavor — mesclado de impaciência —, sua repugnância e seus temores; menciona o quanto gostaria de poder dizer não e o quanto avaliava que essa não era uma resposta para se dar a uma mulher, nem mesmo àquela. E chega o dia fatídico: "Vi-me pela primeira vez nos braços de uma mulher, e de uma mulher que eu adorava. Fui feliz? Não; saboreei o prazer. Não sei que tristeza invencível envenenou o encanto. Senti-me como se houvesse cometido um incesto." Ora, Rousseau não havia aprendido sobre o Édipo com Freud, não é? E por isso seu comentário tem ainda mais valor, valor de verdade.

A partir daí, as relações da sra. de Warens com Rousseau se deterioram, e isso, muito antes de ela lhe impor um rival. São muitas as indicações disso: Jean-Jacques adoece várias vezes, faz inúmeras viagens, vai e vem a tal ponto que não é nada exagerado supor que fuja dela sem saber, e, além disso, na primeira oportunidade, resolve interromper o comércio carnal. Evidentemente, essa ocasião não é qualquer uma: durante uma ausência de Jean-Jacques, a sra. de Warens havia arranjado um amante. Mas convém dizer que, até esse momento, Rousseau também não era o único. Quando de sua chegada, já estava instalado um outro homem que fazia o papel de amante, um certo Claude Anet. Voltarei a ele daqui a pouco, mas já podemos ver que não era a situação triangular em si que desagradava a Rousseau. Dessa vez, no entanto, ele lhe anuncia estar renunciando à posse dela. Deixa de ficar a serviço da melhor das mães e não duvida que ela nunca o tenha perdoado por isso, e que o esfriamento das relações entre os dois tenha vindo daí.

No tocante à sra. de Warens, portanto, a formulação poderia ser: todo o serviço, menos o serviço sexual.

A segunda mulher foi Thérèse, que, a acreditarmos em Rousseau, fixou seu "ser moral". Passarei rapidamente por ela, embora Thérèse tenha sido e continue a ser um enigma para todos. Rousseau, o genial Rousseau, escolheu como mulher uma boçal, uma boçal de verdade. Ele mesmo a descreveu: não só Thérèse não tinha formação nem instrução, o que não seria nada, como era também incapaz de adquiri-las. Nunca aprendera a ver as horas; coisas extremamente simples lhe eram absolutamente inacessíveis, para grande diversão de Rousseau, que chegou até a criar um bestialógico das asneiras que ela dizia. Analfabeta e, ainda por cima, meio sem pudor (pois nem sequer era fiel): foi essa a mulher escolhida pelo amigo de todos os enciclopedistas, pelo homem que não tardaria a ser o mais célebre da Europa. O encontro se deu no instante de um olhar, mais uma vez.[6] O de Rousseau cruzou com outro, "vivo e meigo", que nunca tivera igual para ele, em suas palavras. O contexto desse instante está longe de ser insignificante: a moça era uma simples criada num hotel; estava-se jantando, os amigos de Rousseau fizeram troça dela com superioridade, e Jean-Jacques ergueu-se prontamente em sua defesa.

O traço de identificação está presente logo de saída, pois não nos esqueçamos de que o orgulhoso Rousseau também servira à mesa na casa dos poderosos — escreveu páginas admiráveis sobre o assunto —, e muitas vezes se sentira mortificado com isso, embora, em algumas ocasiões, tivesse sabido distinguir-se justamente em razão de seus conhecimentos. Assim, Rousseau, o humilhado, assumiu a defesa da simplória ridicularizada, e o idílio começou.

Como situar essa nova figura na linhagem das mulheres? Com contundente lucidez, Rousseau observou:

> Era preciso, em suma, dar uma sucessora a mamãe; posto que eu não mais deveria viver com ela, precisava de alguém que vivesse com seu discípulo, alguém em quem eu encontrasse a simplicidade e a docilidade de coração que ela encontrara em mim. ... Encontrei em Thérèse o complemento de que necessitava.

Ela viria, portanto, como substituta da sra. de Warens, porém num esquema inverso, e, já que Rousseau tinha sido obra desta última, tentaria — por algum tempo — fazer de Thérèse sua obra. Isso não deu certo e, por fim, ela se descobriu no lugar da mãe ou do duplo: Rousseau a chamava de "tia", às vezes a fazia passar por sua irmã e, quando assumia um nome falso, usava o dela. Mas jurou por Deus que não se tratava de amor nem de desejo:

> Que pensará o leitor, portanto, quando eu lhe disser ... que, desde o primeiro momento em que a vi, até o dia de hoje, nunca senti por ela a menor centelha de amor, tive tão pouco desejo de possuí-la quanto de possuir a sra. de Warens, e que as necessidades dos sentidos que satisfiz com ela foram para mim unicamente as do sexo, sem que houvesse nada próprio do indivíduo?[7]

Essa é, com certeza — num outro vocabulário —, sua maneira de distinguir amor e gozo sexual. No cômputo geral, o que Rousseau lhe pediu e o que obteve dela foi, muito claramente, a presença incondicional. É por isso que me permito pensar que ela ficou no lugar do fiel animal de estimação. Com efeito, Thérèse o seguiu por toda parte, indefectivelmente, nos tempos de infortúnio e perseguição.

Passo agora à sra. d'Houdetot. "Dessa vez, foi amor." Isso nos dará ensejo a indagar o que permitiu à sra. d'Houdetot ser elevada à posição de "objeto primeiro e único", no dizer de Rousseau. Falarei primeiro do que eu quase poderia chamar de pródromos do encontro — tal como falamos em pródromos de um surto —, os quais, a meu ver, enquadram e condicionam esse momento. Nele vemos, de maneira notável, o *automaton* rumar para o encontro com a *tikhê*.

O único amor

Rousseau apaixonou-se pela sra. d'Houdetot na primavera de 1757. Qual era sua posição subjetiva nessa ocasião? Ele tinha realizado sua "grande revolução". Havendo projetado fazer sua conduta harmonizar-se com suas palavras, numa decisão espetacular "que causou alarde", abandonara a pompa enganosa da sociedade pervertida para viver de acordo com a natureza, longe do mundo, no seio da zona rural que ele amara desde sempre, e onde, segundo acreditava, iria reencontrar a si mesmo, livre do jogo das aparências mundanas. A sra. d'Epinay, sua amiga, dispusera-se a bancar a fada madrinha e a realizar seu sonho de uma residência solitária e campestre. Pusera à disposição dele uma casa pequena, construída para Rousseau. E assim vemos Jean-Jacques no Hermitage, em pleno campo, e atravessando, para sua surpresa, uma crise profunda. Hoje diríamos, numa linguagem banal, que ele estava deprimido. Quanto a Rousseau, ele nos explicou como as identificações heróicas do cidadão de Genebra tinham sido como que levadas pelo vento, de um só golpe, a partir do momento em que ele se viu separado de seus interlocutores mundanos: haviam sumido com a mesma subitaneidade com que tinham aparecido com seu primeiro discurso. Isso se devia a ele não ter conservado sua inspiração polêmica, e, em páginas muito dolorosas, o escritor observou que se via chegar às portas da velhice sem ter vivido, sem ter conhecido o amor, logo ele, que se sentia todo feito de amor. E em seus ouvidos já zumbiam alguns ecos malévolos de seus companheiros — coisa notável. Diderot, seu melhor amigo, tinha escrito: "Só os maus ficam sós." Rousseau se sentira visado e lhe enviara uma resposta muito magoada, inspiradíssima na verve paranóica.

Que aconteceu então? Ainda não foi o encontro, mas, primeiro, a fabulação. Solitário e abatido, Rousseau entregou-se a seu expediente habitual, à "benfazeja imaginação". Pôs-se a sonhar:

> Que fiz nessa ocasião? Meu leitor já o terá adivinhado, se me acompanhou até aqui. A impossibilidade de alcançar os seres reais lançou-me no país das quimeras, e, como não visse nada de existente que fosse digno de meu delírio, alimentei-o num mundo

ideal, que minha imaginação criadora logo povoou de seres consoantes com meu coração.[8]

E o que inventou ele? *A nova Heloísa*.[9] Mas isso não foi outra coisa, no nível do esquema amoroso, senão a invenção antecipada de seu encontro com a sra. d'Houdetot. Digamos como se diz em geometria: seja um par de amigas, Julie e Claire, duas mulheres necessariamente virtuosas; seja Volmar, o detentor do direito, e Saint-Preux, o amante infeliz, privado da amada pela própria virtude dela. Esse dispositivo mergulhou Rousseau no arrebatamento: "Em meus êxtases contínuos, eu me embriagava torrencialmente com os mais deliciosos sentimentos que jamais penetraram no coração de um homem." Essa foi a contribuição da fantasia. Não foi um devaneio de transgressão, mas, ao contrário, a instauração do que poderíamos chamar de uma estrutura tantalizante: a mulher ficava protegida pela "virtude" e proibida, em razão dos laços legítimos que a uniam a um terceiro. Que fazer com uma mulher proibida — sem ser apenas pensar nela — senão conversar, ou melhor, escrever-lhe? Falar de amor é em si um gozo, disse Lacan no seminário *Mais, ainda*. *A nova Heloísa* é uma esplêndida ilustração disso. Trata-se de um romance através de cartas, onde as pessoas se deleitam com privações reais em prol dos prazeres do verbo. Hoje já não imaginamos o sucesso que foi *A nova Heloísa*, um dos primeiros best-sellers da literatura amorosa. O efeito de contágio foi imenso e prolongado. Por exemplo, durante quase 15 anos, Rousseau manteve uma correspondência com duas desconhecidas, que lhe escreviam como sendo encarnações de Julie e Claire, e às quais, entrando no jogo, ele respondia como Saint-Preux. Havia realmente que gozar com esse delírio de virtude — que hoje nos parece uma completa chatice — para dedicar a ele tanto tempo, tanta energia e tanto estilo.

Seja como for, o esboço do texto estava concluído quando a realidade, por uma oferta surgida como que por acaso, começou a corresponder à ficção e, muito depressa, a ultrapassá-la. É evidente que temos aí algo que impressiona muito. Podemos sentir, de maneira quase palpável, a que ponto "a realidade é a fantasia", esta se desenvolvendo primeiro num devaneio, antes mesmo que um objeto venha deslizar para o lugar pré-formado, e vemos como a sorte [*heur*], a *tikhê*, trabalha na felicidade [*bon-heur*] do sujeito. É claro que é preciso levar em conta a intenção justificadora que anima todo o relato, mas ela não altera a estrutura descrita.

Rousseau havia imaginado Claire e Julie, e veio a ter a sra. d'Epinay, a amiga benfeitora, e a sra. d'Houdetot, a jovem cunhada desta, que tinha um amante titular, Saint-Lambert. Este era conhecido de Rousseau e fora, aliás, quem lha havia encaminhado. Portanto, o lugar do amante tímido estava livre para ser ocupado. Foram necessárias duas visitas para que a sra. d'Houdetot se encaixasse de fato no quadro da fantasia diurna de Rousseau. Foi na segunda que seu amor eclodiu com toda a sua amplitude, mas creio que a primeira não é sem importância. Entre as duas, portanto, podemos tentar desvendar os traços condicionadores do amor do escritor.

A primeira visita ocorreu em janeiro.[10] Teve um arzinho de romance que Rousseau sublinhou, insistindo num traço que era a conta certa para agradá-lo: a carruagem da sra. d'Houdetot atolou e ela tentou fazer o trajeto a pé, mas "sua sapatilha delicada não tardou a furar" e ela acabou chegando "de botas", toda enlameada, mas rindo às gargalhadas. "Foi preciso trocar tudo; Thérèse o providenciou", e a dama consentiu até em fazer uma refeição rústica, com a qual "ficou muito satisfeita". Já podemos deduzir: por mais importante que fosse, essa dama não compartia a arrogância dos poderosos, tão odiosa para o coração do cidadão genebrino. Como o próprio Jean-Jacques, ela havia preservado uma simplicidade muito próxima da natureza.

O segundo encontro, fatídico, foi outra coisa. Nada de sapato furado, longe disso: "ela estava a cavalo, montada como homem". "Embora eu não goste muito dessas encenações", disse Rousseau, "fui tomado pelo ar romântico da cena" — de novo o traço de romantismo — e, "dessa vez, foi amor". Ele nos descreve a sra. d'Houdetot, seu rosto, seu jeito etc.

> Ela chegou, eu a vi, estava ébrio de amor sem objeto, a embriaguez fascinou meus olhos, esse objeto fixou-se nela, vi minha Julie na sra. d'Houdetot e, em pouco tempo, já não vi senão a sra. d'Houdetot ... Por fim, sem que eu me apercebesse e sem que ela se apercebesse, a sra. d'Houdetot inspirou em mim tudo o que exprimia por seu amante. Pobre de mim! Era tarde demais e foi muito cruel arder de paixão, tão viva quanto infausta, por uma mulher cujo coração estava repleto de um outro amor![11]

Uma coisa é certa: sabemos que a sra. d'Houdetot e Rousseau conversaram muito, falaram muito de amor, mas ele não a possuiu. Disse: "Estávamos ambos embriagados de amor, mas por objetos diferentes", e, pela única vez, "fui sublime". E o foi a ponto de arrancar da dama a confissão de que ela nunca vira amante igual, pois amante era aquele que falava, não o que fazia.

Surge uma pergunta a respeito da função do que chamei de estrutura tantalizante do roteiro imaginário, bem como dos traços decisivos que — além do fato de ela ser mulher de outro e, por conseguinte, estar proibida — permitiram à sra. d'Houdetot encaixar-se na fantasia.

Esclareçamos: em primeiro lugar, Rousseau percebeu que a sra. d'Houdetot partilhava de sua simplicidade: ei-los, portanto, calçados sob a mesma gáspea, pois não nos esqueçamos de que, no começo, ele fora... um pé-de-chinelo. Num segundo tempo, Rousseau passou a amá-la... tal como era. Se a sra. d'Houdetot era sua irmã em inocência nata, então ele era seu irmão em matéria de contágio amoroso. A isso acrescentou-se a série: sapatilha furada, bota substituta e porte viril, que, metonimicamente, evocavam claramente a castração e o poder. Que conclusão tirar? Há várias hipóteses possíveis, isto é, plausíveis.

Poderíamos pensar, primeiro, que o devaneio com a mulher proibida desenrola-se ao contrário da fantasia inconsciente, como defesa, e nesse caso suporemos uma ânsia oculta de transgressão, fomentando a situação do terceiro lesado que Freud isolou como uma das condições possíveis do desejo masculino, e na qual a mulher só é cobiçada sob a condição de pertencer a um outro de quem se possa tirá-la.

A não ser — outra hipótese possível — que infiramos a presença-ausência do traço fálico nos dois encontros, quer por Rousseau amar a sra. d'Houdetot em função de seus traços de virilidade, quer porque, amando em espelho com ela, como mulher, portanto, ele tem que amar um homem — no caso, naturalmente, Saint-Lambert. Isso se ligaria a uma outra tese freudiana: a que faz da posição homossexual, se não a causa, ao menos a condição libidinal da psicose. E talvez ainda haja um terceiro caminho.

Anatomia de uma paixão

Examinemos inicialmente a primeira hipótese, que põe em cena uma situação de terceiro não-lesado. Isso é fato. A questão é saber se temos alguma razão para supor que a fantasia do amante tímido, que renuncia a possuir a amada em benefício de um outro, é uma formação reativa, ou seja, uma defesa contra o desejo inverso.

Para responder, examinemos alguns dados da biografia de Rousseau. Houve muitos outros trios em sua vida, e o primeiro, sem dúvida, foi o constituído por seu pai e os dois objetos dele: a mulher morta e o filho deixado por ela. Com a sra. de Warens, Rousseau também não ficou face a face. Isso poderia surpreender-nos, já que ele mesmo sempre insistiu em seu funcionamento na base do tudo ou nada, em seu desejo de um ser que fosse inteiramente seu, que não fosse dividido: "se eu não fosse tudo, não seria mais nada", dizia. No entanto, quando chegou à casa da sra. de Warens, ela já tinha um amante, um rapaz chamado Claude Anet. Jean-Jacques entrou na posição do terceiro, de fato materializando a situação do terceiro lesado, exceto que este dera seu consentimento. Quando Claude Anet morreu, em 1734, a sra. de Warens não tardou a reintroduzir um terceiro, chamado Vintzenried. Dessa vez, foi Rousseau quem se viu no lugar do terceiro lesado — "encontrei meu lugar ocupado" —, e constatamos que a história foi diferente. A sra. de Warens assegurou-lhe que ele preservaria "todos os seus direitos", porém ele não mais os quis, a partir do momento em que seria preciso partilhá-los. Disse isso a ela e fez vibrar para o leitor seus primeiros tons trágicos: "Vi-me sozinho pela primeira vez. Foi um momento pavoroso: os que sobrevivem a ele ficam para sempre melancólicos. Eu ainda era jovem, mas aquele doce sentimento de gozo e de esperança que vivifica a juventude deixou-me para sempre."[12]

Se nos detivéssemos aí, de fato poderíamos evocar o terceiro lesado, com certa probabilidade, como condição inconsciente do amor, e, a partir daí, reinterpretar como propus a ligação com a sra. d'Houdetot.

Mas há uma objeção: no momento de seu encontro com a sra. de Warens, Rousseau desconhecia a ligação dela com Claude Anet e, acima de tudo, o que estava em jogo não parecia ser a posse da sra. de Warens. Já mencionei a espécie de repugnância que ela parece haver inspirado em Rousseau e sublinhei que, antes mesmo do aparecimento de seu novo rival, ele havia iniciado uma estratégia de distanciamento. De resto, deixou claro o interesse que sentia pela presença de Claude Anet, indicando que, a três, eles formavam um grupo encantador, ao passo que o cara a cara introduziria aborrecimento e mal-estar. Por fim, sabemos como Rousseau satisfazia as "necessidades dos sentidos", porque ele não nos poupa os detalhes, esclarecendo que era a masturbação, "esse complemento perigoso", que o "garantia contra ela e contra todo o seu sexo"! É uma expressão curiosa, afinal. Como vemos, o terceiro não parece intervir aqui como terceiro lesado, condição do desejo, mas, antes, como um terceiro-anteparo, que protege o sujeito do risco de ficar totalmente entregue ao objeto.

Assim, tomemos a segunda hipótese: ele amaria o homem, e não a mulher. E, nesse caso, seria preciso supor que esta lhe serviria para desconhecer o desejo homossexual. De fato, Rousseau amou e até adorou as mulheres, mas, será que as amou como homem?

Uma vez, uma única vez na vida, ele disse ter-se sentido homem junto a uma mulher. Foi com a sra. de Larnage, durante uma viagem a Montpellier, num breve romance de quatro dias sem o qual, no dizer de Rousseau, ele teria morrido "sem haver conhecido o prazer". Mas convém notar que a moça é que se atirou em cima dele, e que Rousseau só a possuiu sob um disfarce, pois se fizera passar por um jovem inglês em férias!

De maneira geral, Rousseau nunca "se autorizou por si mesmo" a possuir uma mulher. Foi ele quem o disse. Como recordei, a sra. de Warens ofereceu-se a ele, chegou até a se impor; ele não tinha escolha, a cortesia lhe ordenava que se desincumbisse da tarefa. Houve, aliás, muitos outros episódios, com uma certa sra. de Breille, por exemplo. Ele se prostrou de joelhos, trêmulo, porém não fez mais do que isso, explicando haver aguardado um sinal. Nesse aspecto, Rousseau foi o contrário do perverso. Este, em sua vontade de gozo, força o consentimento do outro; já Rousseau esperava dele um convite.

Mas não é só. Vejamos o que ele nos diz do que sucedeu nas poucas experiências em que essa barreira foi transposta. Em duas ocasiões, ele tentou aproximar-se de prostitutas, durante sua estada em Veneza. Não que as tenha procurado, porque, nos dois anos que passou lá, ele se contentou em "dar o troco" a suas necessidades, ou seja, em se masturbar, mas é que nem sempre conseguia esquivar-se das ofertas dos amigos.

Na primeira vez, foi Padoana. Resultado: duas semanas de um verdadeiro delírio com infecções. Na segunda foi Zulietta:[13] "Seja quem for o leitor que quiser conhecer um homem, atreva-se a ler as duas ou três páginas seguintes e conhecerá plenamente Jean-Jacques Rousseau." Vou resumi-lo. A mulher o convidou e ele julgou haver entrado no "santuário do amor e da beleza", e disse: "Eu jamais teria acreditado que, sem respeito e sem estima, fosse possível sentir algo semelhante ao que ela me fez experimentar", porém, "de repente, em vez das chamas que me devoravam, senti um frio mortal correr em minhas veias" etc. Quem adivinharia a causa? Pois bem, Rousseau foi tomado por uma meditação sobre a ordem mundial e sobre a perfeição lamentavelmente "entregue ao público"! E concluiu: "Ou bem meu coração me engana ... e me leva a me deixar tapear por uma rameira indigna, ou é preciso que alguma falha secreta que desconheço destrua o efeito de seus encantos e a torne odiosa para os que deveriam disputá-la."

O conflito subjetivo eclodiu, portanto, no exato momento da aproximação sexual. Depois, a arte de Zulietta conseguiu afastar seus pensamentos, mas apenas por um instante, porque, "No momento em que eu estava prestes a desfalecer sobre um colo que parecia suportar pela primeira vez a boca e a mão de um homem, percebi que a mulher tinha um seio sem mamilo". Esse seio sem bico, tal como a castração desvelada que cria uma mácula no quadro da perfeição, olhou-o tão bem que, por um instante, Rousseau viu, "com a clareza do dia", que "envolvia nos braços apenas uma espécie de monstro, um refugo da natureza, dos homens e do amor". E tudo terminou com este dito frio de Zulietta: "*Lascia le Donne e studia la matematica.*"[14]

Como vemos, esteja ou não presente o amor, o medo da mulher se interpõe entre Rousseau e sua parceira. Nesse sentido, ele também não pertence ao tipo que Freud descreveu com a degradação da vida amorosa e no qual as mulheres se distribuem em duas séries, a do amor e a do desejo.

Será que esse componente de aversão à mulher como Outro do sexo milita em favor da tese da homossexualidade enrustida? Com certeza não a contradiz, e poderíamos pensar que Rousseau interpõe, a título de defesa entre ele e o objeto masculino, uma mulher de quem não quer desfrutar, mas com quem se identifica, para atingir por procuração o objeto inconsciente, mais ou menos como faz a histérica, que atinge a outra mulher identificando-se com o homem como terceiro.

Não é isso que ele diz sobre a sra. d'Houdetot?

> ... ela me falou de Saint-Lambert como uma amante apaixonada. Força contagiante do amor! Ao escutá-la, sentindo-me junto dela, fui tomado por um tremor delicioso que nunca havia experimentado perto de ninguém. Ela falava e eu me emocionava; acreditava interessar-me apenas por seus sentimentos, quando os meus eram iguais; ... Enfim, ... ela inspirou em mim tudo o que exprimia por seu amante ...

Por essa passagem, com efeito, concluo: Rousseau amava tal como a sra. d'Houdetot. Mas, será que amava o mesmo objeto, protegendo-se dele? Para afirmar isso, seria preciso que dispuséssemos de ao menos alguns indícios convergentes, que atestassem nele a presença de uma defesa tanto contra sua feminilidade quanto contra a intimidade com os homens. Ora, é exatamente o contrário. Não só Rousseau não luta contra sua feminilidade, como eu já disse, como a assume de forma muito explícita, quase com orgulho, nisso diferindo de Schreber. Quanto à intimidade com os homens e à ameaça que ela deveria representar num sujeito que se defendesse de uma obscura tentação, Rousseau estava muito longe de jamais haver fugido disso. Era em relação às mulheres que assinalava um recuo. Quanto aos homens, amou muitos deles, sem reservas, chegando até à paixão. Conhecemos sobretudo Diderot e Grimm, porém houve muitas outras "enviscações", como ele diz, antes e depois: os senhores Bâcle, Venture etc. Rousseau sempre os evocou com uma ênfase e um lirismo que realmente nada têm a ver com o tom moderadíssimo que usa para evocar seu amigo Saint-Lambert. A princípio, de fato, este era para ele apenas uma relação mundana de pura conveniência, e realmente não vemos por que, de repente, teria sido preciso erigir uma defesa onde Rousseau sempre avançara sem nenhuma reserva. Sendo assim, onde encontrar o segredo da fantasia do amante infeliz, surgida com *A nova Heloísa* e realizada com a sra. d'Houdetot?

Sabemos qual era a fantasia de gozo — que distingo da trama imaginária — de Jean-Jacques Rousseau. Ele a expôs às claras logo nas primeiras páginas de suas *Confissões*: fazer-se surrar por uma mulher.[15] Esse foi seu anseio quase exclusivo durante toda a vida. O primeiro corretivo lhe fora aplicado por sua governanta, a srta. Lambercier. Também ela fez parte das mulheres que mudaram o rumo do destino de Rousseau. Ela decidiu não sobre o caráter de seu ser moral, no dizer dele, mas sobre "meus gostos, meus desejos, minhas paixões, decidiu sobre mim pelo resto de minha vida". E Rousseau esclarece que, durante muito tempo, devorou

> com olhos ardentes as belas jovens ..., unicamente para servir-se delas à [sua] maneira, e fazer o mesmo com a srta. Lambercier. ... Quando enfim o avanço dos anos fez de mim um homem ..., meu antigo gosto infantil, em vez de desaparecer, associou-se tanto ao outro, que nunca pude afastá-lo dos desejos inflamados por meus sentidos. ... Sem jamais me atrever a declarar meu gosto, ao menos eu o distraía através de relações que conservavam em mim a idéia dele. Ajoelhar-me ante uma amante imperiosa, obedecer a suas ordens, ter pedidos de perdão a lhe fazer, esses eram para mim prazeres dulcíssimos e, quanto mais minha viva imaginação me inflamava o sangue, mais eu tinha o ar de um amante trêmulo de timidez. ... Assim, possuí muito pouco, mas não deixei de gozar muito, à minha maneira, isto é, pela imaginação.

Quanto a nós, diríamos "pela fantasia". Não é preciso continuar a buscar o segredo do trio tantalizante: nele, o terceiro não-lesado é a condição do gozo masoquista do amante infeliz. E, quando tudo deu errado, Rousseau escreveu à sra. d'Houdetot: ah!, se ao menos eu pudesse atirar-me sob os cavalos de vossa carruagem e ser pisoteado por eles! Da sra. d'Houdetot ele não recebeu as chibatadas, mas o amante súplice foi a metonímia do menino açoitado. Acrescento que, se ele não a possuiu, nem por isso deixou de gozar com ela... masturbatoriamente. E explicou isso, com a veracidade e o tato que lhe eram próprios. Disse o quanto ardia por ela, e que tinha um longo caminho a percorrer no campo para encontrá-la, e que seu sangue fervia e sua cabeça girava, e que ele ficava a tal ponto deslumbrado, que, cito-o, "Creio nunca ter-me acontecido fazer sozinho esse trajeto impunemente". Em certo momento, Rousseau chegou até a se perguntar se não estaria prejudicando sua saúde. "Eu chegava primeiro, fora feito para esperar, mas como me custava caro essa espera!" De resto, o gozo da letra[16] não ficou proscrito, já que a espera também era dedicada a fabricar bilhetinhos de amor que ele deixava num esconderijo apropriado, como testemunha da perturbação em que ela o havia lançado. Noto, além disso, que também não falta a referência freudiana nesse ponto, já que, muito depois da tese da homossexualidade do paranóico, Freud insistiu na presença da fantasia masoquista que havia nele.

Retorno à minha pergunta inicial, para respondê-la. "Como a foraclusão e o empuxo-à-mulher são compatíveis, num dado sujeito, nesse sujeito, com a aproximação das mulheres?" Parece-me que temos a resposta. O sujeito pode abordá-las, quando se aproxima delas, por intermédio de uma fantasia de gozo que, para ser muito exata, contorna a castração, ou, eu até diria, que a foraclui.

Aliás, observe-se que, quando Freud introduziu em relação a Schreber, em 1911, a tese da ligação homossexual com o pai, ele fez desta justamente uma escolha que antecedia e, portanto, não punha em jogo o reconhecimento da diferença sexual, ou seja, aquilo que Freud chamou de *Wirklichkeit* da castração, sua eficácia. Podemos dizer o mesmo da fantasia masoquista. Convém frisar que, nesse ponto, faltou a Freud a distinção capital, introduzida por Lacan, entre o pai como Nome e o pai como objeto, e que ele não chegou a estabelecer a diferença entre o problema da sexuação do ser e a escolha de objeto propriamente dita. Ora, o paranóico não se distingue por seu objeto, mas por seu ser, que fica sob o efeito do empuxo-à-mulher, isto é, de um gozo que escapa à barra fálica. E, se fosse preciso invocar um texto de Freud, eu preferiria referir-me ao de 1923 sobre "A organização genital infantil", pois nele Freud reconheceu uma escolha de objeto anterior ao reconhecimento da castração, e que não era a escolha narcísica homossexual, mas justamente a escolha ligada ao que ele chamou de fase sádico-anal: nesta só entravam em jogo, no dizer de Freud, o ativo e o passivo — com os quais Rousseau, precisamente, sabe tão bem nos entreter —, não sendo levados em conta o sexo e o objeto. Podemos fazer uma boa tradução: uma escolha objetal que foraclui a castração. É essa, creio eu, a função da fantasia masoquista em Rousseau.

Rousseau não foi homossexual nem verdadeiramente heterossexual, embora tenha tido relações com mulheres: Rousseau foi um masturbador masoquista. As mulheres, ele as amou como a si mesmo, com todo o peso que é preciso dar a esse "si mesmo", pois Deus sabe o quanto ele se amou. Houve um acesso a elas pelo amor, não pelo sexo. As mulheres, que fizeram o sucesso de *A nova Heloísa*, não se deixaram enganar por isso. Nenhuma das histéricas da época achou que ele amava Volmar através de Julie; todas compreenderam que esse homem amava as mulheres, que as amava por amor. Daí o entusiasmo que respondeu por seu sucesso como romancista. Esse é um sinal que não engana. Entretanto, se, como sujeito da fala, Rousseau amava as mulheres, como sujeito do gozo, ele precisava, para sua fantasia, da mulher imperiosa, imaginariamente não castrada — o que, entre parênteses, está longe de fazer dela um homem, se este é definido pela castração. Mas não era com o corpo do outro que ele gozava, pois para isso lhe bastava seu simples órgão. Ele se sentia mulher, como afirmei, porém sem chegar a sacrificar, como fez Schreber, o órgão com que gozava. Sem dúvida, foi isso que limitou em Rousseau o alcance do empuxo-à-mulher e que o dispensou de ter que se transformar na mulher de Deus, ou até de todos os homens. Foi também, sem dúvida, o que lhe permitiu elevar curiosamente o gozo masturbatório, de hábito bastante curto, ao toque de êxtase geralmente reservado às mulheres.

Para concluir[1]

Ao término deste percurso, terá sido possível aquilatar o alcance da tese que faz da foraclusão a condição maior da psicose. Quer exploremos a variedade de suas formas, os dinamismos criadores que ela libera, ou as liberdades que às vezes se geram a partir de sua alienação, confirma-se em toda parte que a eficácia do sujeito entra em ação nela, tanto ou mais do que na chamada normalidade. Desde o começo, Lacan, que era psiquiatra por formação, como sabemos, denunciou a segregação da doença mental. Mas era preciso construir, em ato e em doutrina, uma abordagem que, não sendo segregadora, estabelecesse de fato uma separação. Os estudos aqui reunidos dão a medida disso, e podemos perceber o quanto rompem com a abordagem freudiana. Freud manifestou interesse pela psicose, com certeza, mas um interesse prudente, e que acabou por renunciar a incluir a psicose no campo definido por sua prática, porque ele julgou reconhecer na psicose uma objeção à libido transferencial.

Mas resta avaliar, para concluir, o caráter parcial da primeira tese sobre a foraclusão e as perspectivas em que ela desembocou. Por mais consistente que tenha sido, ela foi apenas uma porta de entrada na questão, o último ensino de Lacan, com o uso do nó borromeano, tendo permitido desenvolver uma nova clínica, que qualifiquei de "clínica borromeana".[2] Muitas elaborações sucessivas e ordenadas separam "De uma questão preliminar a todo tratamento possível da psicose" dos últimos seminários de Lacan, em especial *RSI* e o seminário sobre *Joyce*. Mas há um salto que pode ser medido, muito simplesmente, por isto: a produção de novos diagnósticos[3] diferenciais, totalmente inéditos, propostos por Lacan em torno de 1975.

O caminho, aliás, tinha sido aberto, bem antes de Lacan, por Helene Deutsch, com a idéia das personalidades "como se", termo com que ela designava os casos em que a psicose se dissimula sob uma hipernormalidade psitácica, apoiada no discurso holofrásico do Outro, que é, no fundo, uma outra versão do significante no real, a ser incluída na série da alucinação verbal. Esses já eram os "inclassificáveis" da "psicose ordinária", cuja descoberta houve quem tivesse a pretensão de fazer em 1997, em Arcachon.[4] Os novos diagnósticos de Lacan, estes sim, foram realmente inéditos: "a doença da mentalidade", "Joyce, o sintoma" e até, de passagem, numa apresentação de casos, a "psicose lacaniana"! Eles supuseram não apenas a distinção dos registros do imaginário, do simbólico e do real, cantilena bem conhecida hoje em dia, como também a consideração das consistências autônomas e não hierarquizadas deles, desvinculadas umas das outras, com a questão de saber, portanto, como é que os corpos, que são imaginários na forma, reais enquanto vivos e desnaturados pelo simbólico, mas sem uma ligação natural entre si, ou seja, sem um vínculo instintual, podem, mesmo assim, entrar num vínculo social, isto é, num discurso que nodula, o termo é esse, os elementos da coletividade ou do par.

Freud não deixou de perceber o problema e recorreu a *Eros*, que supostamente une, não sem esbarrar em *Tânatos*, que destrói, e não só de maneira suposta. Quanto a Lacan, ele acabou recorrendo ao formalismo do nó borromeano, para explicar que os corpos, que não são nodulados ao natural, nodulam-se, todavia, no que é chamado de sociedade. Nessa nova conceituação, o fora-do-discurso dos fenômenos da psicose aparece como primário, enquanto os que são determinados pelo vínculo social, notadamente os da neurose, aparecem como o resultado de uma operação suplementar. Não admira que tenha sido um Rousseau quem produziu a ficção do bom selvagem originário, inteiramente sozinho com suas necessidades naturais de ser vivo, antes que o vínculo social viesse nodulá-lo.

A operação suplementar em questão, Lacan identificou-a inicialmente, a partir do Édipo freudiano, como sendo a do Nome-do-Pai. Nada a ver com um mítico contrato social. Ela pode faltar na psicose, o que é a primeira hipótese, mas também se constata que pode encontrar suplências aí — o que Lacan demonstrou com o caso de Joyce, o artista, provando, ao mesmo tempo, que aquilo que é déficit do lado do Nome-do-Pai tanto gera a anomalia associal quanto a exceção socializadora, prenhe de novas formas de laços sociais. A experiência mostra que nem sempre elas são catastróficas, mas ora terapêuticas — como no caso de Joyce —, ora portadoras de guinadas na história, como aconteceu com Rousseau, ora, ainda, deletérias em pequena escala, quando se encarnam na figura do chefe do clã. Entretanto, quer essas exceções socializantes sejam catastróficas, quer promovam a associação somente ao preço de destruições paralelas, não podemos duvidar de sua existência, após um século que produziu alguns exemplos monstruosos delas e no começo de um outro em que se revela, no medo e nos tremores, aquilo que Lacan predisse: que as do século passado podem muito bem ter sido simples precursoras.

Notas

A psicose: uma problemática *(p.11-22)*

1. Texto apresentado em Paris, nov 1982.
2. In Lacan, *Escritos*, Rio de Janeiro, Zahar, 1998, p.537-90. As indicações de página referem-se à edição brasileira. (N.T.)
3. J. Lacan, "Do 'Trieb' de Freud e do desejo do psicanalista", in *Escritos*, op.cit., p.865-68. (N.T.)
4. "Analista", o que escreve anais, narrativas, o historiador, homófono a *analyste*, forma reduzida de "psicanalista". (N.T.)
5. J. Lacan, *Outros escritos*, Rio de Janeiro, Zahar, 2003, p.221.
6. J. Lacan, *Escritos*, op.cit., p.572.

Os fenômenos perceptivos do sujeito *(p.23-38)*

1. Texto apresentado em Paris, 1993.
2. M. Merleau-Ponty, *O visível e o invisível*, São Paulo, Perspectiva, 1971. (N.T.)
3. Sigla de "Diploma de Estudos Aprofundados", grau universitário que antecede o doutorado. (N.T.)
4. In *Maurice Merleau-Ponty, Textos selecionados* (seleção, trad. e notas de Marilena S. Chauí, Nelson Aguilar e Pedro S. Moraes), São Paulo, Nova Cultural, 1989, col. "Os Pensadores". (N.T.)
5. J. Lacan, *Escritos*, op.cit., p.77.
6. Ibid., p.537.
7. *Fenomenologia da percepção*, São Paulo, Martins Fontes, 1994. (N.T.)
8. Da edição francesa. (N.T.)
9. "O aturdito", in *Outros escritos*, op.cit., p.459. (N.T.)
10. J. Lacan, *Outros escritos*, op.cit., p.187. (N.T.)

Estrutura e função dos fenômenos erotomaníacos da psicose *(p.41-51)*

1. Originalmente publicado em 1987, após uma pesquisa conduzida no Campo Freudiano com G. Crovazier, P.-G. Guéguen, B. Jothy, D. Laurent, F. Leguil, G. Lérès, J.-D. Matet, A. Quinet de Andrade, F. Schreiber, C. Sepel, E. Solano, L. Solano, D. Steinmann, L. Thibaudeau e H. Wachsberger.
2. J. Lacan, *Le Séminaire, Livre III, Les Psychoses*, Paris, Seuil, 1981, p.289 [*O seminário*, livro 3, *As psicoses (1955-1956)*, Rio de Janeiro, Zahar, 2ª ed. rev., 1988].
3. Que se traduziria por "amada". (N.T.)
4. S. Freud, *Cinq psychanalyses*, Paris: PUF, 1966, p.309 ["Notas psicanalíticas sobre um relato autobiográfico de um caso de paranóia (*Dementia paranoides*)", *ESB*, Rio de Janeiro, Imago, 1ª ed., 1975, vol.XII].
5. J. Lacan, *De la psychose paranoïaque dans ses rapports avec la personnalité*, Paris, Seuil, 1975, p.263-4 [*Da psicose paranóica em suas relações com a personalidade*, Rio de Janeiro, Forense Universitária, 1987].
6. No francês, o particípio do verbo "gozar", *joui*, é homófono ao imperativo do mesmo verbo, *jouis*, "goza!". (N.T.)
7. J. Lacan, "O aturdito", in *Outros escritos*, Rio de Janeiro, Zahar, 2003, p.489.
8. D.P. Schreber, *Mémoires d'un névropathe*, Paris, Seuil, 1975, p.229 [*Memórias de um doente dos nervos*, Rio de Janeiro, Paz e Terra, 1995].

Inocência paranóica e indignidade melancólica *(p.52-62)*

1. Esse texto também figura na coletânea *Des mélancolies*, publicada pelas Éditions Champ Lacanien em dezembro de 2001.
2. A autora emprega o termo "*charge*", que tanto tem os sentidos de encargo, responsabilidade, missão, função, quanto os de fardo, carga, peso e também acusação, indício de culpa. (N.T.)
3. Incredulidade, descrença, e também ateísmo, falta de fé. (N.T.)

Autismo e paranóia *(p.63-80)*

1. Artigo redigido a partir das sessões de 13 e 17 de abril de 1983 do Seminário da Seção Clínica, Departamento de Psicanálise da Universidade de Paris VIII, ano 1982-83.
2. J. Lacan, "O aturdito", in *Outros escritos*, Rio de Janeiro, Zahar, 2003, p.448. O discurso designa aqui uma modalidade de vínculo social, como ordenado pela linguagem.
3. J. Lacan, *Le Séminaire, Livre XI, Les quattre concepts fondamentaux de la psychanalyse*, Paris, Seuil, 1973 (1964), p.199, 246, 185-208 [*O Seminário*, livro 11, *Os quatro conceitos fundamentais da psicanálise*, Rio de Janeiro, Zahar, 1979].
4. M. Mahler, *Psychose infantile*, Paris, Payot, 1973 (1968).
5. S. Freud, "Remarques psychanalytiques sur l'autobiographie d'un cas de paranoïa (Le Président Schreber)", in *Cinq psychanalyses*, Paris, PUF, 1979 (1954), p.262-324 ["Notas psicanalíticas sobre um relato autobiográfico de um caso de paranóia (*Dementia paranoides*)", *ESB*, Rio de Janeiro, Imago, 1ª ed. 1975, vol.XII].
6. J. Lacan, "De uma questão preliminar a todo tratamento possível da psicose", in *Escritos*, Rio de Janeiro, Zahar, 1998, p.559.
7. J. Lacan, *Le Séminaire, Livre XI*..., op.cit., p.199, 185-208, 246.
8. J. Lacan, "Posição do inconsciente", in *Escritos*, op.cit., p.843-64.
9. J. Lacan, "Observação sobre o relatório de Daniel Lagache: 'Psicanálise e estrutura da personalidade'", in *Escritos*, op.cit., p.661.
10. J. Lacan, "Apresentação das *Memórias de um doente dos nervos*", in *Outros escritos*, op.cit., p.219.
11. M. Mahler, *Psychose infantile*, op.cit.
12. Idem.
13. J. Lacan, "Posição do inconsciente", op.cit., p.843-64.
14. J. Lacan, "De uma questão preliminar a todo tratamento possível da psicose", *op.cit.*, p.559.
15. J. Lacan, "Função e campo da fala e da linguagem em psicanálise", in *Escritos*, op.cit., p.299.
16. M. Mahler, *Psychose infantile*, op.cit.
17. D. Meltzer, *Explorations dans le monde de l'autisme*, Paris, Payot, 1980 (*Explorations in Autism: A Psycho-analytical Study*, Strathtay, Clunie Press, 1975).
18. B. Bettelheim, *A fortaleza vazia*, São Paulo, Martins Fontes, 1987.
19. M. Mahler, *Psychose infantile*, op.cit.

20. "O aturdito", op.cit., p.448.
21. J. Lacan, *O Seminário*, livro 20, *Mais, ainda (1972-1973)*, Rio de Janeiro, Zahar, 2ª ed. rev., 1989.
22. M. Mahler, *Psychose infantile*, op.cit.
23. D. Meltzer, *Explorations dans le monde de l'autisme*, op.cit.
24. De Thomas F. Monteleone. (N.T.)

A mania: pecado mortal *(p.81-96)*

1. Texto produzido em Paris, mar 1990.
2. Referência ao personagem-título do romance de Henry Fielding. (N.T.)
3. J. Lacan, "Televisão", in *Outros escritos*, Rio de Janeiro, Zahar, 2003, p.524-5. (N.T.)
4. Ibid., p.524. (N.T.)

A experiência enigmática do psicótico, de Schreber a Joyce *(p.97-115)*

1. Texto produzido em Paris, mar 1992.
2. J. Lacan, "De uma questão preliminar...", in *Escritos*, Rio de Janeiro, Zahar, 1998, p.543. (N.T.)
3. "A instância da letra no inconsciente ou a razão desde Freud", in *Escritos*, op.cit., p.496-533. (N.T.)
4. H. Barbusse, *Inferno*, Rio de Janeiro, Globo, 1988. (N.T.)

O dito esquizofrênico *(p.116-124)*

1. Texto produzido no Rio de Janeiro, jul 1999.
2. "O ato analítico", in *Outros escritos*, Rio de Janeiro, Zahar, 2003, p.371-9. (N.T.)
3. In *Outros escritos*, op.cit., p.448-97. (N.T.)

Marlène *(p.127-133)*

1. Texto produzido em Marselha, 1983.
2. Soler alude à expressão com que se iniciavam, durante a Segunda Guerra Mundial, transmissões da BBC dirigidas à resistência francesa, inauguradas por um discurso de Charles de Gaulle em julho de 1940. (N.T.)

3. As duas frases são homófonas no francês. (N.T.)
4. Em francês, *solaire*, homófono do sobrenome da autora. (N.T.)

Uma grande caminhada sobre o caso Robert, de Rosine e Robert Lefort *(p.134-148)*

1. Texto produzido em Paris, em 1989, sobre R. e R. Lefort, *Les structures de la psychose, L'Enfant au loup et le Président*, Paris, Seuil, 1988.
2. Palavra freqüentemente empregada por Lacan, que designa uma produção da arte ou da literatura que representa a história da humanidade apagando todo aspecto negativo, como por exemplo os quadros dos pastores do século XVIII.

Diagnóstico: Marion Milner e o caso Suzanne *(p.149-182)*

1. Texto produzido em Paris, em 1984.
2. "A psicanálise. Razão de um fracasso", in Jacques Lacan, *Outros escritos*, Rio de Janeiro, Zahar, 2003, p.346. (N.T.)
3. O personagem de Molière em *O burguês fidalgo*. (N.T.)
4. A "Truta Tommy" é um personagem famoso de livros infantis de R.W. Eschmeyer. (N. T.)

O trabalho da psicose *(p.185-192)*

1. Texto produzido em Buenos Aires, jul 1988.
2. *Júlia, ou A nova Heloisa: cartas de dois amantes habitantes de uma cidadezinha ao pé dos Alpes*, São Paulo/Campinas, Hucitec, Unicamp 1994. (N.T.)

Estabilização da psicose *(p.193-208)*

1. Texto produzido em Paris, 1992.
2. In *Escritos*, Rio de Janeiro, Zahar, 1998, p.537-90. As indicações de página referem-se à edição brasileira. (N.T.)
3. "A instância da letra no inconsciente ou a razão desde Freud", in *Escritos*, op.cit., p.496-533. (N.T.)
4. *Escritos*, op.cit., p.238-324. (N.T.)
5. Em francês *capitonne*, referente ao *point de capiton*, ponto de basta. (N.T.)
6. Em francês *faute*, falta e também culpa. (N.T.)
7. In *Outros escritos*, Rio de Janeiro, Zahar, 2003, p.219-23. (N.T.)

8. Em francês *capitonnage*, relativo ao *point de capiton*, ponto de basta. (N.T.)
9. *Times Literary Supplement.* (N.T.)

Um olhar sobre o paranóico *(p.209-219)*

1. Texto produzido em Toulouse, dez 1994.
2. VII Congresso da Escola Freudiana de Paris, em Roma. Conferência publicada nas *Lettres de l'École freudienne*, 1975, nº 16, p.177-203. (N.T.)
3. *Narciso ou O amante de si mesmo*, comédia escrita por Rousseau em 1733 e encenada em 1752. (N.T.)
4. J. Starobinski, *Jean-Jacques Rousseau: a transparência e o obstáculo, seguido de Sete ensaios sobre Rousseau*, São Paulo, Companhia das Letras, 1991. (N.T.)
5. *Devaneios de um caminhante solitário*, São Paulo/Brasília, Hucitec/UnB, c.1986. (N.T.)

A constelação familiar de um paranóico de gênio *(p.220-226)*

1. Texto produzido em Paris, out 1998.
2. J.-J. Rousseau, *Confessions*, Paris, Gallimard, col. "La Pléiade", 1959, p.7 [*As confissões de Jean-Jacques Rousseau*, Rio de Janeiro, Tecnoprint, c.1986].
3. Ibid., p.10.
4. Ibid., p.12.
5. Ibid., p.11.
6. Ibid., p.225.
7. Ibid., p.15.
8. Ibid., p.22.
9. Ibid., p.7.
10. Idem, p.7.
11. Ibid., p.8.
12. Ibid., p.9.
13. Neologismo que reúne a homofonia com *perversion* (perversão) e versão do pai, ou versão paterna. (N.T.)

Jean-Jacques Rousseau e as mulheres *(p.227-251)*

1. Texto produzido em Bruxelas, out 1989.
2. J.-J. Rousseau, *Confessions*, Paris, Gallimard, col. "La Pléiade", 1959, p.7 [*As confissões de Jean-Jacques Rousseau*, Rio de Janeiro, Tecnoprint, c.1986].

3. Idem, p.47.
4. "Televisão", in J. Lacan, *Outros escritos*, Rio de Janeiro, Zahar, 2003, p.536. (N.T.)
5. J.-J. Rousseau, *Confessions*, op.cit., p.196.
6. Ibid., p.330.
7. Ibid., p.444.
8. Ibid., p.427.
9. *Julia, ou A nova Heloísa: cartas de dois amantes habitantes de uma cidadezinha ao pé dos Alpes*, São Paulo/Campinas, Hucitec/Unicamp, 1994. (N.T.)
10. *Confessions*, op.cit., p.432.
11. Ibid., p.440.
12. Ibid., p.263.
13. Ibid., p.320s.
14. "Deixe as mulheres e vá estudar matemática." (N. T.)
15. A autora usa a expressão "*se faire fesser*". O verbo "*fesser*" denota explicitamente "bater nas nádegas" (vide o exemplo da srta. Lambercier, logo adiante no texto), donde a fantasia também poderia traduzir-se, num sentido mais literal, por "fazer-se espancar nas nádegas por uma mulher"; no sentido figurado, "*se faire fesser*" corresponde a "ser humilhado", "receber um tratamento humilhante". (N.T.)
16. Em francês *lettre*, que significa igualmente carta. (N. T.)

Para concluir *(p.252-254)*

1. Texto produzido em Paris, nov 2001.
2. C. Soler, "Clinique borroméenne", nov 1996, Buenos Aires, *Satisfacciones del síntoma*, ago 1997.
3. C. Soler, "Les diagnostiques", nov 1995, Barcelona, *Freudiana*, nº16.
4. Relembro aqui uma famosa Jornada das Seções Clínicas, na qual, à margem da promoção dessas falsas novidades, orquestradas sob a rubrica do entusiasmo, começou-se a proceder a um expurgo institucional dos mais clássicos. Mas isso é uma história diferente, digam o que disserem, da história do ensino de Lacan.

COLEÇÃO TRANSMISSÃO DA PSICANÁLISE

Linguagem e Psicanálise, Lingüística e Inconsciente
Freud, Saussure, Pichon, Lacan
Michel Arrivé

Sobre a Interpretação dos Sonhos
Artemidoro

Fundamentos da Psicanálise de Freud a Lacan
vol.1: As bases conceituais
Marco Antonio Coutinho Jorge

Fundamentos da Psicanálise de Freud a Lacan
vol.2: A clínica da fantasia
Marco Antonio Coutinho Jorge

Trabalhando com Lacan
na análise, na supervisão, nos seminários
Alain Didier-Weill e *Moustapha Safouan* (orgs.)

A Criança do Espelho
Françoise Dolto e J.-D. Nasio

O Pai e sua Função em Psicanálise
Joël Dor

Freud e a Judeidade
A vocação do exílio
Betty Fuks

A Psicanálise e o Religioso
Phillipe Julien

Freud
Uma biografia ilustrada
Octave Mannoni

Cinco Lições sobre a Teoria de Jacques Lacan
J.-D. Nasio

Como agir com um adolescente difícil?
Um livro para pais e profissionais
J.-D. Nasio

Como Trabalha um Psicanalista?
J.-D. Nasio

A Dor de Amar
J.-D. Nasio

A Dor Física
Uma teoria psicanalítica da dor corporal
J.-D. Nasio

A Fantasia
J.-D. Nasio

Os Grandes Casos de Psicose
J.-D. Nasio

A Histeria
Teoria e clínica psicanalítica
J.-D. Nasio

Introdução à Topologia de Lacan
J.-D. Nasio

Introdução às Obras de Freud, Ferenczi, Groddeck, Klein, Winnicott, Dolto, Lacan
J.-D. Nasio (dir.)

Lições sobre os 7 Conceitos Cruciais da Psicanálise
J.-D. Nasio

O Livro da Dor e do Amor
J.-D. Nasio

O Olhar em Psicanálise
J.-D. Nasio

Os olhos de Laura
Somos todos loucos em algum recanto de nossas vidas
J.-D. Nasio

O Prazer de Ler Freud
J.-D. Nasio

Psicossomática
As formações do objeto *a*
J.-D. Nasio

O Silêncio na Psicanálise
J.-D. Nasio

Guimarães Rosa e a Psicanálise
Ensaios sobre imagem e escrita
Tania Rivera

A Análise e o Arquivo
Elisabeth Roudinesco

Em defesa da Psicanálise
Ensaios e entrevistas
Elisabeth Roudinesco

Freud – mas por que tanto ódio?
Elisabeth Roudinesco

Lacan, a despeito de tudo e de todos
Elisabeth Roudinesco

O Paciente, o Terapeuta e o Estado
Elisabeth Roudinesco

A Parte Obscura de Nós Mesmos
Uma história dos perversos
Elisabeth Roudinesco

Retono à Questão Judaica
Elisabeth Roudinesco

O Inconsciente a Céu Aberto da Psicose
Colette Soler

Apresentação

Como seria se você possuísse uma fórmula, uma estratégia, metodologia, um processo que permitisse acelerar seus resultados em diversas dimensões da vida? Como seria aprender um caminho seguro, rápido, preciso e talvez até divertido para materializar seus objetivos? Imagine como seria se contasse com ajuda de especialistas em transformar sonhos em objetivos e posteriormente acompanhá-lo na jornada para realização. Esse é o papel do *coach*, o profissional que pode ajudá-lo a estimular seus sonhos e instrumentalizá-lo para que os torne realidade.

Convido você a realizar um exercício simples, feche seus olhos por alguns momentos e simplesmente deixe sua mente trabalhar na produção de uma tela mental verdadeira ou imaginária em que você pode se ver, ouvir e até sentir seu momento de vida atual. Como estão seus relacionamentos pessoais, familiares, amorosos e até profissionais, como estão suas finanças, sua saúde física, mental, emocional e espiritual? Você sente feliz? Realizado? O que sente diante dessa breve reflexão?

Agora, mais uma vez de olhos abertos ou fechados, como seria "a sua vida ideal", quem você seria o que faria e teria? Muitas pessoas acreditam equivocadamente que quando tiverem mais tempo e recursos, poderão fazer as coisas que desejam e posteriormente serão o que almejam, essas pessoas geralmente não alcançam os seus sonhos. No *coaching*, você aprenderá que o caminho adequado é "primeiro "ser", depois "fazer" e, por fim, alçará o "ter"".

O *coaching* pode ajudá-lo a fazer tudo isso e muito, muito mais... Permita-se ir além e alcançar resultados extraordinários.

Para tanto, selecionamos dezenas de *coaches* para compartilhar com você poderosas histórias de superação e aprendizados, relatos importantes de como conheceram o *coaching*, e como ele influenciou positivamente suas histórias de vida. Casos de sucesso, além de um mergulho profundo nas diversas aplicações do *coaching*, seja na vida, para relacionamentos, emagrecimento, qualidade de vida, para jovens, para vencer os desafios do vestibular, até o setor corporativo, com o papel do líder *coach*, *coaching* de carreira para tomada decisões, cultura *coaching* aterrissando também na esfera educacional, mostrando caminhos para compreender melhor os seus comportamentos, suas crenças, vencer medos e, principalmente, a aceleração de resultados e a realização de sonhos. Felicidade é ter uma vida plena, se você é alguém que gosta de desafios ou ajudar pessoas, é criativo ou imaginativo; se gosta de ser eficiente e eficaz e busca reconhecimento e resultados, este livro será de grande valia para o seu sucesso. Saboreie a leitura, faça os exercícios propostos e crie um novo ciclo virtuoso na sua vida!

Prof. Douglas de Matteu, PhD,
Master Coach Trainer
Diretor do Instituto de Alta Performance Humana – IAPerforma

Presidente:
Mauricio Sita

Vice-presidente:
Alessandra Ksenhuck

Capa:
Timoteo de Carvalho Leite

Diagramação
Candido de Castro Ferreira Jr.

Revisão:
Literare Books

Diretora de projetos:
Gleide Santos

Diretora executiva:
Julyana Rosa

Gerente de marketing e de novos negócios:
Horacio Corral

Relacionamento com o cliente:
Claudia Pires

Impressão:
Um Livro

Dados Internacionais de Catalogação na Publicação (CIP)
(Câmara Brasileira do Livro, SP, Brasil)

Coaching: aceleração de resultados. -- São Paulo :
Editora Literare Books, 2018.
Vários autores.

ISBN 978-85-63178-75-6

1. Aprendizagem organizacional 2. Carreira
profissional - Administração 3. Conduta de vida
4. Desenvolvimento pessoal 5. Liderança
6. Motivação 7. Sucesso profissional.

15-03646 CDD-658.3124

Índices para catálogo sistemático:
1. Coaching : Administração de empresas
658.3124

Editora Literare Books International Ltda.
Rua Antônio Augusto Covello, 472 – Vila Mariana – São Paulo, SP – CEP 01550-060
Fone/fax: (0**11) 2659-0968
www.literarebooks.com.br